Bernd Heinrich
DER HUMMELSTAAT

Bernd Heinrich

DER HUMMELSTAAT

Aus dem amerikanischen Englischen
von Anne Spielmann

List Verlag
München · Leipzig

Die Originalausgabe erschien unter dem Titel *Bumblebee Economics* 1979
im Verlag Harvard University Press, Cambridge, Mass., und London.

ISBN 3-471-77896-9

Inhalt

Danksagung

Wissenschaft ist ein soziales Unternehmen, kein einsamer Kampf. Ich fühle große Dankbarkeit den Institutionen und Menschen gegenüber, die mir halfen. Besonders dankbar bin ich der United States Science Foundation, die mich und andere mit den notwendigen materiellen Mitteln versorgte, ohne die die meisten der hier vorgestellten Untersuchungen nicht hätten in Angriff genommen werden können.

Ein Teil dieses Buches ist das Resultat einer Reise, die ich 1976 machte, um zu Hause in Maine das Erwachen der Pflanzen- und Tierwelt im Frühling mitzuerleben und als Läufer am Boston Marathon teilzunehmen. Zur Finanzierung der Reise von Berkeley an die Ostküste hielt ich an verschiedenen Universitäten Seminare ab, in denen ich von meiner Arbeit mit Hummeln berichtete. Die Diskussionen in diesen Seminaren erwiesen sich als sehr fruchtbar für mich. Durch die Begeisterung Edward O. Wilsons nicht nur für soziale Insekten, sondern auch für das Laufen fühlte ich mich ermutigt, mein Forschungssemester im Herbst 1976 im Museum of Comparative Zoology in Harvard zu verbringen, wo ich das Sammelverhalten der Hummeln unter dem Aspekt der Sozialität studierte und die Ergebnisse meiner Untersuchungen in einem kleinen Buch zusammenfaßte. Ehrenvollerweise wurde mir ein Guggenheim-Forschungsstipendium gewährt, und dann bekam ich in der angenehmen Gesellschaft der Belegschaft des vierten Stocks des Museums den letzten Ansporn, um das vorliegende Buch als Projekt in Angriff zu nehmen. Außer Ed Wilson danke ich Virginia D. Adams, Tracy Allen, George A. Bartholomew, Astrid und James H. Brown, Sydney Cameron, George C. Eickwort, Adrian B. Forsyth, Bastiaan J. D. Meeuse, Chris Plowright, Peter H. Raven und Thomas D. Seeley für Kommentare und Kritik der diversen Manuskriptfassungen. Celeste Green und Phyllis Thompson zeichneten die Illustrationen. Harry Foster und William Bennett von der Harvard University Press leiteten an, kritisierten und machten Mut. Karen Bailey und Kathy Horton leisteten durch ihre Tipparbeit wertvolle Hilfe. Lynn Best, Paulette Bierzychudek und David Inouye erlaubten mir, bisher unpubliziertes Material ihrer Untersuchungen zu benutzen. Ihnen allen bin ich dankbar.

Einige der Illustrationen sind – oft in modifizierter Form – schon einmal erschienen, und ich möchte den folgenden Verlagen und Redaktionen für die Erlaubnis danken, dieses Material hier zu publizieren: American Association for the Advancement of Science (*Science*), Duke University Press (*Ecology* und *Ecological Monographs*), W. H. Freeman and Company (*Scientific American*), Macmillan Journals Ltd. (*Nature*), Sigma Xi (*American Scientist*), Society for Experimental Biology (*Journal of Experimental Biology*), Society for the Study of Evolution (*Evolution*), Springer-Verlag (*Journal of Comparative Physiology*), University of Texas Press (*Coevolution of Animals and Plants*), Kansas Entomological Society (*Journal of the Kansas Entomological Society*). Der Verlag Holt, Rinehart and Winston gab die freundliche Erlaubnis, aus Robert Frosts Gedichten zu zitieren, der Alfred-A.-Knopf-Verlag erlaubte die Benutzung eines Zitats aus Sigurd F. Olsons Werken.

Dieses Buch wird seinen Zweck erfüllt haben, wenn Studenten der Biologie einen Begriff davon bekommen, wie man mit Hilfe eines multidisziplinären Ansatzes am Verständnis jener ökonomischen Gesetzmäßigkeiten arbeiten kann, die auf allen Ebenen biologischer Organisation, von der molekularen zur ökologischen, dem Lebendigen zum Erfolg verhelfen. Interessierten Laien möge das Buch zeigen, wie Wissenschaftler – nicht anders als Hummeln und ihre Verwandten – tun, was sie tun, und was es für sie bedeutet.

Wüßte ich von einer goldfarbenen Mohnblüte
An einem felsigen Hang des hohen Nordens
Alles, so wäre mir die ganze Geschichte
Von Evolution und Schöpfung enträtselt.

Sigurd F. Olson: *Reflections from the North Country*

Einführung

Ich wuchs in den frühen fünfziger Jahren in Zentralmaine auf und verbrachte viel Zeit draußen in der Natur. Erfahrene Veteranen unterwiesen mich in der faszinierenden Kunst des Aufspürens und Anlockens von Bienen. Daß eine Biene, die kilometerweit von ihrem Stock von uns gefüttert worden war, anderen Bienen den Standort unseres honiggefüllten Kastens übermitteln konnte, war ein staunenswertes Wunder für mich und beeindruckte mich tief. Nicht weniger eindrucksvoll waren die großen hohlen Bienenbäume im Wald und die Eimer voller Honigwaben, die wir dort herauszogen, während der blaue Herbsthimmel von Tausenden summender Bienen kreuz und quer gestreift und gebrochen wurde wie ein Kaleidoskop.

Fast zwanzig Jahre später kehrte ich mit einem Doktortitel in Zoologie und einem elektrischen Thermometer in der Tasche zu unserer Farm in Maine zurück, um wiederum auf Bienenfang zu gehen. Das Thermometer brauchte ich, um die Körpertemperatur von Hummeln zu messen. Die Nachbarn waren skeptisch – hatte man je davon gehört, daß Hummeln Temperatur haben? Außerdem untersuchte ich den Nektar- und Pollenertrag von Wildbienen. Einmal, als ich einigen Tieren, die ich an Blüten gesammelt hatte, die Abdomen abzog, kam ein Fremder in einem uralten Arbeitsoverall und fragte: »Was zum Teufel tun Sie da?« – »Ich töte Hummeln.« – »Ach so«, sagte er. »Und ich dachte schon, Sie wären einer von diesen verdammten Biologen. Die machen ja die verrücktesten Sachen.« Als ich wieder zurück war an meiner Universität in Berkeley, stellte mir ein akademischer Kollege die gleiche Frage – in etwas verfeinerter Form. Ich sagte ihm, daß ich das Sammelverhalten von Wildbienen studierte. Sein Kommentar: »Ach so, Sie meinen, daß man sich stets dort niederläßt, wo der Tisch am reichsten gedeckt ist?« Selbstverständlich enthalten beide Kommentare ihre Wahrheit. Nur ist der erste vielleicht eine leichte Übertreibung, während der zweite die Dinge bestimmt auf unzulässige Weise vereinfacht.

Die Informationslücken, die ich entdeckte, bewogen mich dazu, bei meinen Forschungen alltägliche Erfahrungen und alltägliches Wissen nicht beiseite zu lassen. Nicht nur Profis, sondern auch interessierten Laien möchte ich einen Einblick in die aufregende und faszinierende Wunderwelt der Hummeln geben, die sich mir in Feldforschung und Laborarbeit erschloß. Auch wollte ich zeigen, daß es eine natürliche Verbindung zwischen den Forschungsgebieten der Physiologie, der Verhaltensforschung und der Ökologie gibt. Und drittens gab es ästhetische Gründe, die mich dazu drängten, dieses Buch zu schreiben. Die zugrundeliegenden Muster zu erkennen – wie alles mit allem in Verbindung steht –, heißt, die Schönheit und Harmonie der natürlichen Welt zu erkennen. Zahlreiche spekulative Überlegungen, Ideen, Folgerungen, persönliche Ansichten gehören zu meinem Projekt und gaben meiner Arbeit einen machtvollen Antrieb.

Mir wurde schon sehr bald klar, daß die Physiologie der Bienen mit ihrem Energiehaushalt in Beziehung steht und daß der Energiehaushalt der Tiere wiederum nicht betrachtet werden kann, ohne daß man Bestäubung und Pflanzenreproduktion berücksichtigt. Hummeln haben sehr oft Energiekrisen gewaltigen Ausmaßes zu bestehen, Menschen kennen kaum etwas Vergleichbares. Der Faktor Energiegewinnung und Aufrechterhaltung des energetischen Gleichgewichts bestimmt die Biologie dieser Insekten und bot sich daher als übergeordnetes Thema für dieses Buch an.

Es gibt im menschlichen Leben genauso wie im Leben der Hummeln nur wenige Bereiche, die nicht von ökonomischen Faktoren beeinflußt werden. Ökonomie nenne ich das Studium des Erwerbs oder der Produktion, der Verteilung und des Verbrauchs von Gütern und Leistungen. Aber was aus der Ökonomie eine so brisante Wissenschaft macht, ist weniger ihre umfassende Anwendungsmöglichkeit als ihre einleuchtende Dringlichkeit: Selten ist die Menge der verfügbaren Ressourcen oder Güter und Leistungen mit den vorhandenen Wünschen und Bedürfnissen im Gleichgewicht, kaum je steht mehr zur Verfügung, als verlangt wird. Folglich kann »Ökonomie« zum Synonym für »sparsame Haushaltführung« werden.

Traditionellerweise geht es in den Wirtschaftswissenschaften nur um den materiellen Wohlstand der Menschen. Er steht in Beziehung zu diversen möglichen Verteilungsmechanismen, und damit ist man schon bei der Politik. Da die Ökonomie auch die effiziente Nutzung von Produktions- und Transportmaschinen beinhaltet, ist es andererseits nicht weit zu Technik und Technologie.

Tiere – besonders solche, die nicht fähig sind, die Zahl ihrer Nachkommen zu kontrollieren – sehen sich unter gewöhnlichen Umständen zu strenger Sparsamkeit im Energieverbrauch gezwungen, aber sie kennen weder Politik noch Technologie. Außer bei solchen Arten, die in Gruppen leben, vollzieht sich bei Tieren die Energie- und Ressourcenverwendung primär zwischen verschiedenen Teilen und Aktivitäten ein und desselben Individuums, die Ökonomie ist Sache effizienter physiologischer Abläufe und Verhaltensweisen. Bei den sozialen Insekten gibt es allerdings Mechanismen der Verwendung und Verteilung von Ressourcen innerhalb der Gemeinschaft; hier beobachten wir hochentwickelte Verhaltensmuster, die uns an menschliche politische (besonders kommunistische) Systeme denken lassen, ebenso wie morphologische und physiologische Anpassungsleistungen, die zur wirtschaftlicheren Verwendung von Energie entwickelt wurden, an unseren technologischen Fortschritt erinnern.

Wir staunen über die raffinierten Lösungen, die die sozialen Insekten gefunden haben, um mit Problemen fertig zu werden, die unseren gleichen. Sie scheinen uns überaus rational – und Rationalität ist eine Eigenschaft, die unter Menschen nicht häufig anzutreffen ist, wiewohl sie sich ihrer gern rühmen. Bienen haben sich in langen Zeitaltern natürlicher Auslese entwickelt, die streng rational (utilitär) verfährt. Ihr Dasein ist überaus vernünftig geregelt, es fehlt ihnen nur die Fähigkeit, die Vernunft selbst als Problem zu sehen. Darin gleichen sie den edlen Houyhnhnms, die Jonathan Swift in *Gullivers Reisen* beschreibt: »Da diese edlen Houyhnhnms von Natur sehr tugendhaft veranlagt sind und keinen Begriff von Bosheit bei einem vernunftbegabten Wesen haben, so besteht ihr wesentlicher Grundsatz darin, die Vernunft zu pflegen und nach ihrer Anleitung zu leben.«

Vor einigen hundert Millionen Jahren entwickelten sich die Bienen aus dem Stamm ihrer wespenartigen Ahnen; der Mensch dagegen erschien erst vor etwa zwei Millionen Jahren auf der Erde. Und doch betrachten wir diese Geschöpfe auf der evolutionären Stufenleiter als unter uns stehend. Wenn wir darüber nachdenken, daß die Entwicklungsgeschichte von Menschenaffen und Menschen außerordentlich kurz ist im Vergleich mit der ihren und daß sie es auf völlig anderen Wegen zu einem sehr hohen Entwicklungsstand gebracht haben, könnten wir darauf kommen, daß wir, von ihnen aus betrachtet, sehr wohl die niedrigere Stufe einnehmen. Ihre Gesellschaft umschließt Königinnen, Kundschafter und Arbeiterinnen, und sie bringt es zu erstaunlichen Leistungen der Arbeitsteilung und der Kommunikation, die in komplexen Strategien von Angriff und Verteidigung zur Anwendung kommen. Diverse Kosten-Nutzen-Faktoren müssen bei wichtigen Entscheidungen gegeneinander abgewogen werden; Entscheidungen, bei denen es um das Überleben der Art geht, und das bei manchmal spärlichen Ressourcen. Solche offensichtlichen Analogien zwischen ihrer Gesellschaft und unserer verführen zu Anthropomorphismen. Dagegen sollte man sich die große evolutionäre Kluft zwischen Insekten und Menschen klarmachen – faszinierend scheint mir, daß es *trotz* des großen Abstandes möglich ist, Vergleiche anzustellen.

Das erste Ziel dieses Buches ist die Untersuchung des biologischen Energiehaushalts am Beispiel der Hummeln. Die physiologischen und ethologischen Grundlagen des Energiehaushaltes samt ihren ökologischen Konsequenzen werden dargelegt. Ich habe mich stark auf neuere Forschungsergebnisse gestützt, mit all ihren Stärken und Schwächen, die man auch in diesem Buch finden wird. Ich beschreibe die Auswirkungen der Umweltbedingungen auf diese Wildbienen und umgekehrt ihre Wirkungen auf ihre Umwelt. Aufbauend auf den Kapiteln über den Lebenszyklus der Kolonie im Zusammenhang mit der Umwelt (Kapitel 1) und über den Haushalt der Kolonie (Kapitel 2) vertiefe ich die Aspekte von Physiologie und Verhalten und ihren ökologischen Konsequenzen in den folgenden Kapiteln. Hummeln sind soziale Insekten, die hauptsächlich in gemäßigten und kühlen Breiten leben. Ihren Erfolg verdanken sie zu großen Teilen ihren bemerkenswerten Fähigkeiten der Wärmeregulation. In den Kapiteln 3 bis 6 geht es im einzelnen um die physiologischen Aspekte der Wärmeregulation, die mit den Sammelaktivitäten und dem ökonomischen Gleichgewicht der Kolonie in direkter Verbindung stehen. Kapitel 7 behandelt die ökonomischen Kosten und Nutzen der Wärmeregulation während des Sammelns. Die Nahrungsbeschaffung mit ihren Aspekten der individuellen Initiative, der Konkurrenz und der energetischen Strategie der Kolonie wird in den Kapiteln 8 bis 10 untersucht. (Das Wort Strategie impliziert einen Zweck. In der Evolutionsbiologie bezeichnet es lediglich ein Bündel morphologischer, physiologischer und verhaltensmäßiger Anpassungsleistungen, die das Überleben unter bestimmten Umweltbedingungen ermöglichen.) Schließlich werden die unzähligen Auswirkungen der Aktivitäten von Hummeln bei der Ausbeutung ihrer Umweltressourcen behandelt, vom unmittelbaren Geschehen bis hin zu Aspekten der Evolution (Kapitel 11 und 12). Die Blütenbestäubung löst eine sehr lange und möglicherweise unberechenbare Reihe ökologischer Interaktionen aus. Ich beschränke mich bei diesem Problem nicht auf Hummeln, sondern ziehe auch andere Organismen als Beispiele heran, um bestimmte Gedanken deutlicher herauszuarbeiten. Ich hoffe, daß dadurch vom Eigentlichen nicht abgelenkt, sondern der Blickwinkel erweitert wird.

Obwohl man bei der Forschung gezwungen ist, immer einen Schritt nach dem anderen zu machen, ist die Reihenfolge der Schlüsse oft weniger logisch und linear, als es im fertigen Buch dann erscheint. Am Anfang hatte ich keine große Idee, kein Modell, das ich durch Experimente im Labor und Arbeit im Feld hätte untermauern können. Ich ließ mich einfach von den kleinen Fragen leiten, die sich aus früher gesammeltem Material ergaben. Das zentrale Thema dieses Buches – wie stellt sich ökonomisches Gleichgewicht her, wie kommt es zum Ausgleich von Energiemengen? – ergab sich von selbst.

Es geht in diesem Buch nicht nur um Hummeln. Aber Hummeln sind wunderschöne Tiere, sie kommen in unseren Breiten vor, und sie eignen sich gut zur Erforschung vieler interessanter Probleme. Hummeln sind sicher nicht die einzigen wichtigen Blumenbestäuber, und sie sind nicht die einzigen Insekten, die zur Regulation ihrer Körpertemperatur fähig sind. Es sind gewöhnliche und deutlich erkennbare Tiere, viele Arten kann man aufgrund ihrer auffälligen Färbung im Gelände sicher identifizieren. Es ist nicht schwer, sie in Gefangenschaft zu halten und im Labor physiologische und ethologische Experimente mit ihnen zu machen. Sie sind groß genug, daß man sie gut markieren und ihre Wege verfolgen kann. Man kann sie gut aus der Nähe beobachten, die Anwesenheit von Menschen stört sie kaum, besonders während des Sammelns. Und die Mittel, von denen sie leben, kann man aus Pflanzen extrahieren und genau abwiegen und abmessen.

Ich habe versucht, den Leser mit wissenschaftlichem Jargon und allzu vielen technischen Details zu verschonen. Ich präsentiere Faktenmaterial in Form von graphischen Darstellungen für diejenigen, die sich für die quantitative Basis meiner Ausführungen interessieren, aber das Buch ist auch ohne Schaubilder und Diagramme verständlich.

Doch wollt' ich, um der Weisheit willen,
Wissen, was für ein Geist sich regt
Zwischen den Flügeln
Der Bienen und bauenden Wespen.

George Eliot: *The Spanish Gypsy*

Erstes Kapitel
Lebenszyklus einer Kolonie

Mit Hummeln assoziiert man Sonne, farbenfrohe, duftende Blumen auf feuchten Wiesen, malerische Bergeshöhen und geheimnisvolle Moore – die Moore Nordostamerikas mit ihrem Saum aus Nadelwäldern, ihren trägen Bächen und stillen Tümpeln. In diesen Mooren gibt es einzigartige und höchst interessante Lebensgemeinschaften. Hauptsächlich bestehen sie aus einer schwebenden Pflanzendecke, die von labyrinthisch miteinander verflochtenen Wurzeln blütentragender Zwergsträucher, Seggen, Orchideen, Moosen und Sonnentaugewächsen zusammengehalten wird. Silberne Forellen mit leuchtend roten Punkten stehen unter den abfallenden Uferrändern. Ein Paar Eistaucher macht Beobachtungsflüge über der Wasseroberfläche. Und in jedem Moor hört man im Frühling unweigerlich den olivfarbenen Fichtentyrannen, der von den Spitzen der verkrüppelten Fichten seine Stimme erschallen läßt. Die verschiedenen Organismen scheinen unabhängig voneinander zu agieren und sind doch alle lebensnotwendig aufeinander angewiesen.

Es ist kein Zufall, daß Hummeln gern in Moorgebieten leben. Sie haben sich in Millionen von Jahren in Tundren entwickelt; und Moore sind nacheiszeitliche tundra-ähnliche Vegetationsinseln. Allerdings finden sich Hummeln auch in allen anderen offenen Geländetypen, auf Feldern, Rainen, Streuobstwiesen und Bergkuppen.

Moore entwickeln sich stufenweise. Während der letzten Vereisung, vor etwa zwanzigtausend Jahren, waren Kanada, große Teile Minnesotas, die Großen Seen, New York und Neuengland von einer über tausend Meter dicken Eisschicht bedeckt. Die Gletscherzungen schoben sich wie gigantische Bulldozer südwärts und schürften Mulden und flache Wannen in das Gestein. Als sie sich zurückzogen, hinterließen sie gewaltige Wälle von Gesteinsschutt. Die ersten Pflanzen, die mit fortschreitender Verlandung die Oberfläche der stillen Schmelzseen hinter diesen Dämmen eroberten, waren Seggen. Nach dem »Seggenstadium« folgte damals wie heute das »Schwertlilienstadium«, das durch das Wachstum der prächtigen Blauen Schwertlilie und der Sumpfgoldrute charakterisiert war (Schwintzer und Williams, 1974). Im kalten, sauren Wasser verzögert sich der Verwesungsprozeß. Totes Pflanzenmaterial ballt sich zusammen und bildet ein schwebendes Vegetationspolster. Das nächste Stadium der Moorbildung ist durch das Wachstum niedriger, buschiger Zwergsträucher aus der Familie der Erikazeen gekennzeichnet, hauptsächlich Zwerglorbeer, Azalee, Lorbeerrose, Sumpfrosmarin, Labradortee und Moosbeere (Abb. 1.1). Nachdem die Zwergsträucher viele Generationen lang zur Verfilzung und Verstärkung der Pflanzendecke beigetragen haben, folgt das »Strauchstadium« mit Erle, Weide, Stechpalme und Schwarzer Apfelbeere (Dansereau und Segadas-Vianna, 1952). Schließlich erscheinen im »Baumstadium« Fichten und Lärchen, und die Blütenpflanzen der Hummeln werden verdrängt. Gewöhnlich findet man zu jeder Zeit in jedem Moor Bereiche, wo sich die jeweils spezifischen Pflanzengesellschaften entwickeln. Am Rand des Wassers herrschen noch die Seggen vor, und beim weiteren Vordringen ins Innere findet man Anzeichen aller Stadien vom Niedermoor zum ausgebildeten Hochmoor. Die Wellen des Wassers schlagen die andringenden Pflanzen des Inneren immer wieder zurück, und oft sind es Biber, die

Abb. 1.1 *Huckleberry Stream, Maine, wo ich oft Feldforschung betrieb. Der stille Fluß ist von Gebüschen umgeben, die von Hummeln bestäubt werden. Zur Zeit der Aufnahme, Anfang Mai, sind die Zweige noch nicht grün, aber der Zwerglorbeer im Vordergrund blüht und ist schon von zahlreichen Hummelköniginnen besucht worden.*

durch Dammbauten die natürliche Grenze eines Moors erhalten.

Die borealen Moore des amerikanischen Nordostens sind von dunklen, schattigen Wäldern umgeben, wo das Sonnenlicht nicht bis zum Grund fällt und die Blumen, auf die Hummeln angewiesen sind, nicht wachsen. Aber auf das Moor selbst mit seinem buschigen Bewuchs fällt kaum Schatten, dort gibt es gewöhnlich den ganzen Sommer über Blüten. Hummeln besuchen zwischen dem zeitigen Frühjahr und dem Herbst eine ganze Reihe von nacheinander blühenden Pflanzen (Heinrich, 1976 a). Das Moor ist ein lebendiges System – hier noch kaum vom Menschen gestört –, und die Hummeln, die in solchen

Gebieten beheimatet sind, haben sich mit Hilfe hochverfeinerter Mechanismen ihrer Lebensgrundlage angepaßt.

Ein Tag im Moor beginnt früh am Morgen, wenn der Nebel noch tief und schwer über dem Boden hängt. Ein Biber gleitet geräuschlos durchs Wasser und beobachtet aufmerksam die Oberfläche. Aus dem Wald hört man noch die dröhnende Stimme eines Streifenkauzes.

Die Sonne geht auf als ein verschwommener Ball. Spinnweben, schwer von glitzernden Tautropfen, hängen zwischen den Zweigen. Die Sumpfammern fangen an zu tirilieren. Die Rotschulterstärlinge verlassen ihre Verstecke im Gebüsch, plustern das Gefieder auf, lassen ihre roten Epauletten aufleuchten und fangen an, rauh und heiser zu singen. Und wie ein Miniaturhubschrauber surrt ein kleines, pelziges, orange-schwarz-gelbes Ding aus dem Wald, landet auf einem Azaleenbusch und fliegt dann ohne Verschnaufpause von Blüte zu Blüte.

Es ist eine Hummelkönigin. Die letzten acht Monate hat sie starr, fast leblos im Boden überwintert. Sie ist allein. Alle Drohnen und Arbeiterinnen ihres Volkes und ihre Mutter, die alte Königin, sind im Herbst, bevor der erste Schnee fiel, eingegangen. Im Frühling, nach der Schneeschmelze, war die Sonnenwärme das Signal für die junge Königin, aus der Erstarrung zu erwachen und ins Freie zu fliegen. Nach der Tiefe ihrer Höhle in der Erde bemaß sich die Zeit ihrer Erwärmung und ihres Erscheinens (Szabo und Pengelly, 1973). Die Kolonie, der sie entstammt, hat bis zu hundert Königinnen und Männchen hervorgebracht, aber sie ist jetzt völlig auf sich gestellt. (Andere Hummelarten in Gebieten mit langen Vegetationsperioden können sogar etwa tausend neue Königinnen aussenden.) Viele Königinnen haben den Winter nicht überlebt. Noch mehr werden die nächste Zukunft nicht überleben. Im Durchschnitt gelingt es nur einer einzigen der Jungköniginnen einer Kolonie, ein neues, Nachkommen produzierendes Volk zu begründen.

Nachdem sie sich an den Azaleenblüten gesättigt hat, fliegt unsere Hummelkönigin dicht über den Waldboden am Rand des

Wassers entlang. Die Energie, die sie in Form von Zucker aus dem Azaleennektar aufgenommen hat, treibt sie mächtig an. Häufig landet sie auf dem Boden, krabbelt unter Blätter, untersucht Löcher im Boden und nimmt dann ihren Suchflug wieder auf. Sie sucht nach einem geeigneten Standort zur Gründung einer Kolonie. In der Zwischenzeit wird das Protein, das sie mit dem Blütenpollen aufgenommen hat, in ihren Ovarien zu Eiern »umgewandelt«. Im Herbst wurde sie begattet. Nun kann sie bald mit der Eiablage beginnen.

Nachdem sie tagelang, manchmal länger als zwei Wochen gesucht hat, wird sie in den feuchten Gängen am Fuß eines verrottenden Baumstumpfs das verlassene Nest einer Wühlmaus oder eines Backenhörnchens finden. Sie ist nicht wählerisch. Jegliche dunkle Höhlung, mit feinen Pflanzenfasern austapeziert, dient ihrem Zweck. Die Königin zieht und zerrt an Grashalmen und Borkenfasern und macht sich ein Nest von etwa zwei Zentimetern Höhe und drei Zentimetern Breite zurecht. Einige Spezies, wie *Bombus fervidus,* bauen sich ihre Höhlen selbst, im dichten Gras kurz über dem Boden. Im Lauf des Wachstums der Kolonie schleppen sie immer mehr totes Gras heran, und es entsteht ein dickes, unförmiges Nest, das von dem einer Erdmaus nicht zu unterscheiden ist. Im ursprünglichen Nest, nah am Eingang der kleinen Höhle, fabriziert jede Hummelkönigin einen fingerhutgroßen Honigtopf. Er besteht aus Wachs, das aus Hautdrüsen zwischen den aufeinanderfolgenden Segmenten sowohl der Bauch- als auch der Rückenseite des Hinterleibs als Schüppchen ausgeschwitzt wird. (Honigbienen haben Wachsdrüsen nur an der Bauchseite der vier letzten Hinterleibssegmente.)

Nach der Rückkehr von einem Sammelflug kontrahiert unsere Königin immer wieder ruckartig ihr Abdomen und erbricht Nektar aus ihrem Kropf (Honigmagen, Honigblase) in den Honigtopf. Sie reibt ihre Hinterbeine aneinander und läßt den Pollen fallen, um auf dem Boden der Nesthöhle eine Brutzelle herzustellen, in die acht bis zehn Eier gelegt werden. Aus den Eiern entstehen Larven (auf den ersten Blick ähneln sie Ma-

Abb. 1.2 Ein verlassenes Mäusenest dient hier als Hummelbehausung (B. vagans). Man sieht die Kolonie im Anfangsstadium: Honigtopf und Brutzelle mit Puppen und neuen Eiern. Die erste Arbeiterin ist geschlüpft und nippt am Honigtopf. Die Königin ist abwesend, wahrscheinlich zum Sammeln ausgeflogen. Der ursprünglich auf dem Nest befindliche Deckel ist abgenommen worden.

den), die später Seidenkokons spinnen, in denen sie sich verpuppen.

Während der nächsten Monate, nach der ersten Eiablage, verbringt die Hummelkönigin viel Zeit im Nest mit Brutpflege und Fütterung. Die Larven bekommen in periodischen Abständen mit Nektar befeuchteten Pollen, den die Königin an manchmal weit entfernten Orten sammelt. Die ersten Arbeiterinnen erscheinen und helfen der Königin bei der Pflege der nächsten Brutgeneration. Allmählich geht die Aufgabe des Sammelns ganz auf sie über (Abb. 1.2).

Während des Larvenwachstums vergrößert sich die Brutzelle. Eine Reihe von Eiern (die Zahl variiert je nach Spezies) wird in

Wachszellen verpackt und an die Außenseiten der ersten und direkt folgenden Kokons geklebt. Eier, Larven und Puppen bilden die Brut, die zunächst getrennt vom Honigtopf heranwächst. Aber nachdem die ersten Arbeiterinnen ihren Kokon verlassen haben, werden diese seidenen Wiegen gereinigt und dienen als Vorratstöpfe für Honig oder Pollen. Bei einigen Spezies, »pocket-makers« genannt, werden seitlich an eine Zelle mit Larven pollengefüllte Wachstaschen gebaut. Die Larven fressen sich zu ihrem Futter durch. Andere, die »pollen-storer«, speichern Pollen in alten Kokons und füllen diesen bei Bedarf in die Larvenzellen nach. Die Entwicklungszeit vom Ei bis zur Imago dauert sechzehn bis fünfundzwanzig Tage.

Die Larven erhalten alle zu ihrer Entwicklung notwendigen Proteine, Fette, Vitamine und Mineralien aus dem Pollen. Auch die Königin frißt Pollen und erlangt dadurch das zur Eientwicklung nötige Protein. Die Arbeiterinnen stellen nach dem Schlupf ihr Wachstum ein, aber auch sie benötigen noch einige Tage lang Pollen. Später brauchen sie nur noch reine Energie und können während der zwei Wochen ihrer normalen Lebenszeit fast ausschließlich von Zucker leben, den sie aus Nektar gewinnen.

In einem Honigbienenstaat wächst jede Larve in einer separaten sechseckigen Zelle heran. Das gleiche Zellenmodell wird immer wieder verwendet, nur für Königinnen in etwas größerer Form. Im Gegensatz dazu legen Hummeln, wie erwähnt, ihre Eier in Haufen in eine sich sukzessiv vergrößernde Gemeinschaftszelle. Die gemeinschaftlich gefütterten Larven wachsen, und ihre Zelle wächst mit ihnen. Erst im Reifestadium trennen sich die Larven voneinander, werden individuell gefüttert und spinnen einzeln ihre seidenen Kokons (Abb. 1.3). Einige der schlüpfenden Arbeiterinnen sind sehr klein – sie wiegen weniger als 0,05 Gramm und sind nur halb so groß wie eine Honigbiene –, andere können ein Gewicht von 0,6 Gramm oder mehr erreichen und fast so groß werden wie die Königin. In den freilebenden Kolonien vieler Hummelarten

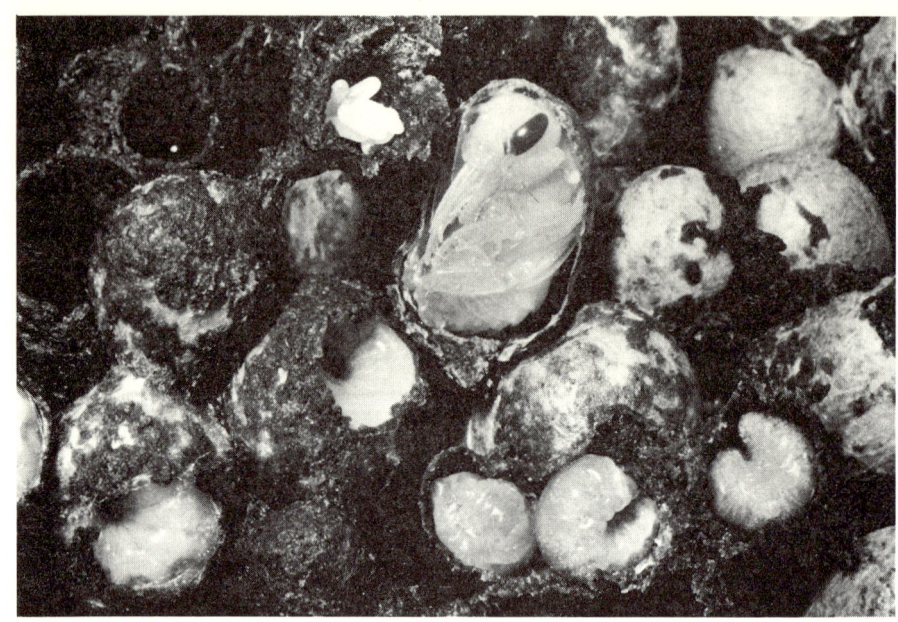

Abb. 1.3   *Hummeleier, Larven und Puppen. Ein Brutnäpfchen wurde für den Fotografen geöffnet, ebenso ein Kokon, in dem die Puppe zu sehen ist, eine fast völlig ausgebildete junge Hummel, bis auf die Augen unpigmentiert. Der auffällige Saugrüssel ist noch eingerollt. Die runden Kuppen sind die Spitzen weiterer Kokons. (Foto E. S. Ross.)*

sind die Arbeiterinnen der ersten Brut kleiner als die der folgenden Generationen (Knee und Medler, 1965). Die evolutionäre Bedeutung dieses Faktums ist noch unklar, aber die Experimente, die Chris Plowright von der Universität Toronto machte, zeigen, daß die Größenunterschiede wahrscheinlich zunächst ernährungsbedingt sind. Plowright nahm weibliche Larven aus Hummelnestern und setzte sie in künstliche Zellen aus Wachs. Im Inkubator (33° C) fütterte er den Larven eine Mischung aus Honig, Wasser und Pollen. Er fand heraus, daß Larven, die bis zur Sättigung in einem Abstand von ein bis zwei Stunden Tag und Nacht gefüttert werden, innerhalb von vierundzwanzig Stunden durchschnittlich um etwa ihr vierfaches Körpergewicht zunehmen. Solche Larven entwickelten sich zu Individuen von Königinnengröße. Tatsächlich hätten sie die Rolle von Königinnen übernehmen können, wenn die alte Königin getötet worden wäre. Aber sie wurden nicht begattet, und wenn sie Eier gelegt hätten, hätten sich aus diesen nur Männchen (Drohnen) entwickelt. Aus den befruchteten Eiern einer Königin gehen hingegen entweder Arbeiterinnen oder Königinnen hervor.

Die Produktion von Königinnen kann als Erweiterung des normalen Schemas der Arbeiterinnenaufzucht betrachtet werden. Wird die Fütterung gestoppt, bevor die Larven befruchteter Eier die Größe von Königinnen erreichen, werden Arbeiterinnen aus ihnen. Nach dem Entzug von Futter – vorausgesetzt, es ist eine Minimalgröße erreicht worden – verpuppen sich die Larven. Durch einfachen Futterentzug können Individuen, das heißt Hummelarbeiterinnen, jeglicher Größe (innerhalb des artspezifischen Spektrums) hervorgebracht werden (Plowright und Jay, 1977).

Zu Teilen machen es sich die Larven selbst unmöglich, Futter aufzunehmen. Nach der letzten Häutung (insgesamt häuten sie sich viermal) spinnen sie den Kokon, wenn sie nicht mit Fressen beschäftigt sind. Wenn sie also nicht häufig gefüttert werden, haben sie genug Zeit, eine seidene Schranke herzustellen, die sie von der Nahrung trennt. Sie schließen also selbst die Öffnung, durch die sie gefüttert werden. Jene Larven, die Königinnen werden sollen, werden häufig gefüttert, haben keine Zeit, den Kokon zu spinnen, und können weiter Nahrung aufnehmen. Wird den Larven von Hummeln, Honigbienen und Stachellosen Bienen Juvenilhormon gefüttert, so lassen die schlüpfenden Weibchen ebenfalls Königinnenmerkmale erkennen. Die Aufnahme großer Nahrungsmengen, besonders die Aufnahme bestimmter Nährstoffe, könnte bei Hummeln mit der Hormonproduktion in Beziehung stehen, wie dies von Honigbienen belegt ist (Röseler und Röseler, 1974).

Vor dem Schlupf der ersten Arbeiterinnen fügt die Königin etliche zusätzliche Eiklumpen seitlich an den Kokon an. Mit der

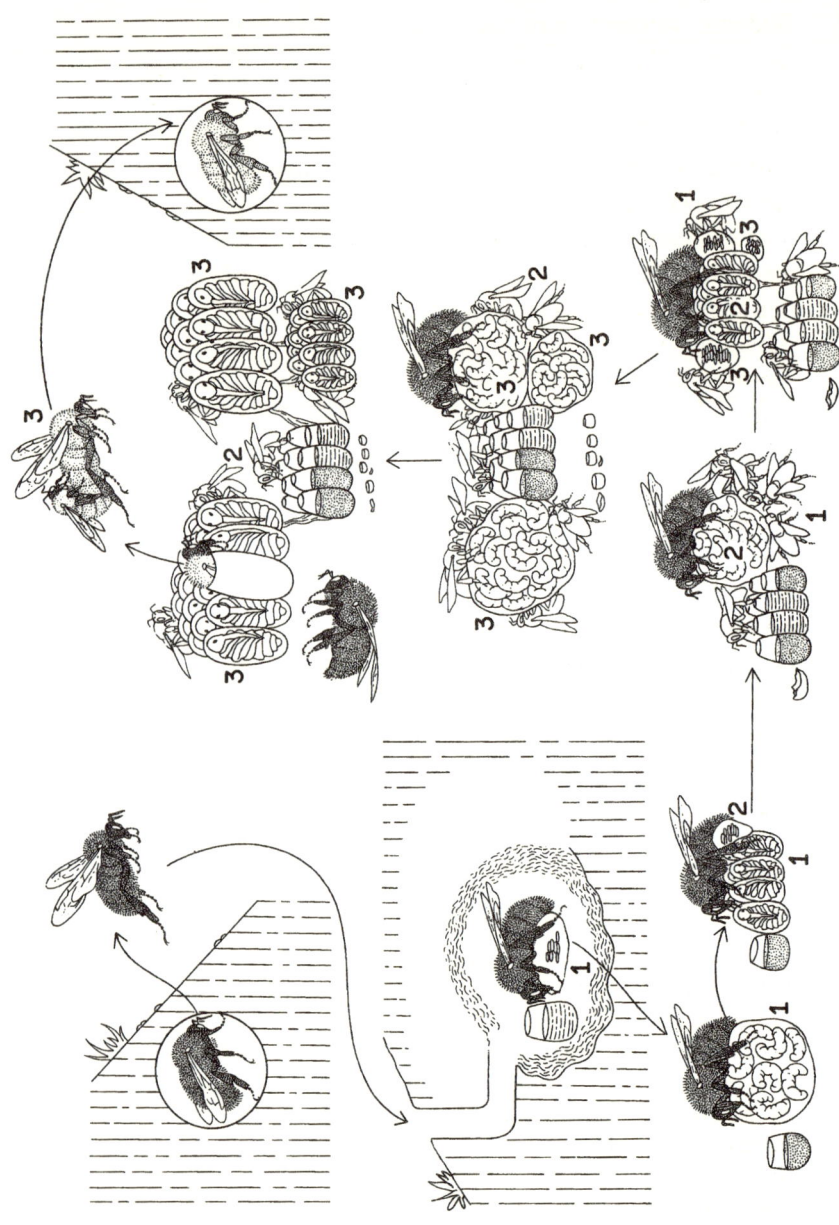

Bildung weiterer Kokons produziert sie weitere Gelege (Abb. 1.4). Dadurch ist gewährleistet, daß sich Nahrungsnachfrage und Nahrungsangebot im Gleichgewicht befinden, denn die Zahl der Larven, die gefüttert werden müssen, stimmt proportional in etwa mit der Zahl der sammelnden Arbeiterinnen überein. Mit zunehmendem Alter der Kolonie legt die Königin häufiger Eier – gegen Ende sogar jeden Tag –, und die Gelege werden größer. In einer schnell wachsenden Kolonie erscheinen täglich neue Arbeiterinnen. Wenn sie schlüpfen, sind sie silbergrau; sie trocknen schnell, und die hellen Farben ihres samtweichen Pelzes kommen zum Vorschein. Zwei Tage nach dem Schlupf können sie ausfliegen, um zu sammeln. Mit Wachsrändern zylinderförmig verlängerte leere Kokons werden zu Aufbewahrungstöpfen für Honig, einige Spezies benutzen die Kokons auch als Pollenvorratstöpfe (Abb. 1.5).

Die Lebenserwartung der Hummelkolonie hängt von der Länge der Vegetationsperiode ab. Kolonien der brasilianischen Spezies *Bombus atratus* können zwei oder mehr Jahre überdauern, sie bringen zwei Generationen Königinnen und Drohnen pro Jahr hervor. Die Kolonien vieler Spezies der arktischen und gemäßigten Zonen leben nicht länger als zwei Monate. In gemäßigten Breiten endet der Lebenszyklus der Kolonie im Spätsommer oder Herbst, und es gibt immer nur eine fruchtbare Generation pro Jahr. Das Ende der Kolonie steht bevor, wenn alle Larven sich nicht mehr zu Arbeiterinnen, sondern zu neu-

Abb. 1.4   Lebenszyklus einer Hummelkolonie. Links oben der Beginn mit der überwinternden Königin, rechts oben die neuen Königinnen (hell punktiert), die aus den Kokons der dritten Brutgeneration schlüpfen und nach der Paarung überwintern. Wenn die erste Generation sich verpuppt, legt die Königin die Eier, aus denen sich die nächste Generation entwickelt. Nach dem Schlupf der ersten Arbeiterinnen werden die alten Kokons als Vorratsgefäße für Honig und Pollen benutzt. Das Schaubild zeigt die Entwicklung vom Eistadium über Larve und Puppe bis zum adulten Individuum zweier Arbeiterinnengenerationen und einer Königinnenbrut. Letztere hat sich aus drei verschiedenen Gelegen entwickelt.

Abb. 1.5   Eine Hummelkolonie (B. occidentalis) auf dem Höhepunkt ihrer Entwicklung, mit vielen Kokons und Larven und einigen Pollen- und Honigtöpfen. (Foto E. S. Ross.)

en Königinnen und Drohnen entwickeln. Die Männchen verlassen das Nest kurz nach Erscheinen. Sie schlagen sich allein durch und fallen der Kolonie nicht zur Last. Die Arbeiterinnen gehen ein. Die neuen Königinnen einiger Spezies helfen noch eine Weile im Nest und beim Einbringen der Tracht, bevor sie begattet werden und verschwinden, um sich unter der Erde ein Winterquartier zu suchen. Die alte Königin stirbt wie die Arbeiterinnen und Drohnen vor der ersten Winterkälte.

Wir wissen noch nicht, wie und warum die Kolonie von der Produktion von Arbeiterinnen zur Produktion von Geschlechtstieren übergeht, um so das weitere Wachstum der Kolonie zu verkürzen. In Maine habe ich oft beobachtet, daß sich die Hummeldrohnen in einem kleinen Gebiet konzentrierten, während einige Kilometer weiter nur die Arbeiterinnen der gleichen Spezies zu sehen waren. Variationen des Nahrungsangebots zu kritischen Zeiten mögen den Zyklus der Kolonie beeinflußt haben. Bei vielen Bienenarten kann die Königin durch Veränderung des Spermaflusses aus dem Samenbehälter bei der Eiablage bestimmen, ob sich weibliche oder männliche Tiere bilden. Aber wie kommt sie zu ihrer Entscheidung? Und wie kommen die Arbeiterinnen dazu, Königinnen, nicht Arbeiterinnen aus den befruchteten Eiern aufzuziehen? Zur Zeit kennen wir die ganze Antwort auf diese Fragen noch nicht. Es scheint aber, daß sowohl das Nahrungsangebot wie das Vorhandensein bestimmter Hormone ausschlaggebende Faktoren sind.

Mit zunehmender Größe der Kolonie entstehen zwischen Königin und Arbeiterinnen Konflikte. Die Arbeiterinnen versuchen oft, die frisch gelegten Eier zu fressen, und die Königin muß ihre Gelege verteidigen. P. F. Röseler glaubt, daß große Kolonien möglich wurden durch die Entwicklung von Botenstoffen (Pheromonen), die durch »Beruhigung« der Arbeiterinnen zur Unterdrückung sozialer Spannung benutzt werden konnten. Hummeln zeigen sich in ihrem Nest aggressiver gegeneinander als andere Bienenarten, besonders wenn die Kolonie dicht besiedelt ist und es der Königin schwerer fällt, ihre Dominanz zu behaupten.

Schließlich hängen Größe und Erfolg einer Kolonie auch von der Sterblichkeit der Arbeiterinnen ab. In Maine sind im August manchmal bis zu zwanzig Prozent aller Arbeiterinnen im Feld von den parasitischen Larven der Dickkopffliege befallen, die das Abdomen der Hummeln aushöhlen. Die Hälfte aller Arbeiterinnen einer Kolonie können jede Woche auf diese Weise verenden, und viele wildlebende Kolonien produzieren niemals Geschlechtstiere. Bei Gefangenschaftshaltung, bei der es keinen Parasitenbefall gibt, können Arbeiterinnen mehrere Monate leben, und es werden häufig riesige Mengen fertiler Individuen gebildet.

Hummeln legen keine großen Vorräte von Nektar und Pollen an, obwohl sie viel länger am Tag sammeln als Honigbienen und zwei- bis dreimal so viele Blüten pro Zeiteinheit besuchen. Anders als Honigbienen und viele andere Bienenarten beginnen sie ihre Sammelflüge oft schon vor Tagesanbruch und beenden sie erst nach der Abenddämmerung, bei niedrigen wie bei hohen Temperaturen. Gewöhnlich leben sie von der Hand in den Mund, indem sie die gesammelten Nahrungsüberschüsse sofort in die Produktion von Nachkommen stecken, obwohl sie, zum Zeitpunkt der Bildung von Drohnen und neuen Königinnen, sehr wohl in der Lage sind, beachtliche Mengen von Pollen und Honig auf Vorrat zu speichern. Einige Spezies, wie *Bombus affinis*, *Bombus terricola* und *Bombus impatiens,* heben gerade soviel Honig und Pollen auf, wie sie brauchen, um ein paar Tage Regenwetter zu überstehen. Da sie an den meisten Tagen bei nahezu jedem Wetter sammeln können, verfügen Hummeln über ein stabiles Einkommen und haben es nicht nötig, für die Zukunft vorzusorgen. Dazu kommt, daß größere Vorräte auch Räuber anziehen würden, wie Skunks und Füchse. Und anders als Honigbienen brauchen sie auch keine Nahrung für einen langen Winter.

Hummeln sind weit verbreitet in Europa und Asien, man findet sie am Polarkreis, etwa neunhundert Kilometer vom Nordpol entfernt, bis hinunter nach Feuerland an der Südspitze von Südamerika. Sie kommen auch in Afrika nördlich der Sahara vor, und sie sind als Bestäuber von Kleepflanzen in Australien, Neuseeland, den Philippinen und Südafrika eingebürgert worden. Sie sind selten in Wüsten und Gegenden mit heißem Klima (wo Solitärbienen in reicher Zahl vorkommen können), da sie Regionen mit kühlen Temperaturen oder in tropischen Gegenden die Gipfel der Berge vorziehen. Es gibt wahrscheinlich etwa vierhundert Spezies weltweit, fünfzig davon sind in den Vereinigten Staaten bekannt. Fast zwanzigtausend Spezies anderer Wildbienen gibt es auf der ganzen Welt, davon fast viertausend allein in Nordamerika. Trotz der geringen Zahl ihrer Arten sind Hummeln oft sehr kommun und in großer Zahl an-

Abb. 1.6 Eine männliche Hummel, Bombus edwardsii, Nektar saugend an einer Compositenblüte. Man beachte den langen Saugrüssel, die langen Fühler (Antennen) und den behaarten Teil der Hinterschienen. Bei Arbeiterinnen und Königinnen ist das Bein in der Mitte glatt und weist eine Vertiefung auf, in der der Pollen transportiert wird, das sogenannte Körbchen (Corbicula). (Foto E. S. Ross.)

zutreffen. Mit einem einzigen Schwenken des Insektennetzes kann man manchmal gleich ein halbes Dutzend von ihnen auf einer ihrer Lieblingsblumen einsammeln. Otto Plath berichtet in seinem Buch über nordamerikanische Hummeln, er habe nicht weniger als acht Kolonien auf einer Fläche von etwa zehn Quadratmetern ungepflügten Landes mit dichtem Grasbewuchs gefunden. Zweifellos sind dermaßen dichte Nestvorkommen höchst ungewöhnlich. Normalerweise sind Hummelnester dünn gesät und oft schwierig zu finden, obwohl räuberische Skunks offenbar keine Mühe damit haben.

Das Alarm- und Abwehrverhalten von Hummeln weist einige Eigentümlichkeiten auf, die weder bei Honigbienen noch bei Stachellosen Bienen beobachtet wurden. Erstes Zeichen von Beunruhigung ist bei Hummeln, die sich im Nest befinden und nicht flugbereit sind, das Heben eines Mittelbeins in Richtung der Störung. Wenn die Störung anhält, drehen sie sich auf den Rücken und strecken die Beine seitwärts aus, als wollten sie sich abstützen, während der stachelbewehrte Hinterleib in die Höhe weist und die Mandibeln sich öffnen. Der Stachel der Hummel besitzt, anders als der der Honigbiene, keinen Widerhaken, und eine Hummel kann zu wiederholten Malen stechen, ohne ihr Leben dabei zu opfern. Bei Gelegenheit können Hummeln, die sich verteidigen, auch Faeces aussprühen. Eine Spezies, *Bombus fervidus,* setzt angreifende Gliederfüßer im Nest außer Gefecht, indem sie sie mit erbrochenem Honig umhüllt.

Der Stachel ist für die meisten Hummelfeinde vermutlich ein wirksames Abschreckungsmittel, obwohl einige – Skunks und Würger – als große Hummelconnaisseurs bekannt sind. Sammelnde Hummeln haben offenbar keine Mechanismen zur Vermeidung des Zusammentreffens mit Feinden entwickeln müssen. Lincoln Brower vom Amherst College hat überzeugend nachgewiesen, daß eine Kröte ohne Zögern nach einer Hummel schnappt – aber nicht nach einer zweiten! Nach einmaliger Begegnung lernen Kröten, sich in aller Zukunft von Hummeln fernzuhalten, und nach dem ersten Kontakt mit einer Hummel, deren Stachel intakt war, werden sie sogar jeglichem Insekt ähnlicher Pelzfärbung aus dem Weg gehen. Vögel lernen zweifellos ebenso schnell wie Kröten, und im Verlauf von Millionen Jahren natürlicher Selektion haben einige wohlschmeckende Fliegen, Käfer und Motten das Aussehen von Hummeln angenommen, um wie diese vor Feinden geschützt zu sein. Tatsächlich kann man eindrucksvolle farbliche Übereinstimmungen zwischen Hummeln und diversen Insektenfamilien (Syrphidae, Tabanidae, Asilidae und Oestri-

Abb. 1.7   *Eine hummelimitierende Schwebfliege der Gattung* Criorhina. *Man vergleiche Saugrüssel und Antennen mit dem Vorbild, Abb. 1.6. (Foto E. S. Ross.)*

dae, vgl. Abb. 1.6 und Abb. 1.7) feststellen (Gabritschevsky, 1926). Zu dieser Batesschen Mimikry (Nachahmung einer wehrhaften oder ungenießbaren Art durch eine wehrlose, genießbare) kommt in einigen Regionen bei Hummeln eine Form der Müllerschen Mimikry (gemeinsame Warntrachten bei mehreren wehrhaften oder ungenießbaren Arten), wodurch das Reizbild der Gefahr in ihrer gewöhnlichen Gestalt verstärkt wird. Potentielle Feinde lernen, nicht mehreren, sondern einem einzigen Farbmuster aus dem Weg zu gehen.

Junge *Bombus*-Königinnen haben im Kampf um die besten Nistplätze wahrscheinlich keine größeren Feinde als andere *Bombus*-Königinnen. Es kommt oft vor, daß eine Königin einen attraktiven Platz schon von einer anderen Königin besetzt findet. Gewöhnlich kommt es dann zum Kampf. Bis zu acht tote Königinnen sind schon an einem einzigen Nesteingang gefunden worden. Manchmal wird die ursprüngliche Besetzerin des Platzes getötet, besonders wenn die erste Brut noch nicht geschlüpft ist und die Arbeiterinnen der Königin bei der Verteidigung nicht zur Seite stehen können. Eine siegreiche Eroberin, die die Nesteignerin getötet hat, wird sofort darangehen, deren Brut wie ihre eigene zu versorgen, falls beide Königinnen derselben Spezies angehören, und manchmal ist nicht einmal das nötig. Als Ergebnis dieses sozialen Parasitismus findet man hier und da Kolonien, die Arbeiterinnen zweier Spezies enthalten. Die verdrängende Spezies ist immer diejenige, die später aus der Winterruhe erwacht als die nestgründende. Zum Beispiel verdrängt *Bombus affinis* manchmal die früher nistende Spezies *Bombus terricola,* ebenso wie *Bombus lucorum* die Spezies *Bombus terrestris.* In der Arktis, am Lake Hazen, gibt es nur zwei *Bombus*-Spezies, eine davon ist der obligate Sozialparasit der anderen (Richards, 1973). In Kolonien mit gemischten Spezies kommt man anscheinend gut miteinander aus, möglicherweise weil alle Nestbewohner den gleichen Duft der Kolonie annehmen. Im Experiment können gemischte Kolonien gebildet werden, einfach indem man die Brut eines Nests in ein anderes verfrachtet (nicht alle Spezies eignen sich dazu). Außerdem können adulte Arbeiterinnen (besonders frisch geschlüpfte) einer Spezies in ein anderes Nest der gleichen Spezies überführt werden. Es mag anfangs Kämpfe geben, aber gewöhnlich werden immer einige der Fremden in das Nest aufgenommen.

Eine Hummelgattung (*Psithyrus*) hat sich darauf spezialisiert, Nester der Gattung *Bombus* zu übernehmen. *Psithyrus* umfaßt eine kleine Zahl von Spezies, die als Sozialparasiten oder Kuckuckshummeln von *Bombus*-Spezies leben. Diese Gattung hat keine

Arbeiterinnenkaste, und den Weibchen fehlt auch der spezifische Pollentransportapparat, das Körbchen (Corbicula). Die *Psithyrus*-Weibchen dringen in eine etablierte *Bombus*-Kolonie ein, töten die Königin, legen ihre eigenen Eier und lassen die *Bombus*-Arbeiterinnen ihre Brut bis zum adulten Stadium aufziehen. Die Arbeiterinnen einer der oberirdisch nistenden Spezies, *Bombus fervidus,* haben, wie oben erwähnt, ein wirksames Verteidigungsmittel gegen diese Parasiten: Sie würgen gegen die eindringenden *Psithyrus*-Weibchen Honig aus. Diese sind gut gepanzert, so daß sie durch Stiche kaum getötet werden können; getötet werden sie nur bei dem Versuch, eine Kolonie mit einer großen Zahl von Arbeiterinnen zu erobern. Aber auch in einer Kolonie mit weniger Arbeiterinnen müssen sie Nachteile in Kauf nehmen, denn die Zahl der adulten Parasiten, die die Wirte in letzterem Fall großzuziehen in der Lage sind, ist äußerst begrenzt. So muß die Gattung bei der Invasion einer bestehenden Kolonie zwischen Sicherheit und potentiellem Reproduktionserfolg abwägen.

Während des Lebenszyklus einer Kolonie, den ich skizziert habe, blühen von Frühling bis Herbst regelmäßig nacheinander Weide, Zwerglorbeer, Azalee, Blaubeere, Moosbeere, Stechpalme, Apfelbeere, Rose und andere Pflanzen. Jede von ihnen wird hauptsächlich von Wildbienen bestäubt, insbesondere Hummeln, und trägt Früchte (Reader, 1977). Im allgemeinen werden die Blaubeerfrüchte im Moor im Herbst von Drosseln und Seidenschwänzen gefressen. Die Früchte der Stechpalme, die Hagebutten und Apfelbeeren bleiben an den Zweigen hängen, man sieht sie im Winter mitten im Schnee. Sie sind die Nahrung von Haselhühnern und späten Zugvögeln. Als letztes reifen die Moosbeeren. Unter der Schneedecke werden sie süß, und die Vögel des folgenden Frühjahrs tun sich an ihnen gütlich. Die Vögel verbreiten ihrerseits die unverdaulichen Samen auf ihren Reisen. Auf diese Weise können die ungestielten Pflanzen neue Territorien und Nischen besetzen. Im Moor stehen Bienen, Vögel und Pflanzen in einem untrennbaren funktionellen Zusammenhang.

Das kluge Weibchen zieht nur Junge sich heran,
Wenn es sie auch ernähren kann.

Abel Evans

Zweites Kapitel
Haushalt der Kolonie

Edward O. Wilson hat die Lebenssituation des Insektenstaats knapp und prägnant folgendermaßen zusammengefaßt: »Man stellt sich eine Kolonie sozialer Insekten am besten als Fabrik vor, die wie eine Festung aufgebaut ist. Hinter den eigenen Linien verschanzt, ständig von Räubern und den unberechenbaren Wechselfällen der Umwelt bedroht, sendet die Kolonie Sammler aus, die Nahrung beschaffen, während innerhalb des Nests die Nahrung so schnell und effizient wie möglich zur Erzeugung von Jungköniginnen und Männchen eingesetzt werden muß.«
In diesem Betrieb, den die Kolonie darstellt, wird vor allem die Erzeugung neuer Königinnen und Männchen angestrebt, da nur von diesen weitere Fabriken gegründet werden können. Wie in jedem Betrieb können die wichtigsten Arbeiten in diverse elementare Operationen zerlegt werden, und der Energiehaushalt kann in Diagrammen dargestellt werden, die zeigen, wie die Umwandlung der Rohmaterialien und Energieaufwendungen in das Endprodukt im einzelnen vor sich geht. Details dieser einzelnen Schritte werden in den folgenden Kapiteln beschrieben. Zuerst will ich in groben Zügen das zugrundeliegende Muster skizzieren.
Der Erwerb von Rohstoffen ist einzig Sache der Arbeiterinnen. Arbeiterinnen verausgaben Energie beim Sammeln, aber sie bringen mehr Kalorien in das Nest zurück, als sie verbrauchen. Außerdem sammeln sie Pollen, jenen eiweißbildenden Stoff,

37

der zur Erzeugung neuer Individuen nötig ist. Sowohl Nektar (Zucker) wie Pollen werden in gemeinschaftlichen Vorratstöpfen deponiert. Zucker ist die Energiequelle, die das ganze System antreibt. Ein Teil davon wird umgesetzt zu Wachs, das, gemischt mit Pollen, als Baumaterial Verwendung findet. Ein anderer Teil wird von den Stockbienen an die Larven verfüttert. Auch indirekt, durch die Körperwärme der Arbeiterinnen, wird die Energie des Zuckers an die Larven weitergegeben. Solange genug Rohstoffe hereinkommen und die Rohstoffe effizient verarbeitet werden, expandiert die Kolonie, bis sie eine kritische Größe erreicht hat. Dann werden alle verfügbaren Mittel in die Produktion von Königinnen und Drohnen gesteckt (Abb. 2.1).

Eine betriebliche Arbeitsoperation kann durch Spezialisierung und wirkungsvolle Koordination einzelner Schritte rationalisiert werden. Ähnlich gibt es auch in der Hummelkolonie Arbeitsteilung und Interdependenz zwischen Königin und Arbeiterinnen. Verschiedene Arbeiterinnen arbeiten auf verschiedenen Stufen bei der Herstellung ein und desselben Produkts. Allerdings läßt sich darüber streiten, ob es sich hier wirklich um »Kooperation« handelt.

Im allgemeinen wird angenommen, daß der Hummelstock eine Versammlung von Individuen darstellt, die einträchtig für das Gemeinschaftswohl arbeiten. Die Arbeiterinnen sind unfruchtbare Töchter eines einzigen Weibchens, der Königin, und sie scheinen ihr in altruistischer Weise bei der weiteren Erzeugung von Nachkommen zu helfen. Aber innerhalb dieses Systems sind die einzelnen Arbeiterinnen nur funktionelle Anhängsel der Königin. Sie mögen altruistisch sein, aber sie haben keine Wahl: Sie können nur für die Königin arbeiten, da sie keine eigenen Nachkommen produzieren können. Würde die Königin eingehen, könnten sie Eier mit männlichem Erbgut produzieren, aber während sie lebt, werden sie durch die Aggressivität der Königin physiologisch sterilisiert und unfähig gemacht, Eier zu legen. Wenn die Kolonie größer wird und der Einfluß der Königin schwindet, schaffen es einige Arbeiterinnen doch, Eier zu

38

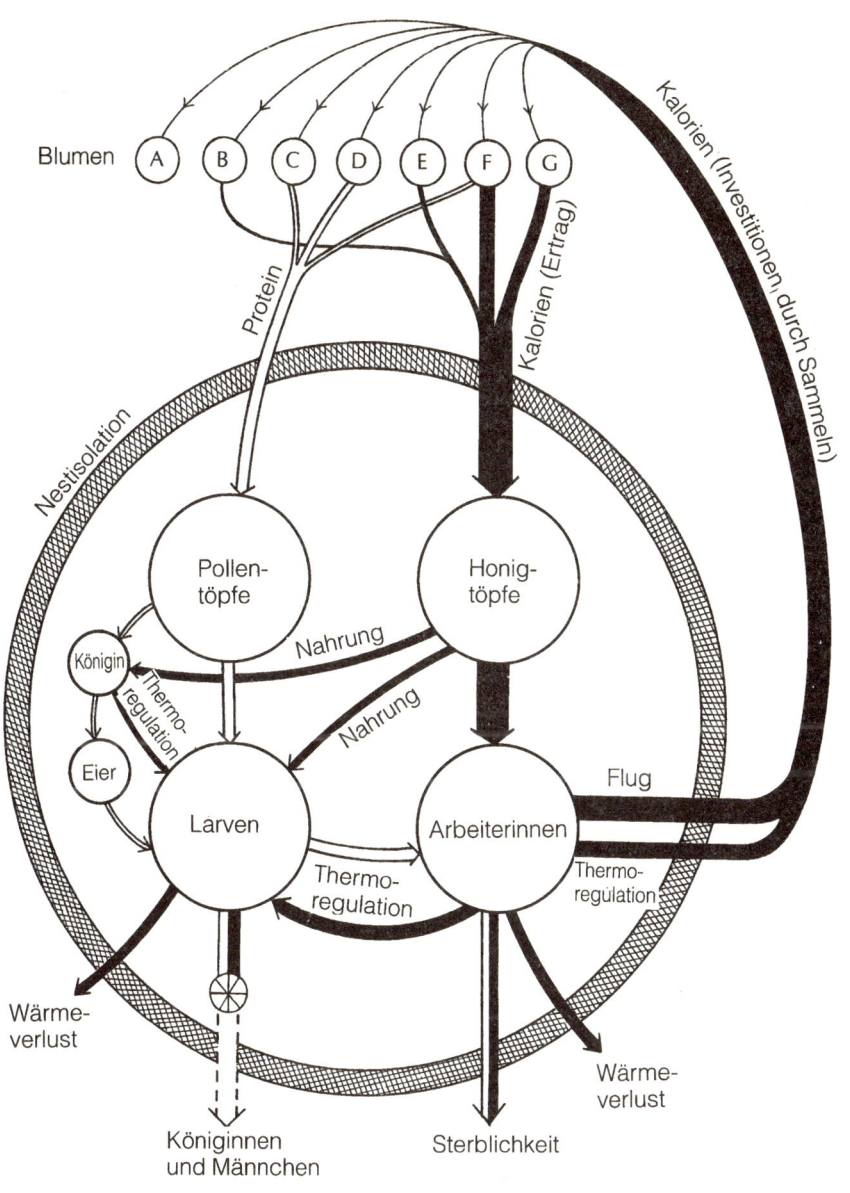

Blumen

A B C D E F G

Kalorien (Investitionen, durch Sammeln)

Protein

Kalorien (Ertrag)

Nestisolation

Pollen-töpfe

Honig-töpfe

Königin

Thermo-regulation

Nahrung

Eier

Nahrung

Larven

Arbeiterinnen

Flug

Thermo-regulation

Thermo-regulation

Wärme-verlust

Wärme-verlust

Königinnen und Männchen

Sterblichkeit

Abb. 2.1   Arbeitsdurchlaufdiagramm einer Hummelkolonie.

legen; diese Eier werden von der Königin gefressen. Wird die Königin aus dem Nest entfernt, kämpfen die Arbeiterinnen untereinander; die Ovarien eines dominanten (gewöhnlich größeren) Tiers entwickeln sich, und es können Eier reifen. Aber da Arbeiterinnen nicht kopulieren, können sie nur infertile Eier mit dem einfachen Chromosomensatz (haploid) legen. Aus diesen entstehen bei Hymenoptera männliche Tiere.

Gewöhnlich nehmen wir an, daß Merkmale des Verhaltens und andere Merkmale sich entwickelt haben, weil sie in irgendeiner Weise das Überleben und die Reproduktion der Art befördern. Daher ist es nicht ohne weiteres einzusehen, warum sich Arbeiterinnen dazu hergeben, zu Lasten ihres eigenen reproduktiven Ertrags ihrer Mutter, der Königin, zu Diensten zu sein. Wie konnte ein solches Verhalten – das dazu führt, daß nicht die eigenen Gene an die nächste Generation weitergegeben werden – von Generation zu Generation fortdauern? Eine plausible Erklärung erhält man durch Annahme einer genetischen Prädisposition, die die Widerständigkeit des Individuums verringert, wenn die Vorteile der Staatenbildung groß genug sind: Geschwister teilen viele Gene miteinander; die eigenen Gene können von den Geschwistern wie von den eigenen Nachkommen weitergegeben werden. Die genetische Prädisposition der Hilfe von Schwestern müßte bei Hymenoptera besonders ausgeprägt sein, bei Bienen, Wespen, Ameisen und ihren Verwandten. Denn da die Hymenopteramännchen haploid sind (nur einen, nicht zwei Chromosomensätze besitzen), haben Schwestern durchschnittlich drei Viertel ihrer Gene gemein (die Hälfte der Gene, die von ihrer Mutter stammen, und *alle* Gene, die sie von ihrem Vater bekommen, sind gleich), während Mütter im Durchschnitt nur die Hälfte mit ihren Nachkommen teilen. Schwestern sind näher miteinander verwandt als Mutter und Tochter, also können Weibchen, die sich bei der Pflege ihrer jüngeren Schwestern engagieren, potentiell mehr Gene an zukünftige Generationen weitergeben, als wenn sie in die Produktion eigener Nachkommen investieren würden. (Hymenopteramännchen verlassen das Nest und gehören nicht mehr zum Nesthaushalt.) Selbst wenn dieser Umstand noch keinen hinreichenden Grund für die Bildung von Sozietäten darstellt, müßte er mindestens zur Verringerung des evolutionären Widerstands dagegen führen, sieht man von anderen Faktoren, die Selektionsdruck ausüben könnten (Nahrungsbestand, Parasiten, Feindabwehr), einmal ab.

Nicht alle Bienen benutzen ihre eigenen Nachkommen als Sklaven. Weibliche Solitärbienen nehmen in jedem Fall eine große Menge von Diensten auf sich, ebenso wie die Hummelkönigin es bei der Gründung einer Kolonie tut. Die Weibchen einiger Solitärspezies bauen Gänge in der Erde, in denen sie ihre Nester einrichten. Andere, wie die Holzbienen der Gattung *Xylocopa*, die Hummeln oberflächlich ähnlich sehen, bauen ihre Nester in ausgenagten Baumhöhlungen (Abb. 2.2). Die Mauerbiene (*Hoplitis anthocopoides*) fabriziert ein Nest aus Sand und Steinchen, mit Speichel verklebt, an Felswänden. Andere Solitärbienen höhlen Stengel aus (*Ceratina* spp., Keulhornbienen) oder bauen ihre Nester in hohlen Pflanzenschäften (*Hylaeus* spp., Maskenbienen). Die Nester der Solitärbienen sind oft mit Drüsensekreten verklebt. Blattschneiderbienen (*Megachile* spp.) schneiden Blatt- oder Blütenstücke zurecht und benutzen sie als Auskleidung ihrer Nester. Jede Solitärbiene hat nicht nur das Nest zu bauen, sondern muß auch Pollen und Nektar einbringen, die Brutzelle mit einem Gemisch aus beidem versorgen und am Ende den Nesteingang verschließen. Die eingeschlossenen Jungen entwickeln sich ohne weitere Fürsorge. Sie erscheinen gewöhnlich erst im nächsten Jahr, doch es gibt Spezies mit mehreren Brutgelegen pro Jahr.

Bei sozialen Bienen gibt es als Resultat der Arbeitsteilung eine beträchtliche Spezialisierung, innerhalb und außerhalb des Nests. Einige Individuen arbeiten als Stockbienen, sie bauen und reinigen die Zellen, versorgen die Jungen und regulieren die Nesttemperatur. Andere sind Wächterbienen. Wieder andere haben sich auf das Sammeln von Nektar oder Pollen spezialisiert. Die meisten sammeln sowohl Nektar wie auch Pollen, aber verschiedene Individuen spezialisieren sich tenden-

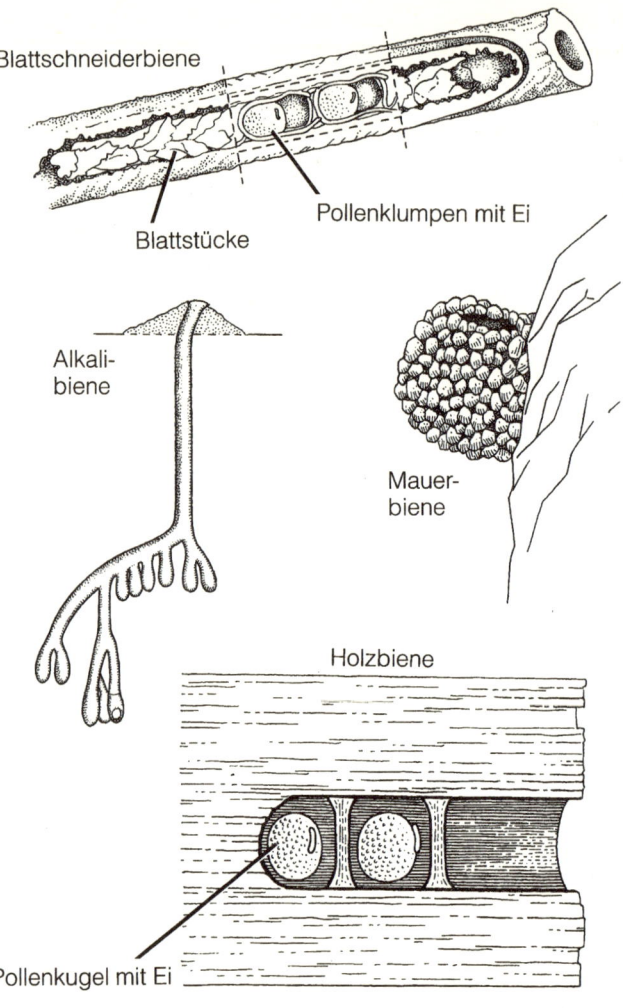

Blattschneiderbiene

Pollenklumpen mit Ei

Blattstücke

Alkali-
biene

Mauer-
biene

Holzbiene

Pollenkugel mit Ei

Abb. 2.2   Nestbauten verschiedener Solitärbienen. Das Nest der Mauerbie-
*ne (*Hoplitis anthocopoides) *besteht aus Steinchen, die mit Drüsensekreten*
verklebt sind. Eine Blattschneiderbiene, Megachile sp., *baut ihr Nest in ei-*
nen hohlen Pflanzenschaft und kleidet es mit frischen Blattstücken aus, die
die Pollenklumpen der einzelnen Zellen umhüllen und voneinander trennen.
Das Nest einer Alkalibiene, Nomia melanderi, *besteht aus Zellen, die von*
unterirdischen Tunnels abgehen. Die Holzbiene, Xylocopa sp., *bohrt Löcher*
in Holz und deponiert Pollen und Eier darin.

ziell auf bestimmte Pflanzenarten. Bei Honigbienen sind die Arbeiterinnen morphologisch fast identisch – sie entstammen alle im wesentlichen gleichartigen Waben; die regelmäßig sechseckig angeordneten Brutzellen für die Arbeiterinnen werden ebenfalls als Vorratskammern für Honig und Pollen benutzt. Die Arbeitsteilung bei Honigbienen hängt hauptsächlich vom Alter ab (Polyethismus). Die Arbeiterinnenindividuen nehmen von ihrer Geburt bis zum Tod sukzessive verschiedene Aufgaben wahr, sie machen die Hausarbeit, bewachen den Stock und fliegen schließlich, nach zwei Wochen, zum Sammeln aus. Im Gegensatz dazu wird die Arbeit bei vielen Ameisen und Termiten aufgrund von morphologischen Merkmalen differenziert, zum Beispiel unterscheiden sich Soldaten von niedrigeren Arbeitern durch ihre Körpergröße und ihre stärkeren Mandibeln.

Die Hummelkolonie wird von einer einzigen Königin gegründet (wie die Kolonie der Furchenbiene, deren nordamerikanische Populationen als sozial erkannt wurden); diese muß in der Lage sein, alle anfallenden Arbeiten zu erledigen – das Formen der Wachszellen, das Füttern der Larven, das Vergrößern des Nests, das Hinausschaffen von Unrat, die Verteidigung gegen Eindringlinge und Parasiten und die Regulation der Temperatur; sie muß außerdem ausfliegen, um Pollen und Nektar von vielen verschiedenen Pflanzenarten zu sammeln, und das alles zusätzlich zu ihrer Hauptaufgabe, dem Eierlegen. Anders als bei den meisten hochsozialen Hymenopterastaaten, die sich durch Schwärmen vermehren, gibt es in den primitiv sozialen Kolonien von Hummeln und Furchenbienen keinen wesentlichen Unterschied zwischen den Aufgaben von Königinnen und Arbeiterinnen. Qualitativ verrichten beide ähnliche Arbeiten, obwohl bei wachsender Größe der Kolonie die Königin sich mehr und mehr auf das Bauen von Brutzellen und die Eiablage beschränkt (Sakagami, 1976).

Bei Hummeln ist die Verteilung der Arbeiten unter den Arbeiterinnen kaum vom Alter abhängig. Es gibt nur zwei grobe Einteilungen, Sammeln und häusliche Arbeiten, aber diese Dienste

43

sind leicht gegeneinander austauschbar. Shôichi F. Sakagami und Ronaldo Zucchi (1965) beobachteten markierte Exemplare der brasilianischen Hummel *Bombus atratus* bis zu zwei Monaten in einer kontrollierten Kolonie und stellten fest, daß es große individuelle Unterschiede gab. Aber jede Arbeiterin kann an einem Tag alle Aufgaben wahrnehmen, wenn es auch wahrscheinlicher ist, daß sie sich bis zum Alter von zehn bis fünfzehn Tagen auf Stockdienste konzentriert und erst später zum Sammeln ausfliegt.

Sammel- und Stockdienste werden zum großen Teil nach Körpergröße verteilt (Brian, 1952), die Körpergröße wird im Larvenstadium durch Nahrungsfaktoren determiniert. Einige Larven, die an den Rand ihrer Gemeinschaftszellen gedrängt werden, erhalten weniger Futter als andere, besser plazierte. Aus unterernährten Larven werden kleine Arbeiterinnen (Plowright und Jay, 1977). Bei den kleinsten Hummeln einer Kolonie, die oft nicht größer sind als große Fliegen, kommt es oft niemals zum Ausflug und zum Einbringen von Futter. Befördert wird die Arbeitsteilung im Hummelnest durch die Vielzahl der vorhandenen Körpergrößen: Die kleinen Hummeln können sich in den verwickelten Stollen besser bewegen und eignen sich daher besser für die häuslichen Arbeiten, während die großen Arbeiterinnen und Hauptsammlerinnen eher in der Lage sind, ihre Körpertemperatur im Feld zu regulieren, und deshalb auch bei ungünstigen Windverhältnissen noch ausfliegen können. In den Paramozonen des Hochgebirges von Costa Rica können zum Beispiel Königinnen von *Bombus ephippiatus* trotz Kälte und Wind einen ganzen Tag lang sammeln, während die kleinen Arbeiterinnen nur gegen Mittag, wenn es warm ist, zum Sammeln ausfliegen (persönliche Mitteilung von O. R. Taylor).

Die größeren Tiere können auch mehr Blumen mit tieferen Kronröhren (und reichem Nektarvorrat) besuchen als die kleineren. (Die Arbeitsteilung von Arbeiterinnen bei der Ausbeutung der Blüten wird im einzelnen in Kapitel 9 erörtert.) Bei Hummeln scheinen alle Individuen eines Nests unabhängig

Abb. 2.3 Eine Hummelarbeiterin (B. occidentalis), die einen Pollenvor-ratstopf untersucht, bevor sie den gesammelten Pollen darin ablegt. (Foto E. S. Ross.)

voneinander zu arbeiten. Anders als andere, höher organisierte Hymenoptera, kennen sie keinen Futteraustausch. Allerdings sind Hummeln oft sehr wählerisch bei der Wahl des Platzes für die Pollen- und Nektarablage. Sie untersuchen eine Vielzahl von Vorratstöpfen, bevor sie sich für einen entscheiden (Abb. 2.3); dieses Verhalten könnte dem einzelnen Tier bei der Einschätzung der Bedürfnisse der Kolonie dienen. In Honig-bienenkolonien ist es so, daß die Sammlerinnen ihren Nektar erbrechen und die Futterabnehmerinnen ihn akzeptieren oder zurückweisen je nachdem, wieviel der Stock gerade braucht – auf diese Weise teilen sie den Sammlerinnen indirekt die Be-dürfnisse des Volkes mit.

Einmal mit einer Aufgabe betraut, bleiben Hummeln beharrlich dabei. Junge Hummeln reagieren sehr genau auf die wechselnden Bedürfnisse der Kolonie. Ich habe in einer Kolonie mit reichlichen Vorräten von Pollen und Honig beobachtet, daß die Arbeiterinnen innerhalb von drei bis vier Tagen nach dem Schlupf zu Nektarsammlerinnen wurden. Später, nachdem genügend Futtervorräte angelegt worden waren, blieb die Mehrheit der frisch geschlüpften Arbeiterinnen im Nest und flog nicht zum Sammeln aus. Einige von ihnen machten Orientierungsflüge, aber viel Zeit verbrachten sie müßig am Eingang in der typischen Haltung der Wächterbienen. In der Zwischenzeit zögerten jene Arbeiterinnen, die von frühester Jugend an Sammlerinnen waren, keinen Augenblick am Nesteingang. Sie flogen weiterhin Tag für Tag zu mehreren Sammelflügen aus. Die neu erscheinenden Arbeiterinnen übernahmen dann die Dienste, die ihnen noch offenstanden.

Bei Hummeln wie bei Honigbienen ist die Arbeitsteilung eine äußerst flexible Angelegenheit. Die Aufgaben werden je nach Bedarf verteilt und verändert. Während unserer routinemäßigen Beobachtung einer Kolonie von *Bombus vosnesenskii* in Berkeley stellten wir überrascht fest, daß sogar die neuen Königinnen unter bestimmten Bedingungen im alten Nest wichtige Sammelaufgaben übernehmen. Als wir die Kolonie Anfang Juni entdeckten und erste Beobachtungen machten, bestand das Volk aus der alten Königin, 260 Arbeiterinnen, 140 neuen Königinnen und 1020 Eiern, Larven und Puppen. Zu dieser Zeit hatten die ausgeflogenen neuen Königinnen bei der Rückkehr immer einen leeren Kropf und trugen keinen Pollen. In der Endphase der Kolonie, als es nur noch 15 Arbeiterinnen und 220 Eier, Larven und Puppen gab, waren es hingegen die 26 neuen Königinnen, die die Kolonie hauptsächlich mit Pollen und Honig versorgten.

Wie beeinflußt die Größe der Kolonie die einzelnen betrieblichen Operationsmodi und das Kosten-Nutzen-Verhältnis? Je größer die Kolonie, desto weniger hat das einzelne Individuum zu Verteidigung, Temperaturregulation und anderen Faktoren des Nestunterhalts beizutragen, aber die Rohstoffe stehen in diesem Fall potentiell in immer begrenzterem Umfang zur Verfügung. In großen Kolonien sorgt die normale Aktivität für ausreichende Wärme im Nest. In frühen Stadien einer Kolonie oder in kleinen Nestern müssen einige Individuen Pausen einlegen, um sich aufzuwärmen (siehe Kapitel 5).

Der wehrhafte Charakter der Insekten-»Fabrik« wird durch die Größe der Kolonie noch verstärkt. Zwei Hummeln stechen besser als eine einzelne, das ist ohne weiteres einzusehen. Das für Notzeiten gespeicherte Futter und die sehr wohlschmeckenden Larven ziehen unweigerlich Räuber und Parasiten an, und soziale Insekten haben wirkungsvolle Waffen dagegen entwickelt. Charles D. Michener, ein herausragender Fachmann auf diesem Gebiet, glaubt, daß eine wesentliche Triebkraft bei der Evolution der sozialen Gemeinschaften der Insekten die Notwendigkeit der Verteidigung gegen Räuber und Nestparasiten gewesen ist. Bei Bienen sind alle Arbeiterinnen potentiell fähig, das Nest zu verteidigen, auch wenn es, wie erwähnt, einige hochspezialisierte Individuen gibt, die sich als Wächter verhaltensmäßig ganz auf die Verteidigung eingestellt haben.

Allerdings gibt es eine wirkungsvolle Beschränkung von Staaten und Großkolonien. Alle Organismen, die Gesellschaften bilden, ob Bienen, Ameisen oder Menschen, haben mit steigender Gruppengröße bei der Beschaffung von Rohstoffen mit wachsenden Schwierigkeiten zu rechnen. Der physische Bedarf der Gruppe steigt linear mit der wachsenden Zahl der Individuen, während der jedem Individuum verfügbare Energieertrag am Ort mit wachsender Größe der Gruppe sinkt. Die Kolonie als solche oder die Verwendung von Energie durch die Kolonie kann nur größer werden, wenn der Lebensraum größer wird, wenn der Energieertrag am Ort oder die Effizienz der Energieumwandlung gesteigert wird (Hamilton und Watt, 1970). Somit sehen sich soziale Organismen durch starken Selektionsdruck gezwungen, ihre Maßnahmen zur Energiebeschaffung, Energieumwandlung und Energieerhaltung zu perfektionieren.

Bei Hummeln hängt die maximale Koloniegröße auch von der Länge der Vegetationsperiode ab. Arktische Hummeln haben sich an die kurzen, kühlen Blütezeiten angepaßt, indem sie kurz nach Gründung der Kolonie sehr viele Arbeiterinnen (etwa 16) hervorbringen (Milliron und Oliver, 1966), die dann fast ununterbrochen den Tag über und bis in die arktische Nacht hinein sammeln, um genügend Futter für die folgenden Bruten zu speichern. Die meisten Hummelkolonien in gemäßigten Zonen bilden mit der ersten Brut etwa 8 Arbeiterinnen, und am Ende halten sich zwischen 50 und 400 Individuen gleichzeitig im Nest auf; in Gefangenschaft sind schon Kolonien von bis zu 1600 Individuen aufgezogen worden (Horber, 1961).

Die größte wilde Hummelkolonie, die in Nordamerika (Michigan) beobachtet wurde, enthielt am 26. August 1975 756 aktive Adulte und 385 Larven und Puppen von *Bombus impatiens* (Husband, 1977). In Zentral- und Südamerika, wo die Vegetationsperioden lang sind und der Lebenszyklus einer Kolonie bis zu zwei Jahren dauern kann, leben nur wenige Hummelspezies, doch es gibt Nester, die bis zu 2000 Tiere enthalten.

Soziale Insekten haben raffinierte Methoden entwickelt, um trotz riesiger Koloniegrößen das energetische Gleichgewicht aufrechtzuerhalten. Futterspeicherung, wie sie von Honigbienen, Stachellosen Bienen und einigen Ameisen praktiziert wird, ist ein Weg. Ein anderer ist der der Termiten, die mit Protozoen und Bakterien in Endosymbiose leben. Letztere sind ihren Symbiosepartnern beim Aufschluß der Nahrung, der Spaltung reichlich vorhandener Zellulose, behilflich.

Soziale Bienen sind von Nahrungsressourcen abhängig, die in winzigen Paketen weit verstreut sind. Spärlich gesäte Ressourcen sind schnell erschöpft, und Bienen sind an einen festen Standort, das Nest, gebunden, wenn auch von Honigbienen, besonders der afrikanischen Varietät, bekannt ist, daß sie ihren Stock en masse verlassen und anderswo nisten, wenn am ersten Standort die Nahrungsreserven erschöpft sind. Bienen können große Mengen von Nektar und Pollen in kurzer Zeit einbringen, weil sie über die wesentlichen Vorteile schnellen Flugs und effizienter Kommunikation verfügen. Der Stock kann sich auf wechselndes Nahrungsangebot schnell und flexibel einstellen.

Die Lebenszyklen der Hummelkolonien vollziehen sich unter massivem Zeitdruck: Am Ende der Saison muß es Jungköniginnen und Männchen geben. Die eingesetzte Energie muß in großem Umfang kontinuierlich umgesetzt werden, um schnell viele Arbeiterinnen zu produzieren. Je mehr Arbeiterinnen eine Kolonie in einer Saison hervorbringen kann, desto mehr Königinnen und Männchen – Determinanten der biologischen Eignung der Kolonie – gibt es am Ende des Zyklus.

Jede Anpassung, die die Fähigkeiten der Bienen zum Einbringen von Futter verstärkt, muß von Vorteil sein. Eine solche Anpassung betrifft die Augen. Hummeln und andere soziale Bienen können den Stock frühmorgens verlassen und spätabends wiederkehren, wenn optische Merkzeichen im Gelände nicht mehr sichtbar sind, weil sie fähig sind, das polarisierte Licht des Himmels zur Orientierung zu nutzen. Ihre drei Ozellen (Einzelaugen), die sich auf dem Kopf zwischen den beiden großen Facettenaugen befinden, sind dabei von besonderer Bedeutung (Wellington, 1974). Ohne Ozellen beginnen Bienen das Sammeln später, und sie hören früher als normale Arbeiterinnen damit auf. Mit intakten Ozellen können sich kreisende Arbeiterinnen das Himmelslicht zunutze machen und auf kürzestem Weg das Nest erreichen, auch wenn Merkzeichen im Gelände abends nicht mehr sichtbar sind. An der Nutzung des polarisierten Lichts gehindert, brauchen sie viel länger für die Heimkehr; sie fliegen im Zickzack, suchen nach optischen Orientierungsmarken, und wenn es diese nicht mehr gibt, müssen sie irgendwo im Gelände hilflos auf den nächsten Morgen warten.

Wie andere soziale Bienen sind Hummeln auf die von weit verstreuten Blüten abgegebenen Nahrungströpfchen angewiesen, doch anders als Honigbienen und Stachellose Bienen teilen Hummeln die Entfernungen und Standorte potentieller Nahrungsquellen ihren Nestgenossen nicht mit. Hummeln, die hauptsächlich in arktischen und gemäßigten Regionen leben, zeichnen sich in einem wichtigen Aspekt ihrer Physiologie und ihres Verhaltens vor anderen Gattungen aus: Sie haben großartige Mechanismen der Thermoregulation entwickelt (Kapitel 4 bis 7), wodurch es ihnen möglich ist, dort zu fliegen, zu sammeln und ihre Brut aufzuziehen, wo andere Wildbienen nicht überleben können. In der Arktis und auf Berggipfeln beispielsweise kann es sein, daß die Temperaturen in der Luft lange Zeit 10° C nicht übersteigen, auch im Sommer, und hier wurden fliegende Hummeln bei 3,6° C unter Null beobachtet, sogar während eines Schneesturms, bei Wind und Regen (Bruggemann, 1958). Die meisten Solitärbienen und Honigbienen sind nicht in der Lage, bei Temperaturen unter 16° C zu sammeln. Bei anhaltend niedrigen Temperaturen entwickelt sich ihre Brut nicht weiter.

Man weiß verhältnismäßig wenig darüber, wie die verschiedenen sozialen Insekten den Umgang mit ihren Energiequellen organisieren. Hummeln scheinen sehr viel Energie für das Wachstum ihrer Kolonien zu benötigen. Aber die verfügbaren Mengen und deren Verteilung sind uns noch dunkel, da Hummeln im allgemeinen wenig speichern und von der Hand in den Mund leben. Ein tieferes Verständnis des Haushalts einer Kolonie wird unzweifelhaft aus der geduldigen Beobachtung der Arbeitsleistungen einzelner Tiere erwachsen, unter variierten inneren und äußeren Umständen.

Einige Gedanken zum Haushalt der Hummelkolonie kristallisierten sich heraus, während Tracy Allen, Sydney Cameron, Ron McGinley und ich (1978) eine große Kolonie von *Bombus vosnesenskii* in der Nähe von Berkeley über einen längeren Zeitraum beobachteten. Wir analysierten den Nahrungsinput der Kolonie und verglichen ihn mit den Nahrungsreserven und der vorhandenen Arbeitskraft, um Meßwerte für die Produktions- und Leistungsmengen der Kolonie zu erhalten.

Einen ganzen Tag lang, von 5 Uhr morgens bis 9 Uhr abends, beobachteten wir die Flugaktivitäten am Nest. Es gab 1932 Sammelflüge, 958 der heimkehrenden Arbeiterinnen trugen Pollen (Abb. 2.4). Am nächsten Tag opferten wir einige der aus-

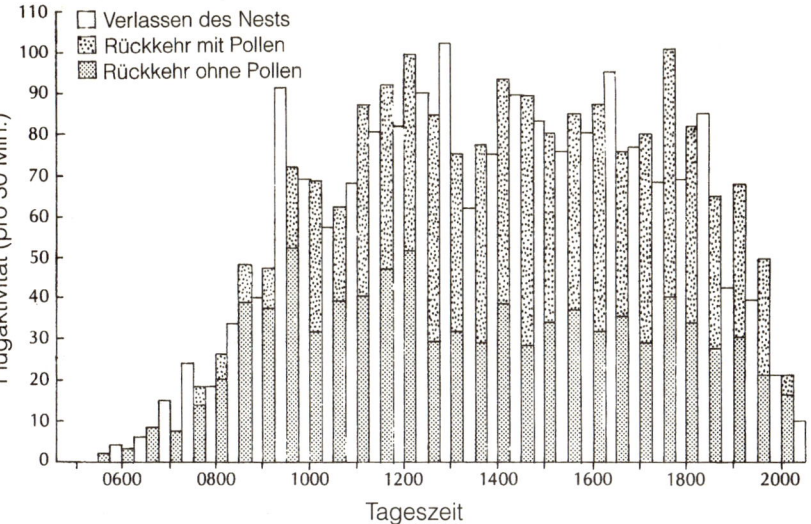

Abb. 2.4 *Flugaktivität von Hummelarbeiterinnen einer großen Kolonie (261 Arbeiterinnen, ca. 140 neue Königinnen, 1020 Eier, Larven und Puppen) von* Bombus vosnesenskii *in der Nähe von Berkeley, Kalifornien, am 6. Juni 1977. Die vertikalen Streifen zeigen die Flugaktivität während einer halben Stunde, Ausflug und Heimkehr. Viele Tiere blieben über Nacht im Freien und kehrten erst früh am nächsten Morgen zum Nest zurück. (Aus: Allen et al., 1978.)*

fliegenden und heimkehrenden Exemplare, wogen die Pollenladungen und sezierten die Honigmägen, um Volumen und Konzentration des aufgenommenen Zuckersafts zu messen. Die Zuckermenge im Kropf einer Arbeiterin wog durchschnittlich 0,0021 Gramm bei Verlassen des Nests und 0,027 Gramm bei der Rückkehr. Die durchschnittliche Pollenmenge pro Arbeiterin wog 0,021 Gramm. Alle Sammelflüge zusammengenommen, errechneten wir eine tägliche Zuckeraufnahme der Kolonie von 45 Gramm und eine Pollenaufnahme von 20 Gramm.
Einige Arbeiterinnen waren am Vortag mit verschieden gefärbten und numerierten Schildchen markiert worden (Abb. 2.5). Wir konnten auf diese Weise das Sammelverhalten

Abb. 2.5   Leicht betäubte Arbeiterin (B. vosnesenskii), die mit einem numerierten Schildchen markiert wird.

von Individuen genau verfolgen. Die markierten Arbeiterinnen verbrachten die meiste Zeit im Feld (Abb. 2.6). Die Sammelflüge dauerten gewöhnlich eine halbe Stunde bis fünfundvierzig Minuten, und Hummeln, die zurückgekehrt waren in das Nest im Boden, kamen gewöhnlich in weniger als fünf Minuten wieder am Eingang zum Vorschein, obwohl der Gang, der zum Nest führte (später legten wir ihn frei), fast zwei Meter lang war. Verschiedene Tiere brachten purpurfarbenen, goldenen, weißen, zitronengelben, dunkelbraunen, grauen und manchmal grünlichen Pollen zurück. Die gleichen Individuen brachten auf mehreren aufeinanderfolgenden Sammelflügen Pollen

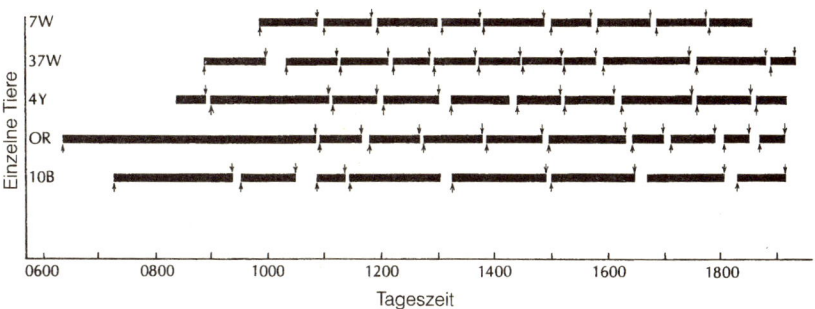

Abb. 2.6 Ausflüge (♠) und Rückflüge (♥) zum Nest von fünf individuell markierten Bombus-vosnesenskii-Arbeiterinnen nahe Berkeley, Kalifornien, am 6. Juni 1977. (Aus Allen et al., 1978.)

von immer der gleichen Farbe zurück. Die Kolonie als Ganzes erschloß Ressourcen vielfältiger Herkunft. Allerdings war es nicht ganz klar, ob die Individuen sich auf verschiedene Blütenarten spezialisiert hatten oder ob sie einfach an verschiedenen Orten mit jeweils anderem Pflanzenbestand sammelten (diese Frage wird im einzelnen in den Kapiteln 8 bis 10 erörtert).

Nachdem wir Flugaktivitäten und Aufnahme der Nahrungsmengen gemessen hatten, gruben wir das Nest aus und analysierten den Inhalt. Die Kolonie enthielt 261 Arbeiterinnen, eine alte, kahle, greisenhafte Königin (ihre Kahlheit ging wahrscheinlich auf eine Virusinfektion zurück), 136 samtige neue Königinnen, 392 Königinnenpuppen, 341 Puppen von Arbeiterinnen oder Drohnen, 239 Larven und etwa 50 Eier. Die Futtervorräte (am späten Vormittag) bestanden aus 5,7 Gramm Pollen und 260 Gramm Zucker oder 195 Milliliter Honig (andere Kolonien, die wir ausgruben, enthielten fast keinen Honig, aber zahlreiche gefüllte Pollentöpfe). Die Honigreserven entsprachen also dem Netto-Input von sechs Sammeltagen, der Pollen dem von 0,3 Tagen. (Nebenbei sei angemerkt, daß der Honig köstlich schmeckte – wir stimmten alle darin überein, daß er besser war als jeder Honig von Honigbienen, an den wir uns erinnern konnten!) Pollen brauchen die Larven, um zu wachsen; ohne den Energielieferanten Zucker gehen Adulte binnen Stunden ein.

Wenn wir annehmen, daß die akkumulierte Nahrung dem Bedarf der Kolonie entspricht, so folgt daraus, daß der größte Teil des an diesem Tag gesammelten Zuckers und Pollens von den neuen Königinnen und den Larven der Königinnen und Drohnen aufgefressen wird. Würde die Nahrung nicht verbraucht, wäre die Anlage erheblicher Vorräte denkbar. Wenn Honigbienen im gleichen Tempo Futter einbringen würden, käme eine Kolonie von viertausend Tieren auf einen Ertrag von fünfzehn Litern Honig pro Tag. Jede Hummelarbeiterin hat der Kolonie einen Reinertrag von mindestens 0,2 Gramm (etwa 0,3 Milliliter Honig) pro Tag gebracht. Bei Honigbienen gibt es fast keinen Verlust von Energie durch den Bedarf der neuen Königinnen, und auch die Drohnen verbrauchen nur wenig. Ihre Art, neue Kolonien zu bilden – das Schwärmen –, macht es erforderlich, daß alle Mittel in das Anlegen von Futterspeichern im Spätsommer gesteckt werden. Die Vorräte werden zur Erzeugung neuer Arbeiterinnen im späten Winter gebraucht, die den Schwarm einer einzelnen Königin bilden, wenn sie im Vorfrühling den Stock verläßt.

Eine Königin von *Bombus vosnesenskii* wiegt im Durchschnitt 0,43 Gramm, ein Drohn 0,1 Gramm. Wenn bei diesen Hummeln das Umwandlungsverhältnis Pollen – Einzeltier ähnlich ist wie bei einigen anderen beschriebenen Gattungen, würde ein Gramm Pollen etwa ein Gramm adulter Hummel-Biomasse ergeben. (Allerdings wird von frisch geschlüpften Tieren zusätzlich Pollen gefressen.) Eine Sammlerin, die mit einer Ladung von 0,021 Gramm Pollen heimkehrt, könnte auf zwanzig Sammelflügen genug Pollen aufnehmen, um eine Königin zu erzeugen, oder auf fünf Flügen ein Männchen. Bei der von uns beobachteten Kolonie flogen zwei Arbeiterinnen, die jedesmal Pollen heimbrachten, neunmal am Tag aus, wie fast alle anderen Arbeiterinnen auch. Das heißt, es wurden unter den

angegebenen Bedingungen bis zu 0,19 Gramm pro Pollen-
sammlerin und Tag gesammelt. Folglich würden etwas mehr als
zwei Sammeltage ausreichen, um eine Königin zu erzeugen;
etwas weniger als ein Tag würde für ein Männchen benötigt.
Zur Entwicklung einer Königin würde etwa 0,20 Gramm
Zucker gebraucht. Bei 0,025 Gramm pro Sammelladung
kommt man nach acht Sammelflügen auf die notwendige
Zuckermenge – die Arbeit eines Tages. Da die Tiere im allgemeinen jedoch sowohl Pollen wie Nektar auf einem Flug
sammeln, oft maximale Mengen von beidem, braucht man
keinen zusätzlichen Sammeltag zu berechnen.

Wir können jetzt die Sammelarbeit der Hummeln einschätzen,
die notwendig war, um die Kohorte von Geschlechtstieren zu
erzeugen, die wir am 8. Juni im Nest fanden. Zu dieser Zeit gab
es 1160 adulte und vermutlich geschlechtliche Tiere im Nest,
528 Königinnen (136 Adulte, 293 Königinnenpuppen) und 630
Drohnen (341 männliche Puppen, 239 Larven und 50 Eier). Dies
repräsentiert eine vermutete adulte Biomasse von 290 Gramm
($528 \times 0,43 + 630 \times 0,1$ g). Bei 0,21 Gramm Pollen pro Sammeltag
würden etwa 1380 Hummelarbeitstage gebraucht, um den zur
Aufzucht der Geschlechtstierkohorte in der Kolonie nötigen
Pollen bereitzustellen. Diese Tagesarbeitsleistung könnte über
einen langen Zeitraum von wenigen Tieren oder innerhalb
weniger Tage von vielen Tieren erbracht werden. Wenn die
Arbeitsleistung beispielsweise in dreißig Tagen zu erbringen
wäre (der durchschnittlichen Entwicklungszeit vom Ei zur
Imago), so würde man nur sechsundvierzig Sammelspezialisten
oder etwa ein Sechstel aller Arbeitskräfte benötigen. Normalerweise ist während der aktiven Tageszeit einer Hummelkolonie
etwa ein Drittel des Volkes Futter suchend und sammelnd unterwegs. Wie Hummeln ihre Arbeit verteilen und entscheiden,
welche Leistungen erbracht werden müssen, ist noch immer
unbekannt.

Zusammenfassend ist zu sagen, daß die schnell und ununterbrochen vor sich gehenden Betriebsoperationen in der Hummelfabrik von verläßlicher Versorgung mit Energie abhängig

sind, und die einzige Energiequelle ist der aus Nektar gewonnene Zucker. Wie in den Kapiteln 7 bis 11 gezeigt werden wird, ist es die Aufgabe der Arbeiterinnen, durch geschicktes Arbeiten und durch Verwendung der besten Blüten die in die Kolonie fließende Energiemenge zu steigern. Sammeloptimierung heißt größtmöglicher Sammelertrag bei geringstmöglichen Kosten. Die Hauptenergiekosten entstehen durch Bewegung – Transport zu, von und zwischen den winzigen Energiequellen, den Blüten. Bei niedrigen Temperaturen entstehen zusätzliche Betriebskosten, da die Arbeiterinnen die Nesttemperatur, aber auch die Körpertemperatur während der Sammelflüge regulieren müssen. Einige Hummelspezies können bei niedrigsten Temperaturen von 0° C sammeln, indem sie ihren Aufwand an Energie zum Zweck der Erhöhung der Körpertemperatur stufenweise steigern (Kapitel 4 bis 7). Anatomie und Verhalten von Hummeln haben sich so entwickelt, daß die Kosten des Pendelns vom Nest zu den Blüten und zurück und der Arbeit an den Blüten zunehmend minimiert wurden. Detaillierte Darstellungen der Morphologie, Physiologie und des Verhaltens von Hummeln in den folgenden Kapiteln sollen die Mechanismen effizienter Energiegewinnung zeigen.

An schön geschwungnen Stengeln klettert sie nach oben,
Da ist sie groß und unbeschwert.
Auf schmucken Flügeln ist sie dieser Welt enthoben,
Der grimme Stachel droht und wehrt.
Wer aber von uns Wissenden am Boden
Denkt, sie lebt ganz verkehrt?

Robert Frost: *Wespenwege*

Drittes Kapitel
Der Flugmotor und seine Temperatur

Unter vielfältigen Bedingungen fliegen zu können ist zur Aufrechterhaltung des prekären Gleichgewichts im Haushalt eines Stocks, der in gemäßigten Zonen zu Hause ist, wesentlich. Immer wieder wird die Meinung geäußert, nach den Gesetzen der Aerodynamik sei der Hummelflug unmöglich. Diese Ansicht ist falsch. Früher einmal hat man geglaubt, daß der Insektenflug nach den aerodynamischen Gesetzen von Flugkörpern mit starren Flügeln funktioniere, heute weiß man, daß die Flügel vieler Insekten, einschließlich Hummeln, eher wie Hubschrauber funktionieren – Hummelflügel in Aktion gleichen den kreisenden Rotorblättern mit Bremssteigerung der Drehflügler. Temperaturregulation ist ein entscheidender Faktor beim Hummelflug. Die irrige Meinung, daß Hummeln eigentlich gar nicht fliegen können, enthält doch ein Körnchen Wahrheit: Tatsächlich können Hummeln nicht fliegen, wenn ihre Muskeltemperatur unter 30° C fällt. Um aktiv zu werden und die Arbeit für die Kolonie aufzunehmen, muß das Tier seine Thoraxtemperatur regulieren, sie über 30° C und unter 44° C halten. Der Flug der Hummel stellt eine erstaunliche, hochenergetische Produktionsleistung dar, aber Flug und Sammeln – und in der Folge *jegliche* Stockaktivität – müßten fast vollständig unterbleiben, wenn die Tiere nicht über die Fähigkeit verfügten, die Temperatur ihres Flugmotors im Thorax zu regulieren.

Wie Motoren müssen Hummeln mit Brennstoff versorgt werden. Der einzige Brennstoff, für den sie Verwendung haben, ist Zucker. Und wie beim Verbrennungsmotor macht der Verbrauch einer bestimmten Menge Brennstoff die Aufnahme einer bestimmten Menge Sauerstoff nötig. Kohlendioxyd, Wasser und Wärme fallen als Nebenprodukte ab. Die Stoffwechselrate oder der Energieumsatz ist ein Meßwert bei der Energiebilanz. Die Stoffwechselrate wird ermittelt entweder durch Messung dessen, was das System aufnimmt, oder was es produziert. Bei Hummeln und anderen Insekten kann sie am leichtesten durch Messung des Sauerstoffverbrauchs ermittelt werden; im allgemeinen werden Stoffwechselrate und Sauerstoffverbrauch gleichgesetzt. Aber auch das anfallende Kohlendioxyd und die erzeugte Wärme können zur Ermittlung der Stoffwechselrate dienen. Die Arbeitsleistung stellt nur einen Teil der Stoffwechselrate dar, denn durch den Stoffwechsel werden, wie erwähnt, auch beträchtliche Wärmemengen erzeugt.

Die Stoffwechselrate von fliegenden Hummeln ist unter Berücksichtigung des Gewichts etwa doppelt so hoch wie die von Kolibris, den aktivsten Wirbeltieren. Mindestens neunzig Prozent der von einer fliegenden Hummel verbrauchten Kalorien werden als Wärme in der Thoraxmuskulatur abgegeben; die Temperatur des Thorax einer großen Hummel kann bei kraftvollem Fliegen binnen Sekunden um einige Grade steigen. Wenn es kein Kühlsystem gäbe, würde die produzierte Wärme bei hohen Außentemperaturen das Flugvermögen der Hummel einschränken, genauso wie durch einen defekten Kühler Fahrvermögen und Geschwindigkeit eines Autos gemindert werden. In der natürlichen Umgebung einer Hummel schwanken die Außentemperaturen zwischen sehr hohen und sehr niedrigen Werten. In gemäßigten Moorgegenden ist es oft nahe 0° C am Morgen, während es nachmittags bis

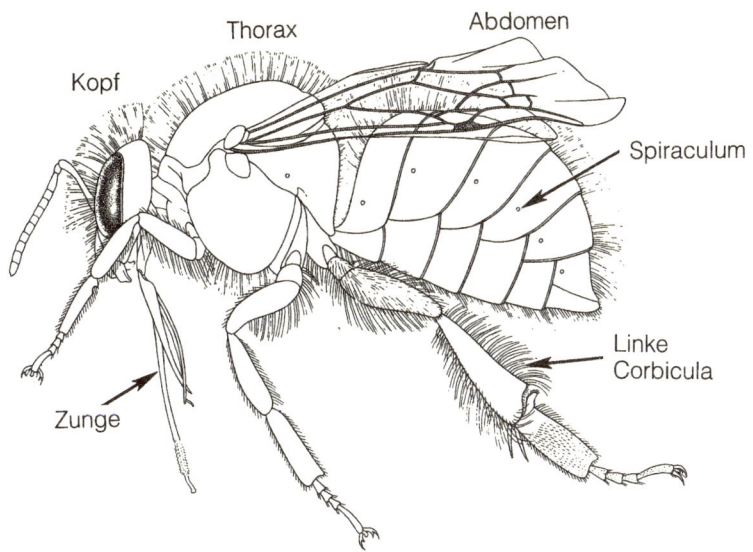

Abb. 3.1 Seitenansicht einer Hummel mit den drei großen Körperabschnit-
ten. Die Behaarung ist nur am linken Hinterbein vollständig ausgeführt, um
die Lage der Corbicula deutlich zu machen.

zu 30° C heiß ist. Die erforderliche Arbeitsleistung der
Flugmuskeln einer Hummel würde nicht erbracht werden
können, wenn es keine aktiven Wärmespeicherungs- und
Wärmeabgabemechanismen gäbe. Die Anatomie ist die Diene-
rin der Physiologie.
Die Anatomie der Hummel entspricht in ihrer funktionalen
Schönheit der Schönheit der äußeren Erscheinung. Wie bei
allen Insekten gliedert sich der Körper der Hummeln in drei
Hauptabschnitte: Kopf, Bruststück (Thorax) und Hinterleib
(Abdomen; Abb. 3.1). Der Thorax der Hummel enthält auch
das erste Hinterleibssegment, das Propodeum, das »Abdomen«
ist genaugenommen nur mehr der Gaster. Am Kopf befinden
sich ein Paar Facettenaugen und Antennen. Beides sind Sin-
neszentren, die der Navigation und Flugstabilisierung dienen, Geschwindigkeits- und Leistungsdifferenzierung beim

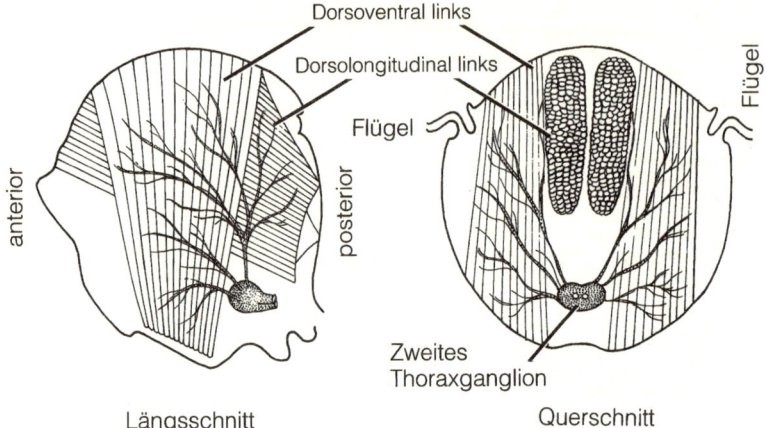

Dorsoventral links

Dorsolongitudinal links

Flügel

Flügel

anterior

posterior

Zweites
Thoraxganglion

Längsschnitt

Querschnitt

Abb. 3.2   Thorax einer Hummel: Längsschnitt (etwas links von der Mitte geführt) und Querschnitt. Man sieht die einzelnen Muskelfasern der dorsolongitudinalen und dorsoventralen Gruppen der Flugmuskulatur und die versorgenden Nerven, die zum Thoraxganglion führen.

Fliegen, Wende-, Brems-, Kreis- und Drehmanöver ermöglichen.

Der Thorax ist der in etwa kugelförmige Mittelteil des Körpers. Daran setzen drei Beinpaare und zwei Flügelpaare an. Die beiden Flügel auf jeder Seite werden von kleinen Haken zusammengehalten, so daß sie während des Fluges wie ein einziges Blatt funktionieren.

Die Flügel sind klein und müssen schnell schlagen – fast zweihundertmal in der Sekunde –, um das Tier in der Luft zu halten. Die Kraft der Flügel wird einzig von den Muskeln erzeugt, die den Thorax fast vollständig ausfüllen (Abb. 3.2). Es gibt zwei Hauptgruppen krafterzeugender Muskeln, und jeder Muskel wird von zahlreichen einzelnen Fasern (Zellen) gebildet, die ihn in ganzer Länge durchziehen (Abb. 3.3). Elektronenmikroskopische Aufnahmen zeigen innerhalb dieser kontraktilen Zellen ganz deutlich die einzelnen Muskelfibrillen, die von Mitochondrien und Tracheen umgeben sind

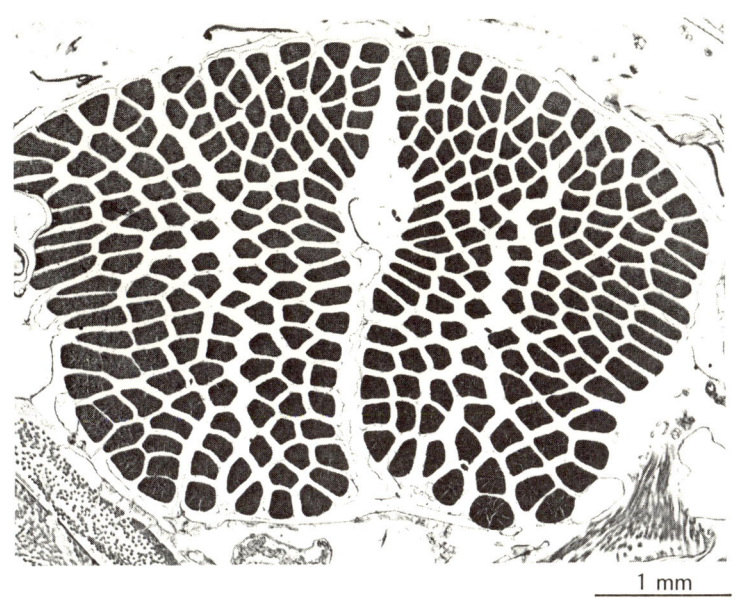

1 mm

Abb. 3.3 Mikrofotografische Darstellung eines Querschnitts der rechten und linken dorsolongitudinalen (Flügel nach unten drückenden) Muskeln einer Hummel (B. vosnesenskii). Im ganzen sind 276 Muskelfasern sichtbar. Die Zwischenräume sind beim Präparieren etwas geschrumpft.

(Abb. 3.4). Die Mitochondrien sind die »Batterien« der Muskeln, die Tracheen sorgen für den Austausch von Sauerstoff und Kohlendioxyd während der Verbrennung von Kraftstoff in den Zellen.

Eine Muskelgruppe, die dorsoventralen Muskeln, befindet sich im Thorax zwischen dem Boden und der Decke des Chitinkastens. Wenn diese Muskeln sich zusammenziehen, drücken sie den Thorax zusammen, und die schwache Kompression wird in komplexe Flügelbewegungen übersetzt, die wie Hebel wirken und die Flügel aufwärts bewegen. Die dorsolongitudinalen Muskeln, die für die Abwärtsbewegung zuständig sind, verlaufen in Längsrichtung in der Mitte des Thorax und sind an Vorsprüngen der Rückenfläche befestigt. Durch ihre Kontrakti-

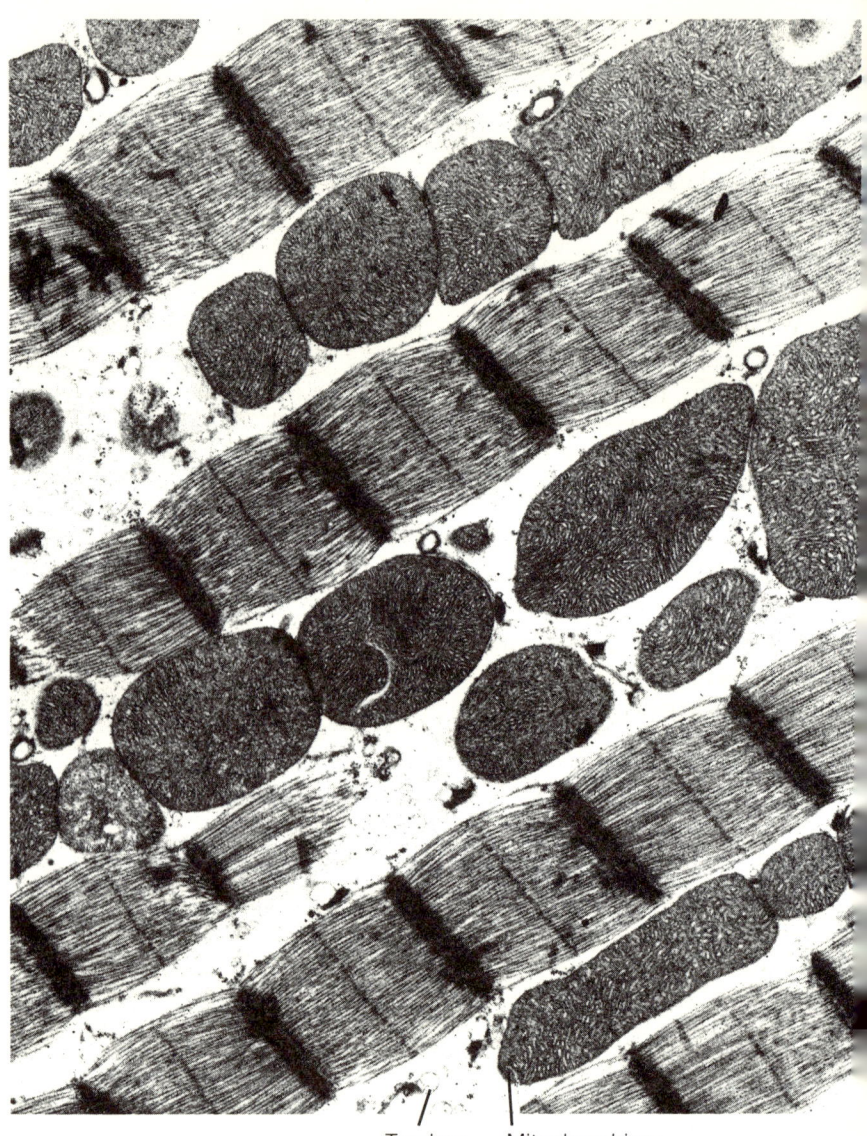

Trachee   Mitochondrium

*Abb. 3.4   Elektronenmikroskopische Darstellung der Fibrillen der Flugmus-
kulatur einer Hummel mit Mitochondrien und Tracheen. Die Mitochondrien
sorgen für Energie, die Tracheen für den Luftaustausch während des Ver-
brennungsvorgangs. (Mit frdl. Erlaubnis von M. Ashton.)*

on wölbt sich der Thorax zu seiner vollen Größe, die Flügel bewegen sich nach unten. Beide Muskelgruppen übertragen auf indirekte Weise Kraft auf die Flügel, man nennt sie daher indirekte Flugmuskeln. Andere, die sogenannten direkten Flugmuskeln, befinden sich am Grund der Flügel und regulieren Stellung und Schlagfrequenz; von ihnen hängt ab, wie die Flügel die Luft »greifen«, in zweiter Linie der Kraftertrag des Flugmotors.

Während des Fluges verursacht die Kontraktion der Dorsolongitudinalmuskeln die Streckung der Dorsoventralmuskeln und umgekehrt. Bei Hummeln wie bei vielen anderen Insekten mit extrem schnellen Flügelschlägen reicht die Streckung der indirekten Flugmuskeln als Stimulus für die Kontraktion aus. Auf diese Weise wird eine hohe Schlagfrequenz erzielt, ohne daß die Muskeln zu hundert Prozent, bei jedem Schlag, jeder Kontraktion, vom Zentralnervensystem aktiviert werden müßten, sondern lediglich zu etwa zehn oder zwanzig Prozent. Diese indirekten Muskeln werden daher als asynchron beschrieben, das heißt, daß nicht jede Kontraktion mit einem Reiz des Zentralnervensystems zusammenfällt, wie es bei allen Wirbeltieren der Fall ist. Wenn ich beispielsweise meine Oberarmmuskeln spielen lasse, so wird jeder Muskel während einer einzigen Kontraktion von einem Strom von Hunderten oder Tausenden von Nervenreizen anhaltend aktiviert, statt daß jedem Nervenreiz mehrmalige Kontraktionen folgen.

Das Abdomen ist mit dem Thorax durch den Hinterleibsstiel (Petiolus) verbunden. Dieser Übergang, auch »Wespentaille« genannt, ist für nahezu alle Insekten der Ordnung Hymenoptera charakteristisch, für Bienen, Wespen und Ameisen. Das Abdomen enthält den sehr dehnbaren Honigmagen oder Kropf (Abb. 3.5). Ungefüllt ist er kaum sichtbar. Gefüllt scheint er den Rauminhalt des Abdomens zu mindestens fünfundneunzig Prozent einzunehmen. Er dient sowohl als Futterreservoir für das Individuum wie als Nektargefäß für die Gemeinschaft. Der Inhalt wird ausgewürgt. Wenn kein Nektar oder Honig transportiert wird, ist das Abdo-

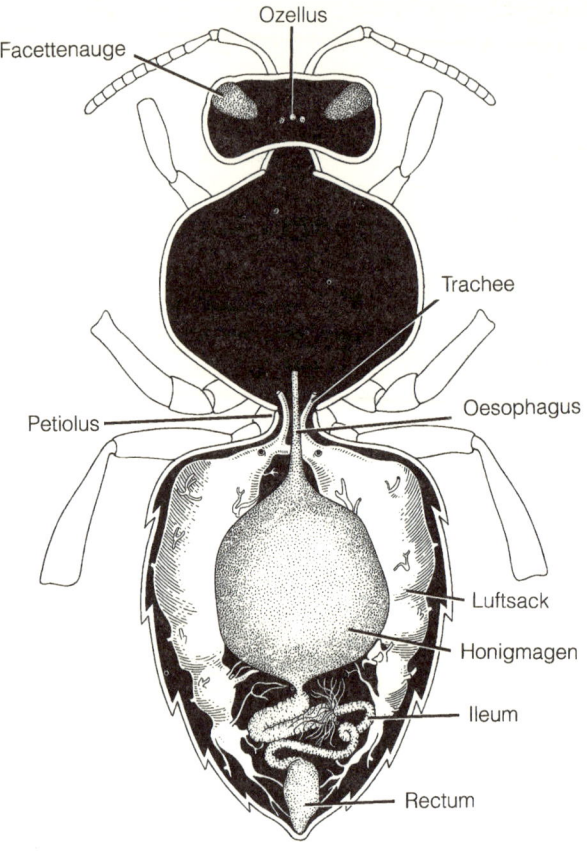

Abb. 3.5 Die drei großen Körperabschnitte einer Hummel, einschließlich der Anatomie eines Abdomens mit mäßig gefülltem Honigmagen.

men mit aufgeblähten Luftsäcken gefüllt. Sie gehören zu den Tracheen, dem Atemsystem der Insekten. Der Luftaustausch wird ohne Intervention des Kreislaufs und ohne ein Lungenpaar, wie es die Wirbeltiere besitzen, zuwege gebracht. Sauerstoff wird durch kleine Luftlöcher (Spiracula) zu beiden Seiten des Körpers aufgenommen, von dort gelangt das ungelöste Gas in die Tracheen und zu den Geweben, wo es benötigt wird. Die Tracheen verzweigen sich in winzige, fadenförmige Tracheolen, die direkt zu den atmenden Zellen führen. In denselben Röhren, nur in umgekehrter Richtung, fließt das Kohlendioxyd. Der Transport der Gase erfolgt passiv, durch Diffusion, durch Änderungen des Thoraxvolumens infolge von Flugbewegungen und durch aktiven pumpenden Druck des Abdomens auf die Luftsäcke, die wie Blasebälge funktionieren können. Der Flug selbst wird durch diese Vorgänge nicht beeinträchtigt – Bienen haben keine Probleme damit, genug Sauerstoff zu bekommen und das Kohlendioxyd loszuwerden. Sie sind niemals außer Atem, wie erschöpfend auch immer ihre Körperübungen sein mögen.

Das Kreislaufsystem ist die funktionale Verbindung zwischen Thorax und Abdomen. Unter anderem dient es als Brennstoffleitung. Es transportiert Zuckerlösung vom Honigmagen zum Flugmotor – den Thoraxmuskeln –, wo die Nahrung verbraucht wird. Es ist nicht zuständig für den Transport von gelöstem Sauerstoff und Kohlendioxyd hin zum Atemgewebe und von ihm weg wie bei Wirbeltieren. Bei Hummeln wird das Blut von einem dünnen Schlauch, dem Herzen, das sich direkt unter der dorsalen Oberfläche des Abdomens befindet, in den Thorax gepumpt. Der Schlauch durchzieht den Petiolus und verläuft als Aorta bogenförmig durch den Thorax. Der Herz-Aorta-Schlauch ist an beiden Enden offen. Es ist nicht bekannt, ob das Blut bei Hummeln auch durch die sogenannten Ostia, die das Herz in ganzer Länge durchziehen, eindringt; ebensowenig weiß man, ob das Blut die Aorta verläßt, bevor es in den Kopf abfließt. Nachdem das Blut die Aorta verlassen hat, wird es frei durch das Gewebe gespült, während es bei Wirbeltieren in den Kapillaren eingeschlossen ist. Das Kreislaufsystem der Insekten wird daher als offenes System bezeichnet. Allerdings wird eine gewisse Menge Blut in einem ventralen Kanal des Abdomens aufgefangen, wo es durch wellenförmige Bewegungen einer Gewebeklappe, des ventralen Diaphragmas, in Fluß gehalten wird.

Das Nervensystem der Hummel und anderer Insekten besteht aus einer Reihe von ventral angeordneten Neuronenansammlungen oder Ganglien in Abdomen, Thorax und Kopf (Abb. 3.2). Die Ganglien, die durch paarige Nervenstränge miteinander verbunden sind, gleichen Kommandozentralen, in denen die Informationen der sensorischen Organe der Peripherie und der inneren Bereiche gesammelt und ausgewertet werden. Von hier aus wird via Nerven Muskeln und anderen Organen der Befehl gegeben, aktiv zu werden. Im Thorax sitzen die größten Ganglien. Ein Insekt kann ohne Kopf bestimmte Lebensfunktionen noch eine Weile aufrechterhalten, da bei ihm das integrative Zentrum nicht im Gehirn sitzt wie bei Wirbeltieren.

Bei Hummeln werden die für das Fliegen ausschlaggebenden Muskeln von drei Paar Nervenfasern des zweiten Thoraxganglions innerviert. Je ein Nerv versorgt sowohl die dorsolongitudinalen wie die dorsoventralen Muskeln mit Neuronen, die anderen beiden Nerven versorgen nur die dorsoventralen Muskeln (siehe Abb. 3.2). Die Funktion dieser polyneuralen Innervation der Dorsoventralmuskeln ist unklar.

Das Insekt ist von einem Chitinpanzer umgeben, der binnen Stunden nach dem Verlassen des Kokons hart wird. Der Chitinpanzer ist ein Außenskelett, das ähnlich wie das innere Skelett des Wirbeltiers der Verankerung von Muskulatur und Gliedmaßen dient. Er ist mit einer dünnen Wachsschicht bedeckt, die den Verlust von Wasser verhindert. Sobald die geflügelte Hummel (Imago = erwachsenes Tier) aus dem Kokon schlüpft und das Chitin hart geworden ist, ist weiteres Wachstum ausgeschlossen.

Wie die Verbrennungsmaschine wird auch der Flugmotor eines

Insekts durch zu hohe oder zu niedrige Temperaturen in seiner Funktionsfähigkeit beeinträchtigt. Aber diese Beeinträchtigung wirkt sich beim Insekt gravierend aus, während sie bei seinem mechanischen Gegenstück nur geringfügig ist. Der Insektenflugmotor muß mit Temperaturproblemen am Anfang und während des Flugs fertig werden, wenn als Nebenprodukt seiner Arbeit Wärme entsteht. Letztlich wird sowohl bei einem Auto mit Verbrennungsmotor (einer Wärmekraftmaschine) wie bei einem Insekt mit Flugmotor (einer chemisch betriebenen Maschine) Energie in Wärme umgewandelt. Zwischen den oberen und unteren Temperaturgrenzwerten des Automotors liegt ein großer Abstand; die untere Grenze wird durch das Zündsystem festgelegt, die obere Grenze durch mögliche Selbstverbrennung kritischer Komponenten. Beim Insekt liegen die Grenzwerte viel näher beieinander, und der Motor hört auf zu funktionieren, lange bevor die kritischen Komponenten – die Muskeln – eine Veränderung erfahren, auf makroskopischer oder elektronenmikroskopischer Ebene. Die Grenzen sind durch Konfigurationen komplexer Makromoleküle, vor allem Enzyme, festgelegt, die durch Veränderungen der Temperatur ihre Gestalt verändern. Eine Kette von Enzymen ist nötig, um die intermolekularen Bindungen eines Brennstoffs, wie etwa Zucker, zu spalten und die freiwerdende Energie in nützliche Arbeit, wie Muskelkontraktionen, umzuleiten.

Wie wirkt sich die Temperatur auf die Arbeit eines Enzyms aus? Ein Brennstoffmolekül befindet sich in einer kleinen Spalte oder Tasche, der Wirkstelle oder dem »aktiven Zentrum« des Enzyms. Das Enzym spaltet einen Teil des Moleküls ab, der Rest des Moleküls wandert an das aktive Zentrum des nächsten Enzyms in der Reaktionskette. Die Temperatur spielt bei diesem Prozeß aus wenigstens zwei Gründen eine Rolle. Zunächst, weil sich die Brennstoffmoleküle in einer wäßrigen Lösung befinden und die Geschwindigkeit, mit der sie sich in dieser Lösung bewegen und die Wirkstellen der Enzyme erreichen, direkt von der Temperatur abhängig ist. Zweitens, und dies ist wesentlich, verursachen Temperaturveränderungen auch Veränderungen der Konfiguration der Enzyme, wobei schon bei winzigen Abweichungen die aktiven Zentren beeinflußt werden können, so daß es zu einem ordnungsgemäßen Abbau der Moleküle nicht mehr kommt. Man stelle sich zum Vergleich ein Auto vor, bei dem Vergaser, Unterbrecherkontakte, Motorblock und Kolben bei jeder Temperaturveränderung des Motors ihre Form veränderten. Die Fahrleistung wäre zweifellos stark herabgesetzt. Dasselbe geschieht in der Flugmuskulatur. Die Muskeln der meisten Tiere können eine maximale Arbeitsleistung dauerhaft nur bei bestimmten Körpertemperaturen erbringen; in Millionen Jahren natürlicher Auslese hat sich die biochemische Struktur ihrer Körperzellen auf den relativ eingeschränkten Bereich dieser Temperaturen eingestellt.

Kaum überraschend ist, daß die Muskeln der meisten hochaktiven Tiere bei hohen Temperaturen am besten funktionieren (Heinrich, 1977 a). Kleine, hochaktive Insekten erzeugen wie andere, weniger aktive, doch größere Tiere, die nötige Wärme innerlich. Ihre Muskeln müssen bei Temperaturen, die während der Aktivität innerlich erzeugt werden, leistungsfähig sein. Insekten, die keine innere Wärme erzeugen können und in kühlen Regionen leben, haben während der Evolution gelernt, auch bei niedrigen Muskeltemperaturen aktiv zu sein. Die Muskeln von Insekten der Gattung *Grylloblatta* (aus der Familie der Grylloblattidae, entfernte Verwandte der Kakerlaken), die nicht fliegen können und am Rand von Gletschern in der Erde leben, sind beispielsweise schon bei etwa 1° C leistungsfähig. Sie sterben durch Überhitzung in der Wärme einer menschlichen Hand.

Es ist seit langem bekannt, daß Hummeln fliegen können, anscheinend ohne je müde zu werden, und daß sie bei sehr niedrigen wie bei hohen Außentemperaturen fliegen. Es ist ebenfalls lange bekannt, daß der Flugmetabolismus unweigerlich Wärme produziert, die zur Erhöhung der Körpertemperatur führt. Und doch wurden Hummeln als »kaltblütige« Insekten bezeichnet, und die Frage, ob sie bei Aufrechterhaltung eines

68

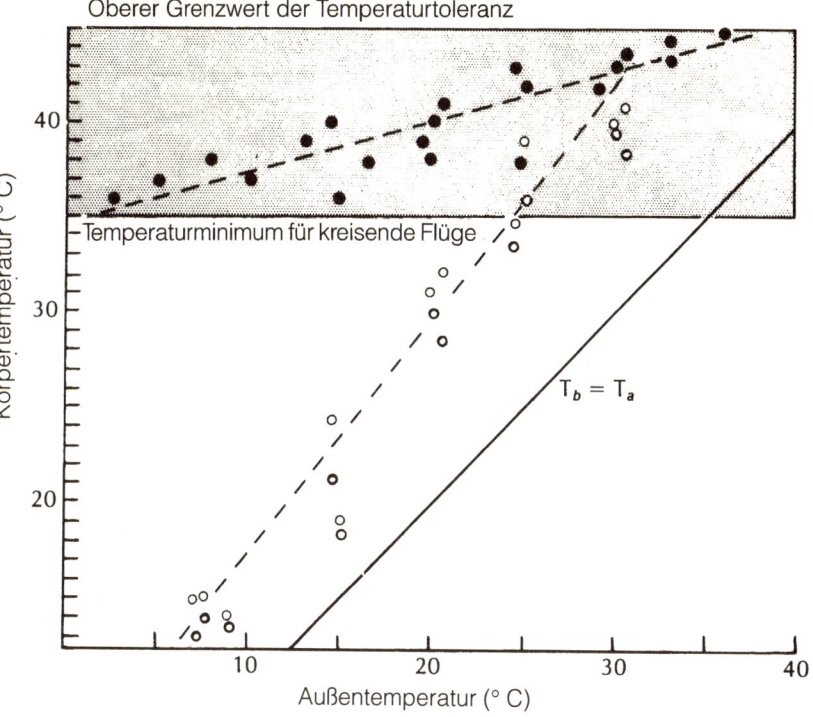

Abb. 3.6   Temperaturen von Thorax (●) und Abdomen (○) mehrerer Bom-bus-vosnesenskii-Königinnen in kontinuierlichem Flug bei unterschiedli-chen Außentemperaturen. Bei steigenden Außentemperaturen steigt auch die Abdomentemperatur, während die Thoraxtemperatur zwischen 35 und 45° C liegt, solange die Außentemperatur unter 30° C bleibt. Die durchgezogene schwarze Linie (T_b = T_a) zeigt den hypothetischen Fall identischer Körper- und Außentemperatur. (Aus Heinrich, 1975 a.)

hohen Leistungsniveaus (wie bei dem freien Flug) ihre Körpertemperatur konstant halten oder nicht, konnte erst vor kurzem schlüssig beantwortet werden.

Die Methode, die man anwendet, um zur Lösung eines Problems zu kommen, bestimmt oft das Resultat, und wir tendieren dazu, das Resultat zu akzeptieren oder zu verwerfen, je nachdem, ob es unseren Hypothesen entspricht. Das heißt, Vorurteile entstehen sowohl durch unsere Methoden wie durch unsere Hypothesen. Frühere Experimente, mit denen man herausfinden wollte, ob große Insekten während des Flugs bei verschiedenen Temperaturen ihre Thoraxtemperatur konstant hielten, waren schlicht und schienen elegant – doch beantworteten sie die gestellte Frage nicht. Das Insekt wurde mit dem Thorax am leichtbeweglichen Arm eines Flugrades befestigt. So konnte es dauernd in kleinen Kreisen fliegen, während kleine Temperaturfühler die Thoraxtemperatur maßen. Wie erwartet, stieg die Temperatur bei Beginn des Fluges sofort an. Dann, als der Wärmeverlust allmählich mit der Wärmeproduktion gleichzog, stabilisierte sich die Temperatur notwendigerweise. Aufgrund der dicken pelzigen Isolationsschicht am Thorax können Hummeln passiv eine Temperatur erreichen, die fünfundsechzig bis fünfundsiebzig Prozent höher ist als die von Insekten gleicher Form und gleicher Stoffwechselrate ohne Behaarung. Allerdings ist eine hohe Körpertemperatur als solche noch kein Beweis für die Temperaturregulation. Die entscheidende Frage lautet: Ist die Differenz zwischen Thorax- und Lufttemperatur während des Fluges bei niedrigen Außentemperaturen größer als bei hohen? Sie war es nicht. Aus diesem Experiment konnte nur der Schluß gezogen werden, daß es keine Regulation der Körpertemperatur gibt.

Ich wandte bei gleicher Fragestellung andere Methoden an und kam zu anderen Ergebnissen. Ich ließ Hummeln frei in einem temperaturkontrollierten Raum umherfliegen. Nachdem sie sechs Minuten geflogen waren – genug Zeit, daß sowohl Thorax- wie Abdomentemperatur sich stabilisiert hatten –, wurden sie gefangen, und die Temperatur wurde innerhalb weniger Sekunden, bevor sie wahrnehmbar sinken konnte, gemessen. Dazu brauchte ich ein winziges Thermoelement mit geschärfter Spitze, das man in den Körper einführt. Diese Technik des »Fangens und Stechens« war einfach, und man konnte sicher sein, daß die Anordnung des Experiments das Insekt in seiner normalen Aktivität nur minimal behinderte.

Die großen Königinnen, die getestet wurden, regulierten ihre Thoraxtemperatur, während sie fortgesetzt in der Luft blieben (Abb. 3.6). Wie wir es schon im Feld beobachtet hatten, bestätigten diese Experimente, daß große Tiere (vor allem Königinnen) selbst bei Außentemperaturen von 0° C noch fliegen können. Dazu müssen sie in der Lage sein, eine Thoraxtemperatur aufrechtzuerhalten, die mindestens 30° C höher ist als die Temperatur der Luft. Der Grenzwert von 35° C war die höchste Außentemperatur, bei der sie noch dazu gebracht werden konnten, kontinuierlich in dem Raum herumzufliegen, sie befanden sich hier schon an der Grenze der Überhitzung, die Thoraxtemperatur näherte sich tödlichen 45° C. Somit war die kleinste Differenz zwischen Thorax- und Lufttemperatur während des freien Fluges 10° C, während die größte Differenz sich auf etwa 36° C belief. Die Thoraxtemperatur der großen Hummeln wurde während des freien Flugs auf 35° C bis 40° C gehalten, während die Temperaturen der Luft um bis zu 25° C schwankten. Andererseits hielt sich während des Fluges bei niedrigen Temperaturen die Abdomentemperatur immer nah an der Außentemperatur, bei hohen Außentemperaturen nah an der Thoraxtemperatur. Kleine Arbeiterinnen konnten sich nicht ausreichend aufwärmen, um bei niedrigen Außentemperaturen lange in kontinuierlichem freiem Flug zu verweilen, aber sie waren bei hohen Temperaturen noch in der Luft, wenn die Königin schon nicht mehr fliegen konnte.

Warum wichen die Resultate der Freiflugexperimente so sehr von denen der Experimente mit befestigten Tieren ab? Eine erste Erklärung ist, daß die Wärmeerzeugung mit der Anstrengung des Abhebens verbunden ist, daß nicht befestigte Hummeln, die frei fliegen, sich also mehr anstrengen müssen als befestigte, die durch das Flugrad kontinuierlich auf ihrer »Höhe« gehalten werden. Eine Minderung ihrer Thoraxtemperatur wirkte sich auf den Flug nicht aus, soweit ihre eigene Wahrnehmung beteiligt war, daher waren kompensatorische Reaktionen nicht nötig. Sie behielten anstrengungslos ihre »Flughöhe« bei, auch wenn die Thoraxtemperatur so weit fiel, daß sie für ein Abheben und den freien Flug unter normalen Bedingungen nicht ausgereicht hätte. Es gab keine Rückmeldung, der Irrtum war von der Hummel selbst nicht zu korrigieren. In anderen Freiflugexperimenten konnten die Hummeln bestimmte Mengen Zuckersirup tanken, sie mußten dann mit einem größeren Gewicht fliegen. Vollgefüllte Tiere hatten sowohl einen höheren Energieausstoß (Arbeitsleistung), gemessen an ihrem Sauerstoffverbrauch, als auch höhere Thoraxtemperaturen als jene, die mit fast leerem Honigmagen flogen. Diese Leistungssteigerungen waren die direkte Folge des in der Luft gehaltenen Gewichts, sie hatten mit der Außentemperatur nichts zu tun, also konnte man schließen, daß die mit dem Gewicht steigende Thoraxtemperatur kein ausschließlich passives Phänomen darstellt. Offenbar erzeugten die Hummeln eine höhere Thoraxtemperatur, um eine größere Arbeitsleistung zu erreichen, statt umgekehrt. Dazu kommt, daß eine Hummel im freien Flug mindestens teilweise ihre Thoraxtemperatur regulieren kann, während und indem sie die Wirkung dieser jeweiligen Temperatur auf die Flugleistung überwacht und kontrolliert. Zum Beispiel steigert eine Hummel, wenn es ihr nicht gelingt, ein bestimmtes Gewicht mit Hilfe der auf 35° C erwärmten Flugmuskulatur anzuheben, ihre Thoraxtemperatur durch Zittern, bis die Muskeln in der Lage sind, die nötige Arbeit zu leisten, so daß sie sich in der Luft halten kann. Hummeln können ihre Thoraxtemperatur auch überwachen und kontrollieren, wenn sie nicht fliegen, aber es ist unbekannt, wie dies genau geschieht.

Wahrscheinlich gehört auch die Flugmotivation zu den ausschlaggebenden Faktoren der Thermoregulation. Zum Beispiel beschränken Hummelarbeiterinnen im Sommer, wenn es jeden Tag Nahrung gibt, das Sammeln, und also die Flugaktivität, auf Zeiten, in denen die Außentemperatur über 10° C beträgt, obwohl sie in der Lage sind, bei bis zu 6° C (Königinnen bei noch niedrigeren Temperaturen) zu sammeln. Es ist nicht immer klar, ob die Tatsache, daß Hummeln unter solchen Umständen nicht sammeln, auf die Unfähigkeit, genügend eigene Wärme zu erzeugen, auf freiwilliges Nachlassen der Kontrolle der Körpertemperatur oder auf das Überangebot an Trachtblumen zurückgeführt werden muß. Es gibt Blüten, zum Beispiel Mohnblüten, die sich an kühlen und verhangenen Tagen schließen. Drohnen bleiben bei niedrigen Temperaturen oft in Kältestarre an Blumen hängen, sie beginnen erst wieder, für sich selbst Futter zu suchen, wenn es im Lauf des Tages wärmer wird, während die Arbeiterinnen, die für die Kolonie unterwegs sind, die ganze Zeit aktiv waren. (Kosten und Nutzen des Sammelns und der Thermoregulation werden in Kapitel 7 erörtert.)

Wenn sie Gelegenheit dazu bekommen, können einige Hummeln ihre Thoraxtemperaturen durch Verhalten regeln. Ken W. Richards (1973) studierte arktische Hummeln am Lake Hazen in den Northwest Territories in Kanada und fand heraus, daß sie in unterschiedlichen Höhen flogen, aber immer eine Außentemperatur von etwa 8° C bis 10° C bevorzugten. Am 30. Juni 1968 etwa schwankte die Außentemperatur zwischen 15,5° C am Boden und 5° C bei zwei Metern über dem Boden; die Hummeln flogen auf einer Höhe von etwa fünfundvierzig Zentimetern. Am 5. Juli hingegen schwankte die Temperatur vom Boden bis 2 Meter darüber zwischen 24,5° C und 7° C, und die Hummeln blieben bei ihrer gewählten Temperatur von 8° C bis 10° C und flogen auf etwa 1,70 Meter Höhe.

Es ist noch nicht im Detail untersucht worden, in welchem Maß Hummeln im Feld ihre Körpertemperatur verhaltensmäßig regulieren. Wir wissen aber, daß sie ihre Thoraxtemperatur auf physiologische Weise beeinflussen können, und zwar auf überraschende Weise. Um den Umfang der physiologi-

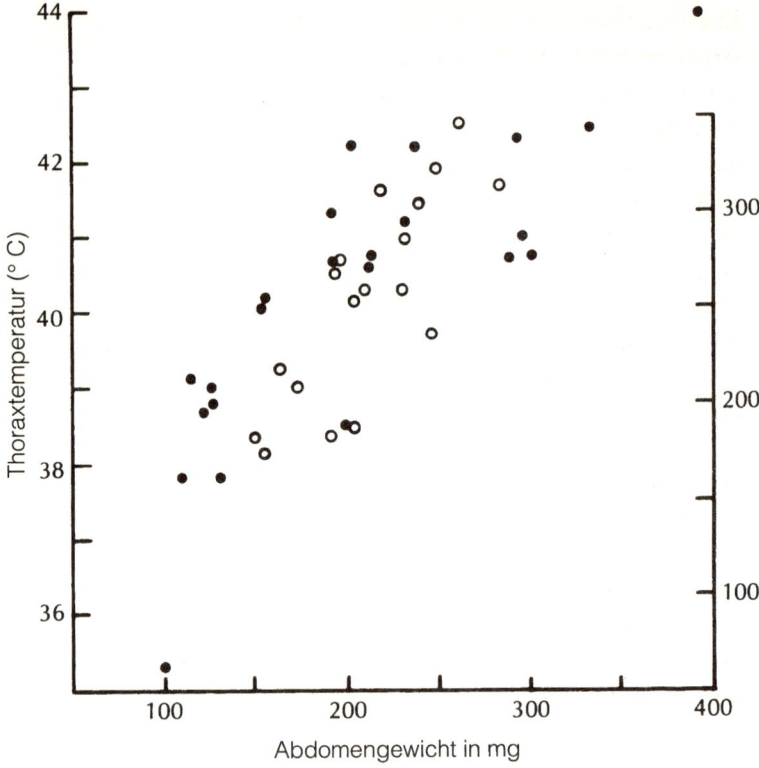

Abb. 3.7 Thoraxtemperatur (●) und Sauerstoffverbrauch (○) einer frei flie-genden Bombus-edwardsii-*Königin als Funktion des Abdomengewichts, das vom Gewicht des im Honigmagen transportierten Zuckersaftes abhängt. Die Außentemperaturen betrugen 10 bis 22° C. (Heinrich, 1975 a.)*

schen Regulation zu bestimmen, war es nötig, jede Möglichkeit verhaltensmäßiger Einflußnahme auszuschalten. Dies geschah, indem ich die Hummeln in einem kleinen Raum von überall einheitlicher Temperatur fliegen ließ, wodurch ausgeschlossen war, daß durch Verhaltensänderung die Thoraxtemperatur ver-ändert wurde.

Um zu verstehen, wie Hummeln unter Laborbedingungen ih-re Thoraxtemperatur physiologisch regulieren, mußte man den

Energieaufwand untersuchen, der sich aus Wärme- und Arbeitsleistung ergibt. Er wurde bestimmt durch Messung der Sauerstoffmenge, die eine Hummel während eines ununterbrochenen, zeitlich bestimmten Fluges dem bekannten Rauminhalt eines Spirometers entnahm. (Das Spirometer bestand aus einem luftdicht verschließbaren Bonbonglas von vier Litern Rauminhalt.) Mit einer Spritze wurde dem verschlossenen Gefäß vor und nach den kontrollierten Flügen Luft entnommen, und der Sauerstoffgehalt dieser Proben wurde analysiert. Bei gegebenem Rauminhalt des geschlossenen Systems, Gewicht der Hummel und Dauer ihres Fluges konnte der Sauerstoffverbrauch dann leicht errechnet werden. Die Messungen zeigten, daß der Energieaufwand frei fliegender Hummeln, wie die Schwankungen der Thoraxtemperatur, mit der Temperatur der Luft in keinem Zusammenhang steht, sondern als Funktion des in der Luft zu tragenden Gewichts anzusehen ist (Abb. 3.7).

Die Thoraxtemperaturen während ununterbrochener Kreisflüge bei niedrigen Außentemperaturen wurden nicht durch Steigerungen der Wärmeproduktion reguliert, denn die erzeugte Wärme blieb bei 5° C, als die Temperatur des Thorax etwa 30° C höher war als die Außentemperatur, die gleiche wie bei 35° C, als die Thoraxtemperatur nur etwa 10° C höher war. Wenn die Thoraxtemperatur bei diesen Experimenten durch Erzeugung unterschiedlicher Wärmemengen reguliert worden wäre, hätte die Stoffwechselrate bei niedrigen Außentemperaturen dreimal höher sein müssen als bei den höchsten Außentemperaturen. Sie blieb aber im wesentlichen konstant. Es muß also angenommen werden, daß die Thoraxtemperatur während des freien Fluges bei hohen Außentemperaturen durch kontrollierte Reduktion von Wärme ausgeglichen wird.

Zusammengefaßt bedeutet all dies, daß die hohe Temperatur der Flugmuskulatur des Thorax notwendigerweise als Folge des Flugmetabolismus der Hummeln auftritt. Bei niedrigen Außentemperaturen würde die Thoraxtemperatur nicht hoch genug sein, wenn Hummeln die durch den Stoffwechsel erzeugte Wärme nicht aktiv speicherten; bei hohen Temperaturen würden Hummeln durch Überhitzung eingehen, wenn sie nicht über aktive Wärmeabgabemechanismen verfügten. Die kräftigen Muskeln der Flügel ziehen sich etwa zweihundertmal pro Sekunde zusammen und erzeugen ungeheure Wärmemengen. Die Wärmeerzeugung variiert mit dem Gewicht, das in der Luft gehalten werden muß. Wie die Hummeln sich vor dem Fliegen aufwärmen und während des Fluges die Thoraxtemperatur stabilisieren, sind zwei weitere und ganz andere Probleme.

Daß er ein Rad und auch vier Beine hat,
Nutzte dem schweren Schleifstein nicht. Er steht
Noch immer unbehilflich, wie ihr seht,
Und plump an einer und derselben Statt.

Robert Frost: *Der Schleifstein*

Viertes Kapitel
Wärmeproduktion

Soziale Bienen könnten in kühlen und arktischen Regionen nicht überleben, wären sie nicht in der Lage, ausreichend Wärme zur Erhöhung der Körper- wie der Nesttemperaturen zu erzeugen. Ohne Steigerung ihrer Körpertemperatur wären sie kaum fähig zum Sammeln, und es wäre ihnen unmöglich, ihre Nester aufzuheizen und das Wachstum der Nachkommen zu beschleunigen – beides ist aber zur Aufrechterhaltung großer Nestpopulationen während der kurzen Vegetationsperioden unbedingt erforderlich.

Die Körpertemperatur einer Hummel in Ruhestellung ist im allgemeinen von der Außentemperatur nicht zu unterscheiden. Dies ist bei allen Insekten so. Um zu fliegen, muß die Hummel die Temperatur ihrer Muskulatur beträchtlich steigern, damit die Flügel schnell genug schlagen und dadurch den notwendigen Schub und Schwung für den Flug erzeugen können. Um dies zu erreichen, zittert sie.

Viele der größeren Insekten benötigen eine Muskeltemperatur von etwa 35° C bis 40° C – ähnlich der Körpertemperatur eines Menschen –, bevor sie fliegen können (Heinrich, 1974 c). Wie bei Wirbeltieren gibt es zahlreiche Methoden des Aufwärmens und der Speicherung von Wärme. Einige Schmetterlinge, Heuschrecken, Käfer, Wanzen, Fliegen und Libellen wärmen sich auf, indem sie sich sonnen, wie Eidechsen. Nachtfalter, einige Laubheuschrecken und diverse Käfer, Fliegen, Libellen und Bienen kontrahieren ihre Flugmuskeln und produzieren Stoffwechselwärme durch Zittern. Einige Insekten beherrschen beide Arten der Wärmegewinnung.

Die Energie der Sonne, die man zum Aufwärmen benutzt, ist kostenlos erhältlich. Aber es gibt Nachteile. Zuerst steht die Sonne nachts nie und tagsüber nur unzuverlässig zur Verfügung. Zweitens braucht das Sonnenbaden Zeit. Zittern macht das Insekt von Sonnenlicht und heißen Lufttemperaturen unabhängig, aber die Energiekosten sind hoch. Doch der Energieeinsatz lohnt sich, denn andernfalls wären Insekten bei niedrigen Temperaturen zur Inaktivität verurteilt.

Die Stoffwechselrate bei gegebener Muskeltemperatur kann ebenso wie der Energieaufwand während des Aufwärmens errechnet werden, wenn man das Ansteigen der Körpertemperatur bei lebenden Tieren und den passiven Rückgang der Körpertemperatur bei toten Tieren mißt. Es ergibt sich dadurch zum Beispiel, daß eine Hummel ungefähr 2,9 Kalorien verbraucht, während sie ihre Körpertemperatur von 24° C auf 35° C steigert, 7,5 Kalorien während des Aufwärmens von 13,5° C auf 35° C und 15,7 Kalorien während des Aufwärmens von 6,5° C auf 35° C (Heinrich, 1975 a). Je niedriger die Außentemperatur, desto länger die Zeit des Aufwärmens und desto größer der Energieaufwand dafür. Während der Aufwärmphase bei niedrigen Außentemperaturen steigt die Thoraxtemperatur langsam, und der Energieaufwand ist niedrig, da die kalten Muskeln noch nicht mit voller Kraft arbeiten und Wärme erzeugen können. Wenn sie warm sind, können sie effektvoll arbeiten und schnell Wärme erzeugen (Abb. 4.1). Gewöhnlich versuchen Hummeln, so schnell wie möglich aus der Kältestarre zu kommen, aber die erzeugte Wärme ist immer eine direkte Funktion der Muskeltemperatur.

Die schnellen, vibrierenden Flügelbewegungen mit geringen Amplituden von Motten oder Schmetterlingen vor dem Abflug zeigen, daß diese Insekten ihre Muskeln kontrahieren wie

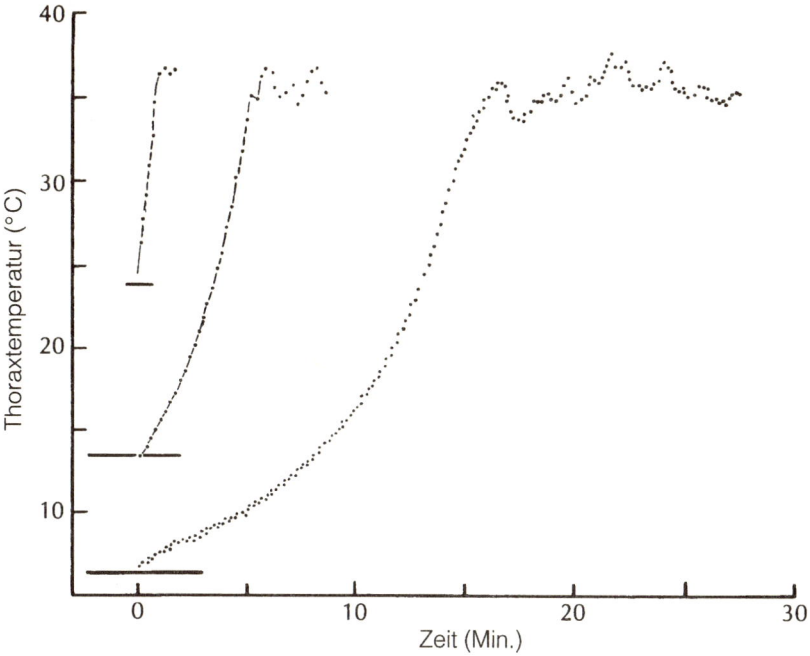

Abb. 4.1 *Veränderungen der Thoraxtemperatur einer Hummelkönigin während dreier Aufwärmphasen bei je verschiedenen Außentemperaturen (24° C, 13,5° C und 6,2° C). Die Abdominaltemperaturen (nicht dargestellt) blieben niedrig. Bei niedrigen Außentemperaturen braucht das Aufwärmen länger, und die Temperaturanstiegsrate ist geringer als bei hohen Außentemperaturen. (Aus Heinrich, 1975 a.)*

Wirbeltiere, wenn sie zittern. Von einigen Bienengattungen weiß man, daß sie summen oder brummen während der Aufwärmphase. Bei Stachellosen Bienen zum Beispiel erhöht sich die Frequenz ihres Summtons direkt proportional zu der steigenen Thoraxtemperatur (H. Esch, persönliche Mitteilung). Man kann die Körpertemperatur einer Stachellosen Biene also bestimmen, indem man ihrem Ton lauscht. Aber Hummeln wärmen sich auf und speichern ihre Wärme, ohne irgendeinen Ton von sich zu geben und bei vollkommen bewegungslosen Flügeln. Das einzig sichtbare Zeichen dafür, daß sie warm werden, ist das abdominale Pumpen, das der Belüftung der schnell atmenden Thoraxmuskeln dient.

Die pumpenden Bewegungen sagen uns eine Menge darüber, was sich im Innern der Hummel abspielt. Erstens: Durch Dauer, Amplitude und Frequenz der Bewegung läßt sich der Sauerstoffverbrauch für die Atmung bestimmen, der mit dem Energieaufwand zusammenhängt. Zweitens: Allein die Frequenz der pumpenden Bewegung gibt schon einen recht genauen Hinweis auf die Thoraxtemperatur (Abb. 4.2). Zur Bestimmung dieser Temperatur braucht man nichts weiter als ein Paar scharfer Augen und eine Stoppuhr! Bei einer Frequenz von 1,1 Pumpbewegungen pro Sekunde betrug die Thoraxtemperatur einer *Bombus-edwardsii*-Königin 10° C, bei der Frequenz von 2,2 betrug sie 20° C, bei 4,4 Bewegungen 30° C. Die Häufigkeit des Pumpens bleibt bei gegebener Temperatur gleich, ob die Hummel sich aktiv aufwärmt, aktiv abkühlt oder eine stabile, hohe Thoraxtemperatur beibehält. Wenn sie dagegen passiv abkühlt oder leicht zittert, sind die Pumpbewegungen flach, oder es gibt größere Pausen, oder die Bewegungen hören ganz auf. Während kraftvollen Zitterns und bei Thoraxtemperaturen weit über Außentemperatur ist das Pumpen tief und anhaltend. Offensichtlich stehen hohe Stoffwechselraten bei Hummeln, die sich nicht fortbewegen, im Zusammenhang mit abdominalem Pumpen; aber das sagt uns wenig über die Mechanismen der Wärmeproduktion.

Funktion und Wirkung des Zitterns der Hummeln kommt man durch einfache visuelle Beobachtung des Wärmeproduktionsprozesses innerhalb des Thorax nicht auf die Spur. Wenn die Thoraxmuskeln sich beim Zittern zusammenziehen, müssen sie durch Nervenreize des zentralen Nervensystems aktiviert werden. Diese Signale können elektronisch gelesen werden entweder, indem man die Nerven direkt belauscht, oder, indem man die von ihnen innervierten Muskeln entsprechend präpariert. Wie zum Abhören von Telefonleitungen braucht man hierfür einen elektrischen Leitungsdraht, um die Quelle

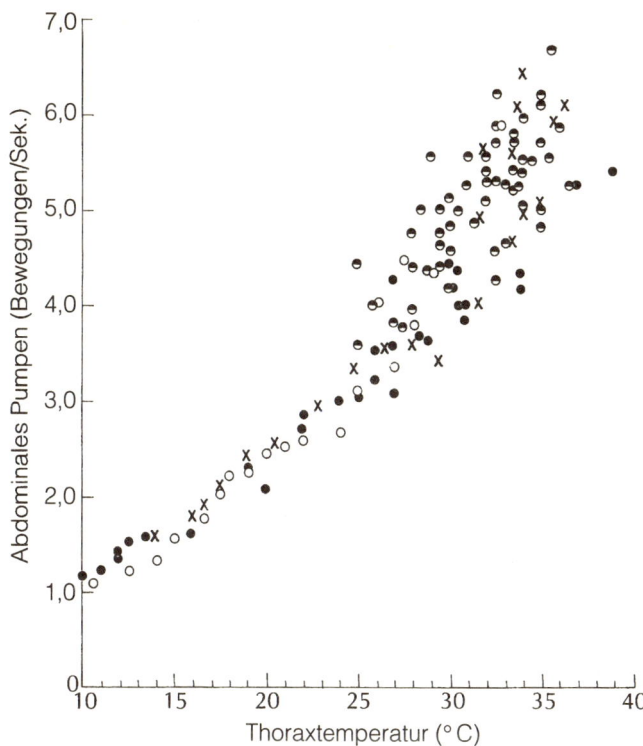

Abb. 4.2 Frequenz der abdominalen Pumpbewegungen einer Bombus-edwardsii-*Königin von 0,35 g Körpergewicht (Kreise) und einer Arbeiterin (Kreuze) als Funktion der Thoraxtemperatur. Gemessen wurde, während die Thoraxtemperatur der Königin stieg (●), abnahm (○) und gleich blieb (◐).*

anzuzapfen, und ein Empfangsgerät, um die Signale zu übertragen und zu analysieren. Mit Hilfe eines Mikroskops führten wir die unisolierten Spitzen winziger Kupferdrähte durch winzige künstliche Löcher der dorsalen Oberfläche des Thorax einer Hummel und befestigten sie in den Muskeln (Abb. 4.3). Die elektrischen Signale wurden verstärkt und mit Hilfe eines Oszilloskops sichtbar gemacht. Eine auf das Oszilloskop montierte Filmkamera gab Aufschluß über die zeitliche Abfolge der elektrischen Signale, die von verschiedenen Muskeln stammten

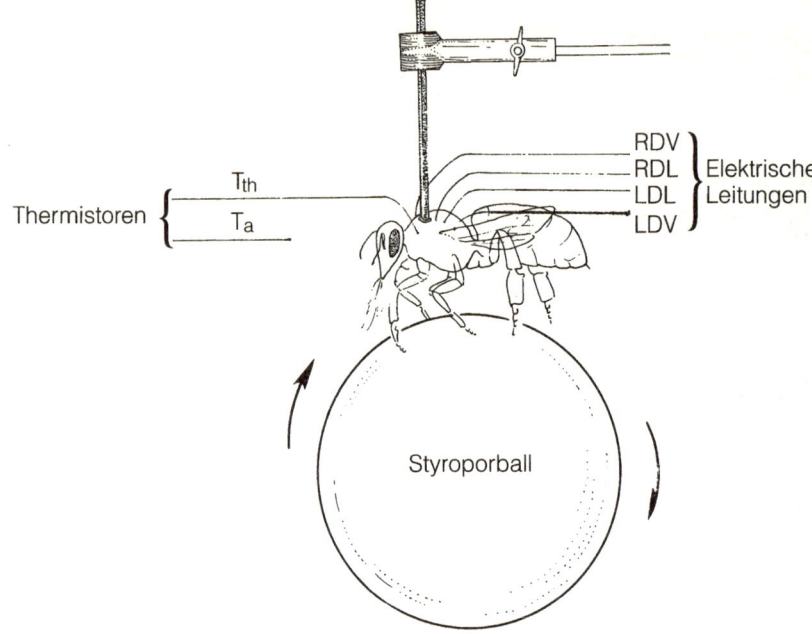

Thermistoren { T$_{th}$
                T$_a$

RDV
RDL } Elektrische
LDL } Leitungen
LDV

Styroporball

Abb. 4.3   Lage der eingeführten Leitungen im Thorax zur Messung der Thoraxtemperatur (T$_{th}$) und der Aktionspotentiale im rechten dorsoventralen (RDV), linken dorsoventralen (LDV), rechten dorsolongitudinalen (RDL) und linken dorsolongitudinalen (LDL) Muskel. T$_a$ = Außentemperatur.

und gleichzeitig von uns aufgenommen wurden. Elektronische Rechner registrierten die Gesamtzahl der elektrischen Signale, das heißt der Muskelreize. Außerdem wurden alle Signale von einem Tonband aufgenommen.

Wir beobachteten, daß die Hummeln ihre Flugmuskeln oft aktivierten, nicht nur während des Fluges und bei Flügelschwirren am Boden, sondern auch bei Stillstand der Flügel (Abb. 4.4). Während des Aufwärmens wurden die Flugmuskeln immer aktiviert, manchmal bis zu einer Frequenz wie beim Fliegen (Kammer und Heinrich, 1972).

Ziel und Zweck des Experiments war es nicht nur, zu untersuchen, zu welchen Zeiten die Flugmuskeln von Hummeln

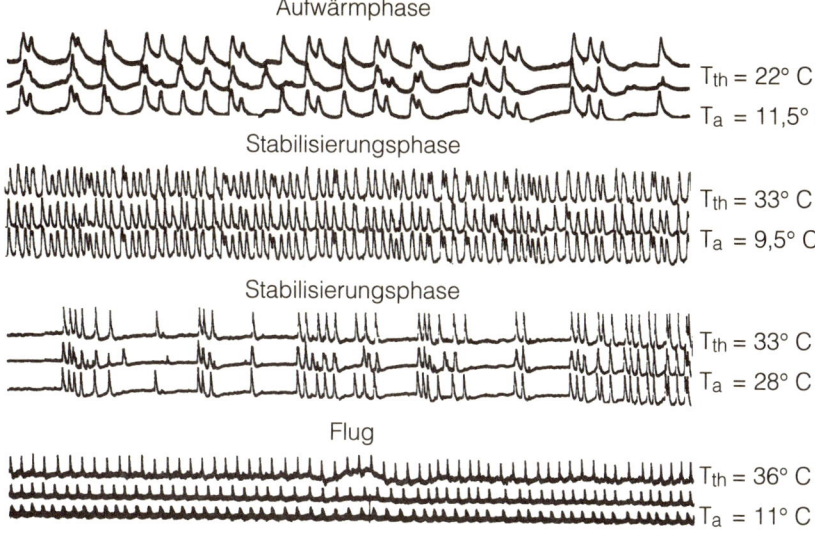

Aufwärmphase

Stabilisierungsphase

$T_{th} = 22°$ C
$T_a = 11,5°$ C

$T_{th} = 33°$ C
$T_a = 9,5°$ C

Stabilisierungsphase

$T_{th} = 33°$ C
$T_a = 28°$ C

Flug

$T_{th} = 36°$ C
$T_a = 11°$ C

1 Sek.

Abb. 4.4 Gleichzeitig aufgezeichnete Aktionspotentiale an drei Stellen der dorsoventralen und dorsolongitudinalen Flugmuskeln einer Hummel während des Aufwärmens und der Stabilisierung der Thoraxtemperatur (stationär, am Boden), bei Außentemperaturen von 9,5° C und 28° C und während des Fluges. T_{th} = Thoraxtemperatur, T_a = Außentemperatur. (Kammer und Heinrich, unveröffentl.)

durch Nervenreize aktiviert werden. Wir wollten auch herausfinden, wie die Aktivität der Flügel mit der Wärmeproduktion zusammenhängt. Dazu maßen wir, parallel zur Muskelaktivität, auch die Thoraxtemperaturen und den jeweiligen Energieaufwand. Die Thoraxtemperatur wurde mit einem winzigen Thermistor (temperaturabhängiger elektrischer Widerstand) gemessen, den wir vorsichtig durch ein künstliches Loch in die Dorsalseite des Thorax einführten. Ein weiterer Thermistor direkt neben der Hummel maß die Außentemperatur. Dann wurde die Hummel mit all ihren implantierten Thermistoren und Elektroden in ein luftdicht verschlossenes Gefäß, unser Spirometer, gesetzt, und wir pumpten die Luft im Gefäß durch ein Meßgerät, das den Sauerstoffgehalt im Inneren des geschlossenen Systems bis auf 0,001 Prozent genau analysierte. Die Stoffwechselrate oder die Menge der erzeugten Wärme konnte direkt aus der Menge des pro Zeiteinheit verbrauchten Sauerstoffs errechnet werden.

Experimente im Labor haben einen Vorteil vor der Feldforschung: Die Variablen sind kontrollierbar, die Wirkung einer jeden Variablen kann für sich getestet werden. Aber es gibt keine Garantie dafür, daß das Tier sich anders als auf die allerelementarste Weise verhält, wenn es sich überhaupt »verhält«. Wir wollten unserer Hummel so viele verhaltensmäßige Wahlmöglichkeiten geben wie möglich, sie sollte tun, was sie normalerweise tat. Andererseits mußten wir ihre Wahlmöglichkeiten beschneiden, um die Variablen unter Kontrolle zu halten. Um Meßwerte zu erzielen, mußten wir die Hummel irgendwo befestigen und sie dadurch ihrer Freiheit berauben. Um ihr die Illusion von Bewegungsfreiheit zu geben, befestigten wir sie so, daß sie auf der Stelle fliegen konnte. (Die Illusion der Flugbewegung wird hergestellt, indem man der Hummel ein sich bewegendes visuelles Feld präsentiert, etwa eine Walze mit farbigen Streifen, die man unter ihr rotieren läßt.) Außerdem konnte unsere Hummel so »weit« und so schnell laufen, wie sie wollte. Diese Illusion wurde dadurch hergestellt, daß wir sie auf einen leichten Styroporball setzten. Während sie lief, blieb sie doch immer an derselben Stelle, nur der Ball bewegte sich. Die Außentemperatur um sie herum hielten wir unter Kontrolle, indem wir das Spirometer in ein Wasserbad von kontrollierter Temperatur tauchten.

Zusammenfassung: Da wir einer Hummel kein ganzes Labor auf den Leib binden konnten, während sie an heißen und an kalten Tagen im Feld sammelte, taten wir das nächstbeste und untersuchten einige Komponenten des Sammelverhaltens, wie Flug und Wärmeproduktion, im Labor unter Bedingungen, die den natürlichen so ähnlich wie möglich sein sollten. Die Versuche mit dem Spirometer zeigten uns, daß Steigerungen der

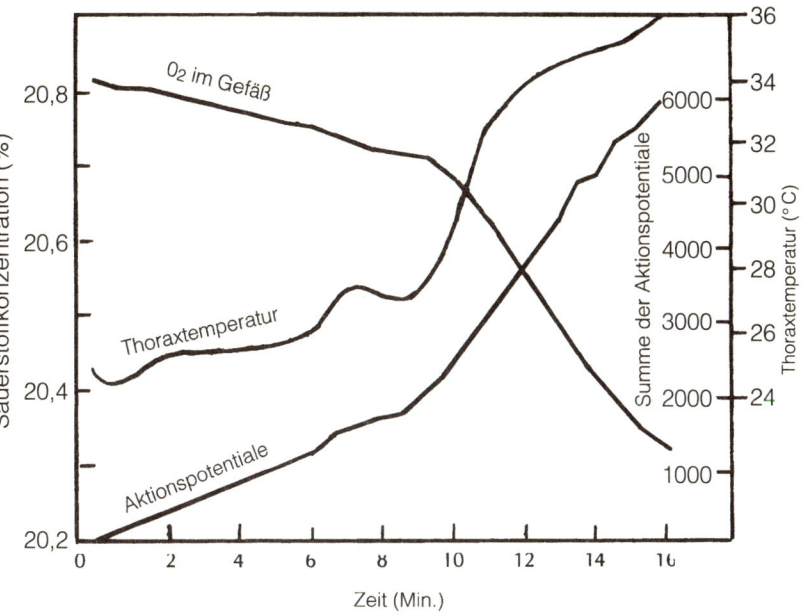

Abb. 4.5   Die Thoraxtemperatur steigt mit dem Abfall der Sauerstoffkonzentration in einem Versuchsgefäß (Rauminhalt 250 ml) und mit zunehmender Zahl der Aktionspotentiale, gemessen in einer Muskelfibrille des Thorax einer Bombus-vosnesenskii-*Arbeiterin. (Aus Kammer und Heinrich, 1974.)*

Thoraxtemperatur immer im Zusammenhang standen mit der Aktivierung der Thoraxmuskeln wie beim Fliegen (Abb. 4.5). Die Stoffwechselrate hing direkt mit der Zahl der Depolarisationen (Aktivierungen) in der Flugmuskulatur zusammen. Weiter unterschied sich der Energieaufwand bei gegebenem Aktivitätsvolumen der Muskeln kaum, ob sich das Tier in der Luft oder mit bewegungslosen Flügeln am Boden befand (Heinrich und Kammer, 1973). Das Laufen, mit keiner oder nur wenig Flugmuskelaktivität, erforderte kaum Energieaufwand, im Vergleich zu starkem Zittern oder Fliegen. Laufende Hummeln wurden durch Laufen allein nicht warm. Das Ergebnis lag auf der Hand: Die Hummeln produzierten Wärme im Thorax durch Zittern, wobei sie ihre Flugmuskeln benutzten, die von den Flügeln unabhängig agierten. Je schneller die Wärme erzielt wurde und je größer die Temperaturdifferenz zwischen Thorax und Luft, desto höher die Aktivitätsfrequenz und die Stoffwechselrate.

Wir wissen nicht genau, wie die verschiedenen Muskeln mit ihren Untereinheiten sich zueinander verhalten, während eine Hummel zittert. Wir wissen aber nun, daß das Zittern die hauptsächlichen krafterzeugenden Flugmuskeln betrifft, die durch das zentrale Nervensystem aktiviert werden. Möglicherweise werden die gruppenweise angeordneten Muskelzellen (siehe Abb. 3.2 und 3.3) nicht gleichzeitig, sondern nacheinander aktiviert, so daß mit geringstem Bewegungsaufwand der einzelnen Muskelzüge und der Flügel eine stabile Spannung der ganzen Muskelmasse hergestellt wird. Werden die asynchronen Flugmuskeln einer Hummel isoliert, so ziehen sie sich wie die synchronen Muskeln von Wirbeltieren auf einen Nervenreiz hin ohne Verzögerung zusammen (Ikeda und Boettiger, 1965). Es ist jedoch sehr wahrscheinlich, daß die Muskeln, die während einer Aufwärmphase mechanisch sehr aktiv sind, aus einem anderen Grund keine Flugbewegung initiieren: Ein kleiner Muskel, der dritte Axillarmuskel, unterbricht in entspanntem Zustand die Verbindung zwischen Flügeln und den kraftvollsten Muskeln, deren Kontraktionen die größte Menge Wärme erzeugen. Wenn sich also dieser Muskel, der wie eine Kupplung funktioniert, nicht in kontrahiertem Zustand befindet, können die wichtigen wärmeerzeugenden Flugmuskeln arbeiten, ohne daß sich die Flügel bewegen. Dieser Aufwärmmechanismus findet seine Anwendung nicht nur während der Flugvorbereitung, sondern auch bei der Regulation der Nesttemperatur.

Selig-summend tönt's im Wald,
Wo du bist, ist mir nicht kalt.
Hummel unterm Himmelszelt,
Ich brauch keine ferne Welt,
Dir zu folgen tut mir gut,
In dir brennt der Sonne Glut.

Ralph Waldo Emerson: *Die Hummel*

Fünftes Kapitel
Wärmeregulation im Nest

Die Nester der sozialen Insekten sind Fabriken zur Produktion von Nachwuchs. Die Larven reagieren sehr empfindlich auf extreme Temperaturen, sie müssen warm gehalten werden. Temperaturen unter 30° C sind wachstumshemmend und können zu entwicklungsbedingten Schäden, bei einigen Bienenarten zum Beispiel verkümmerten Flügeln, führen. Um ihr Produkt von Schäden freizuhalten und um es in großen Mengen in möglichst kurzen Zeiträumen herzustellen, müssen Hummeln viel Energie zur Aufrechterhaltung einer konstanten Nesttemperatur aufwenden, besonders wenn sie in kühlen gemäßigten oder in arktischen Temperaturzonen leben. Durch die Wahl geeigneter Nistplätze sind allerdings in jeder Region beträchtliche Energiesparmaßnahmen möglich.

Viele Hummelspezies plazieren ihre Nester in hohlen Baumstämmen oder in verlassenen Behausungen von Nagetieren, wo dicke Außenwände Temperaturschwankungen abmildern. Arktische Hummeln nisten oberirdisch, etwa in den verlassenen Nestern von Lemmingen; sie entgehen dadurch dem Bodenfrost und können die Solarheizung der Erdoberfläche nutzen. Durch das Nisten in Höhlen oder Grasnestern machen sich Hummeln bestehende Isolierschichten zunutze, um die von ihnen selbst produzierte Stoffwechselwärme zu speichern.

Unterirdisch nistende Spezies vervollständigen die vorgefundene Isolationsschicht durch weitere Grashalme und Pflanzenfasern. Doch es wird fast jeder Typ von Isolation angenommen, wie man an einer Kolonie von *Bombus occidentalis* sehen konnte, die wir in einem nackten Pappkarton im Labor hielten. Eines Tages stopften wir ein zusammengerolltes Stück angefeuchtetes, dickes blaues Löschpapier in ein Plastikröhrchen, um die Feuchtigkeit im Nest konstant zu halten. Am nächsten Tag war das ganze Nest mit einem blauen Baldachin überwölbt! Die Hummeln hatten das Löschpapier aus der Röhre gezogen, es auseinandergezupft und mit Wachs fest an die Decke ihres Kartons geklebt.

Viele Bienenarten halten die Materialien, die die Oberfläche ihres Nests bedecken, stets trocken und flauschig, so daß sie ihre isolierende Eigenschaft voll entfalten können. Hummeln bauen gewöhnlich auch noch Baldachine aus Wachs, wie oben beschrieben, über ihrem Nest. Diese Dächer sammeln die aufsteigende warme Luft, die sich bei allen Aktivitäten der Hummeln im Nest bildet. Löcher in dieser Wachsschicht sind binnen Minuten repariert. In dichtbevölkerten Hummelkolonien reicht die von vielen Tieren erzeugte Stoffwechselwärme, um die Luft im Nest aufzuheizen und die Brut warm zu halten, ohne daß zusätzliche Bruthitze erzeugt werden müßte. Das ist ein großer Vorteil, da brütende Tiere unbeweglich sind und für andere Aufgaben im Nest nicht mehr zur Verfügung stehen.

Die Isolationsschicht um das Nest kann nach Bedarf umgebaut werden. Wenn Gefahr von Überhitzung besteht, zerstören die Tiere den Wachsbaldachin teilweise und sorgen durch Fächeln für bessere Luftzirkulation im Nest. Besonders wichtig ist die Nestisolation wahrscheinlich während der ersten Zeit nach der Gründung der Kolonie, wenn die Königin abwesend ist, um zu sammeln. Bis heute ist dieser Aspekt des Hummelnests jedoch noch niemals systematisch erforscht worden.

Auch Honigbienen regulieren ihre Stocktemperatur. Bei hohen Temperaturen kühlen sie das Brutnest durch Fächeln und durch Verdunstung von Wassertröpfchen, bei niedrigen Temperaturen erzeugen sie hochintensive Stoffwechselwärme. Um überwintern zu können, ist es unbedingt erforderlich, daß Wärmeenergie in Form von Honig in großem Maß zur Verfügung steht. Doch Honigbienen minimieren ihre Energiekosten, indem sie nur einige ausgewählte Stellen des Nests klimatisieren – sie konzentrieren sich auf die Brutwaben. Wenn es, mitten im Winter, keine Brut gibt, klumpen sie nah bei den Honigvorräten dicht zusammen. Kleine oder abgerissene Honigbienenklumpen können die tiefsten Wintertemperaturen nicht überstehen. Im Gegensatz zu den europäischen Honigbienenrassen fehlt es den afrikanischen Honigbienenrassen fast ganz an dieser Fähigkeit der Klumpenbildung, daher glaubt man, daß die afrikanische Rasse (die sogenannte Mörderbiene), die in Südamerika eingebürgert wurde, die nördlichen Regionen Nordamerikas nicht heimsuchen wird. Außerhalb des Klumpens sterben die Tiere gewöhnlich innerhalb von Minuten. Im Gegensatz zu Hummeln und anderen Bienen- und Insektenspezies haben Honigbienen kein geeignetes Körpergewebe entwickelt, um bei tiefem Frost zu überleben.

Wenn Hummelköniginnen nach der Überwinterung im Frühjahr wieder erscheinen, müssen sie nicht nur ihre eigene Körpertemperatur, sondern auch die Temperatur des von ihnen gegründeten Nests regulieren. Man weiß schon lange, daß etablierte Hummelkolonien mit vielen Arbeiterinnen trotz häufig schwankender Außentemperaturen eine relativ konstante Nesttemperatur von fast 30° C aufweisen; bei niedrigen Temperaturen erzeugen sie Wärme, bei hohen Temperaturen fächeln sie (Hasselrot, 1960). Bis vor kurzem wußte man jedoch nur wenig über die Rolle der einzelnen Tiere bei der Temperaturregulation.

Eine koloniegründende Königin sitzt, wenn sie nicht auf Futtersuche ist, Tag und Nacht auf dem Brutnest, und sie nimmt

Abb. 5.1   Eine brütende Bombus-vosnesenskii-*Königin in Gefangenschaft. Die Brut besteht aus Puppen des ersten Geleges und einem zweiten Gelege, das sich, von Wachs umhüllt, unter ihrem rechten Bein befindet. Der Kopf der Königin weist zum Honigtopf. Bei Außentemperaturen von 3 bis 33° C betrug die Temperatur des Thorax 35 bis 38° C, die des Abdomens 31 bis 36° C, die der Brut 24 bis 34° C, während die des Honigtopfes etwa auf dem Niveau der Außentemperatur blieb. (Aus Heinrich, 1974 c.)*

eine charakteristische Haltung dabei ein. Sie streckt ihre Beine, verlängert ihr Abdomen und bedeckt die Brut vollständig mit ihrem Körper. Der Kopf weist zum Honigtopf, dessen ganzen Inhalt sie gewöhnlich im Lauf einer einzigen Nacht leert (Abb. 5.1). Wie bei Vögeln ist die Hauptkontaktgegend zwischen adulter Hummel und Brutzelle die ventrale Oberfläche des Abdomens, die einzige relativ große unbehaarte Fläche am Körper. Thorax und dorsale Oberfläche des Abdomens sind dicht behaart, wodurch der Wärmeverlust des Körpers fast um die Hälfte reduziert wird.

Unter idealen Bedingungen schlüpfen die Larven in diesen bebrüteten Zellen in drei bis vier Tagen. Die pollenfressenden Larven wachsen schnell und verpuppen sich in nur zehn Tagen. Nach weiteren elf Tagen können die Imagines erscheinen. Doch die Entwicklungszeiten von Eiern, Larven und Puppen variieren in großem Maß von Kolonie zu Kolonie. Wenn es der Königin an Futter mangelt und sie die Brutzellen nicht mehr wärmen kann, verzögert sich die Entwicklung, oder sie kommt sogar zum Stillstand.

Diverse Biologen des neunzehnten Jahrhunderts nahmen an, daß die Hummelkönigin den Pollenklumpen mit Eiern, Larven und Puppen ausbrütet. 1837 schrieb der britische Chirurg George Newport, der als erster die Körpertemperatur von Käfern, Faltern und Bienen gemessen hatte – er benutzte spezielle Quecksilberthermometer, »kaum größer als Krähenfedern« –, daß einige Hummeln, die »Ammen« (Arbeiterinnen und Drohnen), »fast vollständig damit beschäftigt sind, die Nestwärme zu steigern und sie an die Nymphen in den Brutzellen weiterzugeben, indem sie sich massenweise auf sie setzen und sich lange Zeit nicht fortbewegen«. Diese Beobachtungen bestätigten die Aussagen von Pierre Huber, einem der ersten Hummelforscher, der sich schon fünfunddreißig Jahre zuvor in Frankreich dazu geäußert hatte.

Newports Bericht ist noch aus anderen Gründen interessant – zum Beispiel wegen des Vergleichs, der ebenfalls in diesem Text zwischen dem Blutkreislauf in der Dura mater eines mensch-

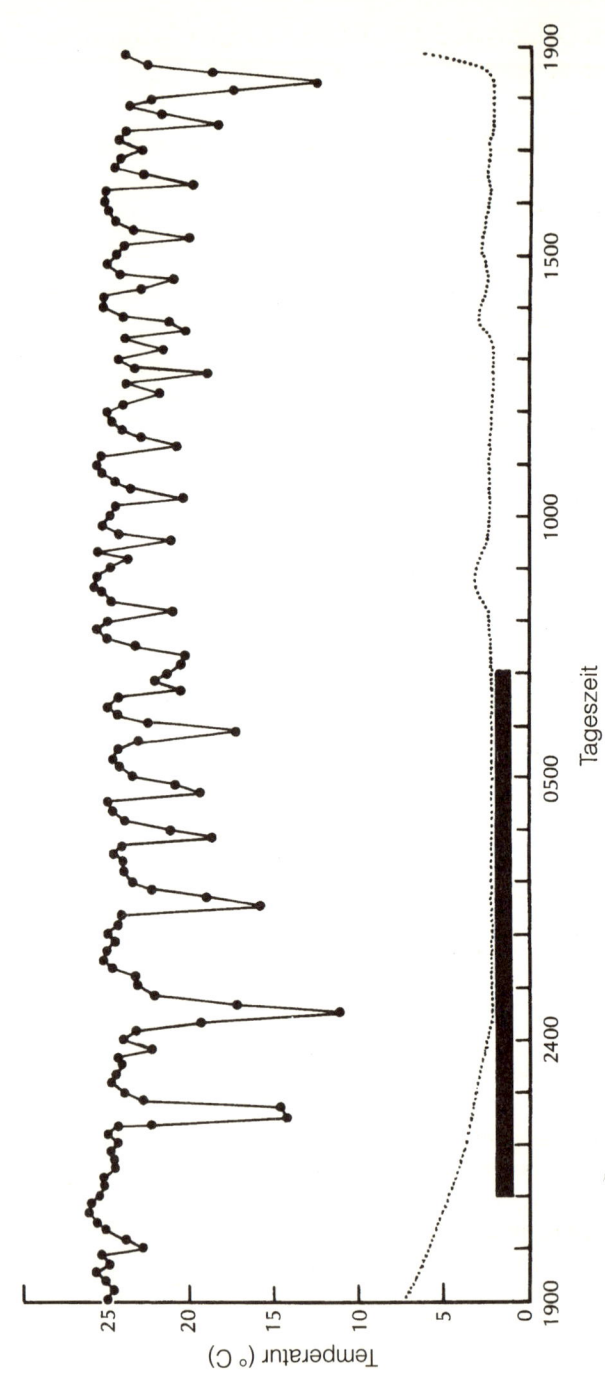

lichen Gehirns und dem Blutkreislauf von Motten und Raupen angestellt wird. Ohne Zweifel ist der Umfang seines Wissens und seiner Erfahrung achtunggebietend, doch Newports Beobachtungen an Hummeln verlieren etwas an Glaubwürdigkeit, wenn wir vom »starken Schwitzen« der Insekten lesen und gar davon, daß »brütende Hummeln allmählich von Schweiß überströmt werden wegen des Übermaßes ihrer Anstrengung«. (Insekten können heiß werden, aber sie besitzen keine Schweißdrüsen.) Newport maß mit Hilfe äußerlichen Anlegens eines Thermometers bei 23° C Außentemperatur eine Körpertemperatur von 34,5° C bei einer »sehr aufgeregten« *Bombus-terrestris*-Arbeiterin.

Fast ein halbes Jahrhundert später wurde das Thema der brütenden Bienen von dem österreichischen Entomologen Eduard Hoffer wiederaufgenommen. Hoffer stellte fest: »Während der Brutzeit liegt die Königin häufig auf der Eizelle in solcher Weise, daß sie es mit ihrem eng daran gepreßten Abdomen wärmt wie eine Henne ihre Eier. Durchaus sieht man sie in derselben Brut-Stellung auch über älteren Ei- und Larvenzellen und Kokons.« Hoffers Interpretation des Verhaltens der Königin wurde später von dem deutschen Entomologen H. von Buttel-Reepen abgelehnt; er plädierte für die »glaubhaftere« Hypothese, daß die Hummelköniginnen nicht ihre Wärme an die Brut abgeben, sondern sich selbst an den Hitze abstoßenden Larven wärmen.

Ich maß die Temperatur einer Brutzelle mit und ohne brütende Königin und fand heraus, daß das Tun der Königin tatsäch-

Abb. 5.2 Temperaturen im Zentrum eines Brutballens im Lauf eines Tages. Die Königin (B. vosnesenskii) bebrütete ihn in einem schlecht isolierten Nest. Die Temperaturen wurden alle 11 Sekunden gemessen, dargestellt sind hier die Durchschnittswerte von jeweils 10 Minuten. Die punktierte Linie ist die Außentemperatur. Deutlich sind die krassen Temperaturabfälle zu sehen, wenn die Königin die Brut verließ, um zu fressen. Unbegrenzte Honigvorräte standen leicht erreichbar zur Verfügung. (Aus Heinrich, 1974 a).

93

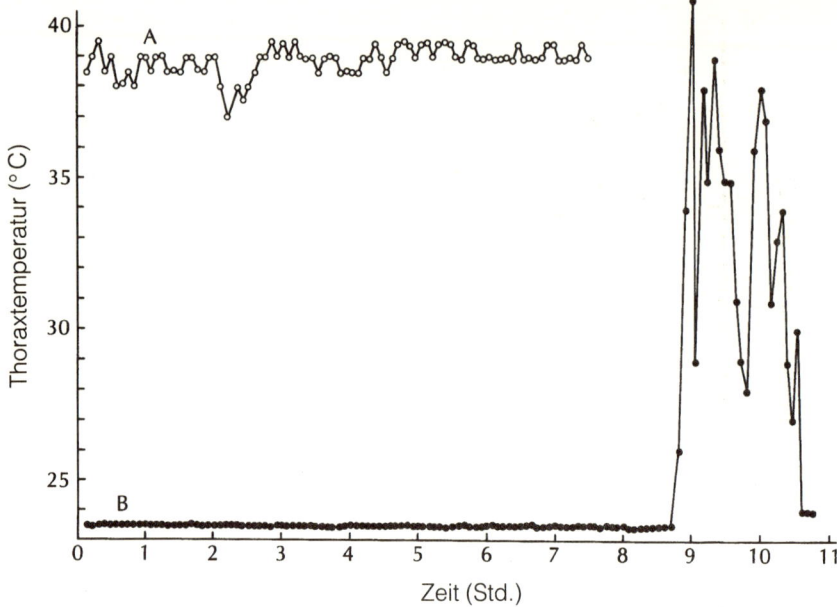

Abb. 5.3 *Thoraxtemperaturen einer* Bombus-vosnesenskii-*Königin in Gefangenschaft (A) während der ersten Nestbauaktivitäten bei der Gründung einer Kolonie. Es wird bei verhältnismäßiger Ruhe eine gleichmäßig hohe Temperatur während der Nacht (von 19 Uhr bis 3 Uhr morgens) beibehalten. Eine andere Königin derselben Spezies (B), die mit Nestbauaktivitäten noch nicht begonnen hatte, zeigte ein ganz anderes Temperaturmuster (zwischen 1 Uhr morgens und Mitternacht). Die Temperaturen wurden mindestens einmal pro Minute gemessen, hier sind sie in 5-Minuten-Abständen dargestellt. Die Außentemperatur betrug zwischen 23 und 25° C. (Nach Heinrich, 1974 a.)*

lich dem der Henne gleicht (Heinrich, 1974 a). In die Brutzelle wurden Thermoelemente eingeführt, die mit einem Aufzeichnungsgerät verbunden waren. Es zeigte sich, daß sich die Temperatur einer Brutwabe mit großen Larven bei Abwesenheit der brütenden Königin der Außentemperatur annäherte (Abb. 5.2). Wenn die Königin auf derselben Brutwabe saß, erhöhte sich deren Temperatur sofort. Wenn sie sie verließ, sank die

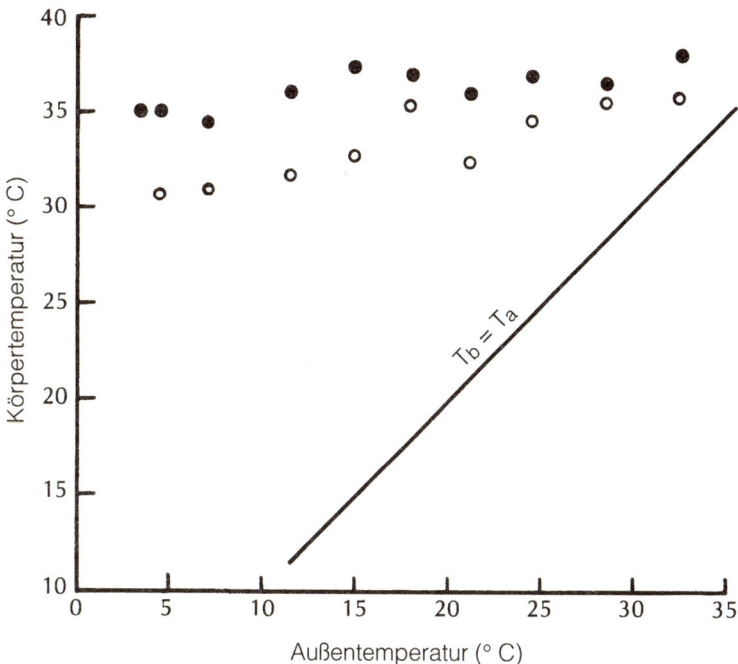

Abb. 5.4 Temperatur von Thorax (●) und Abdomen (○) einer Reihe brütender Bombus-vosnesenskii-Königinnen bei verschiedenen Außentemperaturen. Während des Brütens wurden sowohl Thorax- wie Abdomentemperatur reguliert, während des Fliegens wurde die Abdomentemperatur nicht reguliert. Die Linie $T_b = T_a$ zeigt den hypothetischen Verlauf der Körpertemperatur, wenn diese eine passive Funktion der Außentemperatur wäre. (Aus Heinrich, 1974 a.)

Temperatur sogleich wieder bis fast auf das Niveau der Außentemperatur. Eindeutig war es die Königin, die die Brut wärmte, und nicht umgekehrt. Solange eine Königin genügend Zuckersaft zur Verfügung hatte, verbrachte sie die meiste Zeit, Tag und Nacht, auf der Brut. Der Wärmetransfer von Königin zu Brut war direkt und effizient. Eine Brutwabe konnte auf diese Weise eine Temperatur von bis zu 25° C höher als Außentemperatur erreichen, auch bei ungenügender Nestisolation.

Zur Zeit der Koloniengründung erhielten Hummelköniginnen eine gleichbleibend hohe Thoraxtemperatur aufrecht (Heinrich, 1972 c), auch wenn sie offenbar nicht vorhatten zu fliegen (Abb. 5.3). Aber ihre Körpertemperaturkurven verliefen während des Brütens anders als bei fliegenden Hummeln: Sowohl die Thorax- wie die Abdomentemperaturen wurden relativ unabhängig von den Außentemperaturen etabliert und reguliert (Abb. 5.4), hingegen blieb während des Fliegens die Abdomentemperatur unreguliert dauerhaft niedrig, außer bei hohen Lufttemperaturen. Während des Fliegens stieg die Differenz zwischen Abdomen- und Außentemperatur mit steigender Außentemperatur, während es sich beim Brüten genau andersherum verhielt. Die Thoraxtemperaturen brütender Hummeln betrugen zwischen 34,5° C und 37,5° C bei Außentemperaturen zwischen 3° C und 33° C, die Abdomentemperatur war immer etwas niedriger als die des Thorax. Wie im nächsten Kapitel detailliert dargestellt, wird das Abdomen durch einen regulierbaren Wärmestrom von der »Wärmemaschine«, dem Thorax, geheizt. Während der Sammelflüge bei niedrigen Außentemperaturen war zur Minimierung des Kalorienverbrauchs der Wärmestrom reduziert (Heinrich, 1972 a), während des Brütens vergrößerte er sich. Da die Temperatur der Brut relativ unabhängig von den Außentemperaturen gleichmäßig gehalten wurde, liegt es auf der Hand, daß die Hummeln bei Kälte ihrer Brut mehr Wärme zukommen ließen als bei hohen Außentemperaturen.

Der Temperaturanstieg der Brutzellen zu Beginn der Reifezeit war ebenso wie die Bruttemperatur am Ende dieser Zeit direkt proportional zur Temperaturdifferenz zwischen Abdomen und Brut. Da Hummeln ihre Abdomentemperatur regulieren, können wir annehmen, daß sie, sobald Wärme an die Brut oder an andere Stellen abgegeben wird, diese Wärme ersetzen. Die Temperaturanstiege und -abfälle der Brut können also allein mit Hilfe der Schwankungen der Abdominaltemperatur erfaßt werden.

Ein Experiment bewies, daß die Brut Wärme vor allem durch

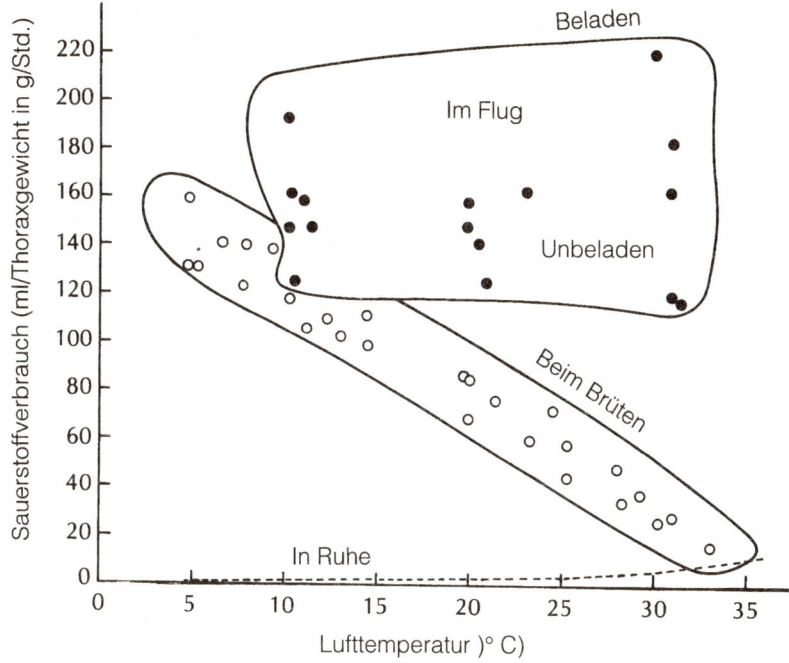

Abb. 5.5   Sauerstoffverbrauch einer Bombus-vosnesenskii-*Königin abhängig von der Außentemperatur während ununterbrochenen freien Fliegens
(O), während des Brütens (●) und in Ruhezeiten (---, keine Muskelaktivität). (Aus Heinrich, 1975 a, und Kammer und Heinrich, 1974.)*

das Abdomen statt direkt über den Thorax erhält. Eine tote
Hummel mit einem elektrischen Widerstand entweder im
Thorax oder im Abdomen wurde in der typischen Bruthaltung
über eine Brutwabe gelegt (Heinrich, 1972 d). Die Temperaturen wurden gleichzeitig an Thorax, Abdomen und im Zentrum
der Brutwabe durch Thermoelemente gemessen. Die aufge-
wendete Wärmemenge im Körper der toten Hummel konnte
mit Hilfe eines Transformators, der die Strommengen dosierte,
genau gemessen werden. Das Aufheizen des Thorax hatte auf
die Temperatur des Abdomens wie auf die Bruttemperatur wenig Einfluß. Doch als wir das Abdomen mit Strom heizten, stieg

die Temperatur der Brut an (wenn auch nicht auf dieselbe Höhe). Die Schlußfolgerung lautete, daß die Brut ihre Wärme über das Abdomen erhielt.

Auch Honigbienen klimatisieren ihre Brutzellen auf etwa 30° C bis 33° C, aber es fehlt ihnen das typische Brutverhalten der Hummeln. Bei niedrigen Temperaturen drängen sie sich auf der Brutwabe zusammen und bedecken die Zellen mit ihren Körpern wie eine Decke, indem sie durch Zittern Wärme erzeugen. Sie bleiben aber nicht stetig dabei, sondern können während dieser Zeit im Stock auch noch andere Aufgaben übernehmen.

Am Ort der Eiablage hinterläßt die Hummelkönigin einen Duftstoff, ein Pheromon (Heinrich, 1974 b). Durch diese Gedächtnisstütze gelingt es ihr, nur die kleine Stelle, wo sich die Brut befindet, zu bebrüten statt eines größeren Nestareals. Der Duft hilft ihr, in der Dunkelheit des Stocks die Jungen zu lokalisieren, die oft vollkommen mit Wachs bedeckt sind.

Die europäische Hornisse, *Vespa crabro,* und verwandte Faltenwespen zeigen dasselbe Brutpflegeverhalten wie Hummeln. Interessanterweise sind es bei diesen Wespen nur die Puppen, die selbst nicht fressen, die bebrütet werden. Die Larven werden in den offenen Waben direkt gefüttert und benutzen das erhaltene Futter als Brennstoff für eigene Wärmeproduktion (Ishay und Ruttner, 1971).

Wie hoch ist der Energieaufwand beim Brüten? Die Stoffwechselrate (Energieaufwand für Wärmeausstoß und Aufrechterhaltung der Körperwärme) einer von uns untersuchten Königin auf ihrer Brut war eine Funktion der Außentemperatur, genauso wie bei jedem warmblütigen Tier. Allerdings war sie viel höher als die einer Maus, die bekanntlich täglich eine Nahrungsmenge des Mehrfachen ihres Körpergewichts zu sich nehmen muß, um zu überleben. Bei niedrigen Außentemperaturen war die maximale Stoffwechselrate fast so hoch wie während des freien Fluges (Abb. 5.5). Aber unsere Hummeln im Labor hatten unbegrenzt Nahrung zur Verfügung, und sie saßen oft Tag und Nacht auf der Brut und pausierten nur, um sich an den Fütterungsapparat zu begeben. Im Feld hätten sie vermutlich viel mehr Zeit mit Sammeln verbringen müssen.

Wieviel muß eine Hummel sammeln, damit ihr die zum Brüten nötige Energiemenge zur Verfügung steht? Die Antwort auf diese Frage hängt zu einem großen Teil von den zur Verfügung stehenden Trachtpflanzen und den entsprechenden Nektarmengen ab. Im beginnenden Frühjahr, als die Kolonien gegründet wurden, trugen die Königinnen Nektar und Pollen der Blaubeerenblüten ein, die durchschnittlich 0,04 Milligramm Zucker oder etwa 0,15 Kalorien enthielten. Während des Brütens in unisolierten Nestern im Labor bei 5° C Außentemperatur nahm jede Hummel etwa 80 Milliliter Sauerstoff pro Gramm Körpergewicht in der Stunde auf. Für ein Tier mit einem Körpergewicht von einem halben Gramm entspricht dies einem Energieaufwand von 75 Kalorien bei Kohlehydraternährung, was wiederum dem Zuckergehalt von 500 Blaubeerblüten entspricht. An einem Blaubeerstrauch besuchte jede Königin ungefähr 15 Blüten pro Minute. Somit brauchten sie eine minimale Sammelzeit von 33 Minuten bei reichem Trachtangebot, um sich den Brennstoff für eine Stunde Brüten bei 5° C Außentemperatur zu verschaffen. Freilich können sich Hummeln unter natürlichen Bedingungen – es sei denn, das Nest ist sehr gut wärmeisoliert – dem Brüten weit weniger lang widmen als unter den künstlichen Bedingungen im Labor, wo Futter jederzeit in unbegrenzten Mengen erreichbar war.

Die Aufrechterhaltung einer hohen Körpertemperatur ist (relativ zum Gewicht) bei einem kleinen Tier mit beträchtlich größerem Aufwand verbunden als bei einem großen. Es ist durch Beobachtung belegt, daß für Tiere die Gleichung 0,031 (kg Körpermasse)$^{-0,51}$ gilt: Sie beschreibt den Aufwand an Stoffwechselenergie zur Wärmeerhaltung in Milliliter Sauerstoff pro Gramm pro Stunde pro Steigerungsgrad ° C der Körpertemperatur. Es handelt sich um eine Annäherungsgröße, die nur für grobe Schätzungen gebraucht werden kann, doch zeigt sie, daß eine große Königin von 0,0005 Kilogramm

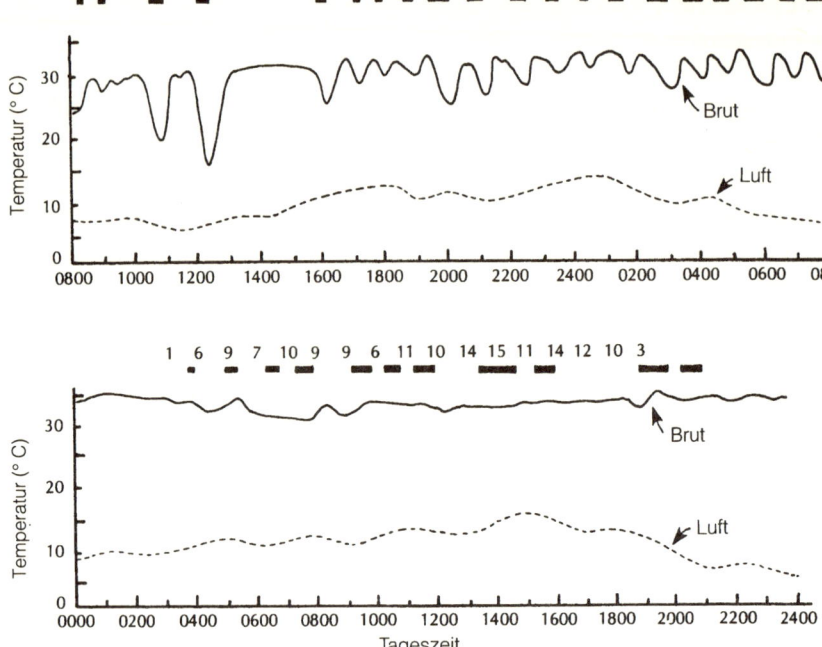

Abb. 5.6 Das obere Diagramm zeigt die Beziehung zwischen Bruttemperatur und Sammelaktivität (schwarze horizontale Streifen) einer Bombus-po-
laris-Königin im Feld im Lauf von 24 Stunden am 22./23. Juni 1968. Beob-
achtungsort war Lake Hazen, Northwest Territories, Kanada, 880 km südlich des Nordpols. Zu dieser Zeit bestand die Kolonie nur aus der Königin
und 17 Larven. Am 6./7. Juli (unteres Diagramm) enthielt die Kolonie außer
der Königin 16 Arbeiterinnen und ein zweites Gelege von 10 Eiern. Obwohl
Königin und Arbeiterinnen immer wieder zum Sammeln ausflogen, war die
Bruttemperatur stabiler. Die Zahlen beziehen sich auf die Sammelflüge der
Arbeiterinnen pro Stunde. (Aus Richards, 1973.)

Körpergewicht pro Einheit ihrer Körpermasse etwa fünf-
hundertmal mehr Energie aufwenden muß als ein Mensch von
dreiundsiebzig Kilogramm Körpergewicht, um dieselbe Menge erhöhter Körpertemperatur aufrechtzuerhalten. In diesem
Licht wird deutlich, daß es sich bei der Aufrechterhaltung
hoher Körpertemperaturen bei Hummeln um ein wirklich be-
eindruckendes Faktum handelt, besonders wenn man bedenkt,
daß Hummeln in arktischen Regionen bei sehr niedrigen Temperaturen leben und nicht nur in der Lage sind, ihre Körperwärme zu regulieren, sondern auch die Nesttemperatur.
Kenneth Richards (1973) hat die arktische Hummel *Bombus
polaris* auf 81 Grad nördlicher Breite am Lake Hazen in
Kanada untersucht. Zu Beginn des Lebenszyklus der Kolonie
betrug die Nesttemperatur bei Anwesenheit der Königin, die
noch allein war, konstante 25° C bis 30° C. Doch flog die Königin häufig zum Sammeln aus, und wenn sie das Nest verließ,
fiel die Temperatur. Sie fiel allerdings nicht mehr als 7° C
während der etwa halbstündigen Abwesenheiten der Königin
und bei einer herrschenden Außentemperatur von 10° C. Wenn
die Larven dieser arktischen Hummeln nicht endothermisch
sind – was unwahrscheinlich ist –, so sind die Nester wahrscheinlich bestens wärmeisoliert. Die Nestisolation ist unter
den harten polaren Bedingungen ein wichtiger Faktor im Energiehaushalt. Nachdem sich alle sechzehn bis siebzehn Larven
der ersten Brut zu Arbeiterinnen entwickelt haben, bleibt die
Nesttemperatur stetig bei fast 35° C; ob die Königin und wenige Sammlerinnen anwesend sind oder nicht, hat auf diese Temperatur nun keinen meßbaren Einfluß mehr (Abb. 5.6). Es ist
nicht uninteressant, daß arktische Hummeln offenbar eine
höhere Temperatur in ihren Nestern aufweisen als Honigbienen und Hummeln aus gemäßigten Zonen. Dies müßte im einzelnen noch erforscht werden, aber ich möchte schon jetzt die
These wagen, daß die hohen Nesttemperaturen und die größere erste Brut Anpassungsleistungen der arktischen Spezies sind,
die auf Beschleunigung des Lebenszyklus der Kolonie in der
kurzen Vegetationsperiode des hohen Nordens zielen.

Wie lang kann eine Hummel unter ungünstigen Bedingungen brüten, wenn maximale Brennstoffreserven zur Verfügung stehen? Bei 2° C bis 3° C Außentemperatur mußte eine Königin in Gefangenschaft mit unisolierter Brutwabe alle 60 bis 120 Minuten fressen. Der nicht allzu vollgefüllte Honigmagen einer Königin enthält etwa 0,2 Milliliter Nektar. Bei einer Zuckerkonzentration von 30 Prozent bedeutet dies, daß die Hummel 240 Brennstoffkalorien in sich tragen kann. Wenn sie (bei 5° C) 75 Kalorien pro Stunde verbraucht, muß sie die Nahrung in ihrem Kropf in 3,2 Stunden verbrennen. Da der Honigtopf zusätzlich 0,5 Milliliter Nektar enthält, kann die Königin bei 5° C Außentemperatur 11 Stunden ununterbrochen brüten, wenn sie alle Nahrungsreserven in Kropf und Honigtopf aufbraucht. Im Feld ist der Stoffwechselaufwand nur selten so hoch, weil die Nester stets isoliert sind. Die Futterreserven, die während des Tages gesammelt wurden, reichen gewöhnlich nur für eine Nacht. Wenn die Hummeln ihre Reserven aufbrauchen, fallen sie in Kältestarre und beenden das Brüten. F. W. L. Sladen, der 1912 eine Arbeit über die Hummeln der Britischen Inseln verfaßte, stellte fest: »Ein- bis zweitägige Perioden, in denen wenig oder fast kein Futter zur Verfügung steht, tun der Kolonie keinen Schaden an; die Hummeln werden einfach schläfrig und bleiben stundenlang in diesem Stadium gehemmter Aktivität.«

Zur Temperaturregulation brauchen Hummeln offenbar exorbitant viele Brennstoffkalorien. Das Ergebnis ist, daß riesige Mengen von Kalorien aus der Nahrung gebraucht werden, um verschwindend wenige Kalorien lebendiger Materie herzustellen. Bei den meisten mechanischen Systemen erscheint Wärme als Verschwendung – ein manchmal unvermeidliches Abfallprodukt, das wir mühevoll minimieren, um Energie einzusparen. Viele kaltblütige Tiere sind berühmt dafür, daß sie einen großen Prozentsatz ihrer Nahrungskalorien in Babys umwandeln können. Hummeln wandeln nur einen winzigen Bruchteil ihrer aufgenommenen Kalorien in Nachkommen um. Man könnte fragen, ob Hummeln deshalb »ineffizient« arbeiten. Warum sind sie nicht schon längst von denen aus dem Feld geschlagen worden, die ein besseres Konversionsverhältnis von Nahrung zu Nachkommen haben?

In der Evolution werden Leistung und Ertrag (Output) eines Produkts gesteigert durch Steigerung der Effizienz von Morphologie, Physiologie und Verhalten, das heißt durch Minimierung der Aufwandleistungen (Input) für das Produkt. Doch wesentlich ist hier nicht die Effizienz als solche, sondern der Output: die erfolgreiche Produktion von Nachkommen, nichts anderes. Manchmal muß der Betrieb unter extrem schwierigen Umständen funktionieren, oder es müssen gegen Konkurrenten Vorteile errungen werden, wodurch sich die Betriebskosten unvermeidlich erhöhen.

Zuzeiten stehen bestimmte Ressourcen, die man braucht, kaum zur Verfügung, und die Effizienz des Umgangs mit ihnen entscheidet über Leben und Tod. Zu anderen Zeiten stehen die Mittel in reichem Maß zur Verfügung, doch zeitlich begrenzt, und der entscheidende Wettbewerbsvorteil ergibt sich nicht aus der Effizienz allein, sondern aus der Schnelligkeit, mit der man in der Lage ist, sich die Mittel zu beschaffen, auch wenn es dann zu Verschwendung kommen kann. Nektar und Pollen sind sehr konzentrierte Nahrungsrohstoffe, die nur zu begrenzten Zeiten zur Verfügung stehen, während einer einzigen Saison und nur zu bestimmten Zeiten des Tages. Und Hummeln haben nicht viel Zeit, um eine Kolonie aufzubauen. Die Steigerung der Körpertemperatur der Adulten innerhalb und außerhalb des Nests beschleunigt das Larvenwachstum und die Geschwindigkeit der Nahrungsbeschaffung. Wir analysieren hier also nicht nur die Effizienz der Nahrungsumwandlung, sondern auch die Energieinvestitionen und Beschaffungsstrategien, die zum Leben und zur Reproduktion des Lebens bei begrenzter Zeit und begrenzt zur Verfügung stehenden Ressourcen nötig sind. Hummeln erhalten ihre ganze Energie aus dem Nektar der Blüten. Diese Energie kann in Zeit umgewandelt werden, das heißt, die Energie wird benutzt, um der Kältestarre zu entgehen, um Aktivität hervorzurufen und die Zahl der sinnvollen Handlungen zu erhöhen, die die biologische (nicht die absolute) Zeit konstituieren.

Dennoch gehört der effiziente Gebrauch der eingebrachten Kalorien zu den wichtigsten Bedingungen des reproduktiven Erfolgs. Der Brennstoffverbrauch hängt direkt mit der Wärmeproduktion zusammen, die wiederum mit dem Wachstum von Larven und Puppen in enger Verbindung steht. Je weniger Brennstoff verfügbar ist, desto weniger Wärme erhält die Brut und desto länger braucht sie zum Erreichen des Imagostadiums. Ist man sich über die Höhe der Energiekosten im klaren, so überrascht es nicht, daß im Lauf der Evolution der Wärmetransfer von den Thoraxmuskeln, wo die Wärme erzeugt wird, zur Brut, wo sie gebraucht wird, immer effizienter wurde. Der Wärmetransfer wird erreicht durch eine bestimmte Körperhaltung, die das auf der Brut sitzende Tier einnimmt, und durch physiologische Mechanismen, wodurch die Wärme vom Thorax zum Abdomen gelangt.

Zwiesprache pflegte ich, mein Herz ward leicht,
Mit einem, den ich vordem nicht erreicht.

Robert Frost: *Das Büschel Blumen*

Sechstes Kapitel
Das Wärmetransfersystem

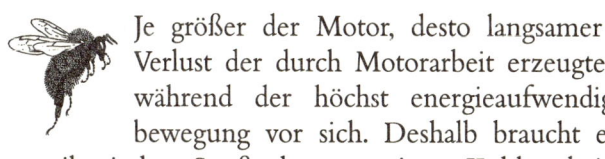 Je größer der Motor, desto langsamer geht der Verlust der durch Motorarbeit erzeugten Wärme während der höchst energieaufwendigen Fortbewegung vor sich. Deshalb braucht ein großer amerikanischer Straßenkreuzer einen Kühler, bei dem die Motorhitze durch ein System zirkulierender Flüssigkeit verdampft, während ein viel kleinerer VW-Käfer luftgekühlt wird ohne irgendwelche speziellen Wärmetransfermechanismen. Dasselbe gilt für Insekten. Einige von ihnen, große und kraftvolle Flieger – Schwärmer, bestimmte Libellen (Heinrich und Casey, 1978) und Hummeln –, wären während des Fluges in Überhitzungsgefahr, wenn sie ihr Abdomen nicht als Kühler benutzen könnten. Kleine Insekten und die weniger guten Flieger werden in der Luft passiv durch Konvektion gekühlt und brauchen keine komplizierten Mechanismen, um die intern erzeugte Wärme nach außen zu befördern.

Einige der schon beschriebenen Experimente zeigten auf indirekte Weise, daß der Wärmetransfer vom Stoffwechsel physiologisch gesteuert wird. Während des freien Fliegens bei unterschiedlichen Außentemperaturen blieb die erzeugte Wärmemenge in Hummeln konstant. Das bedeutet, daß sich die aktive Wärmereduktion direkt proportional zur Außentemperatur verhielt, nur so konnte die beobachtete stabile Thoraxtemperatur zustande kommen. Während des Brütens aber mußte der Wärmestrom von Thorax zu Abdomen zu jeder Zeit fast seinen maximalen Umfang annehmen, damit die Abdomentemperatur dauerhaft annähernd so hoch bleiben konnte wie die Thoraxtemperatur.

Von brütenden Hummeln weiß man, daß sie ihre Abdomentemperatur auf annähernd 35° C einstellen, etwa 2° C niedriger als die Thoraxtemperatur. Außerdem wurde beobachtet, daß es keine Erhöhung der Abdomentemperatur gibt, ohne daß der Thorax zuvor erwärmt wurde; eine erhöhte Abdomentemperatur ging oft mit einer Senkung der Thoraxtemperatur einher. Niemals war die Abdomentemperatur höher als die Thoraxtemperatur. Da die wärmeerzeugende Maschinerie sich in der Muskulatur des Thorax befindet, lag die Schlußfolgerung nahe, daß die Hummel einen effizienten Mechanismus zur Übertragung von Wärme zwischen Thorax und Abdomen zum Einsatz bringt, einen Mechanismus, der nicht nur während der Stabilisierung der Thoraxtemperatur im Flug funktioniert, sondern auch während des Brütens. Welche Art biologischer Technik liegt hier vor?

Ein Mechaniker kann oft aus der Konstruktion einer Maschine auf ihre Bewegungsweise schließen. Ähnlich erhält man bei der Anatomie Aufschluß über bestimmte körperliche Funktionen. Die genaue Untersuchung der Anatomie einer Hummel gibt Hinweise auf die Wärmetransfermechanismen, deren Wirksamkeit physiologische Experimente bestätigen. Da vorliegende Arbeiten über Schwärmer gezeigt hatten, daß diese Insekten mit der Fähigkeit zu nahezu ununterbrochenem Fliegen einen flüssigkeitsgekühlten »Flugmotor« besitzen, bei dem das zirkulierende Blut als Kühlmittel benutzt wird (Heinrich, 1971; Heinrich und Bartholomew, 1972), bot es sich auch hier, bei der Hummel, an, den Kreislauf in Augenschein zu nehmen, um der Wärmetransfertechnik auf die Spur zu kommen.

Es zeigt sich, daß der Kreislauf der Hummel sich auf merkwürdige Weise von dem des Schwärmers unterscheidet. Bei beiden Insekten ist das Herz ein dicht unter der Oberseite

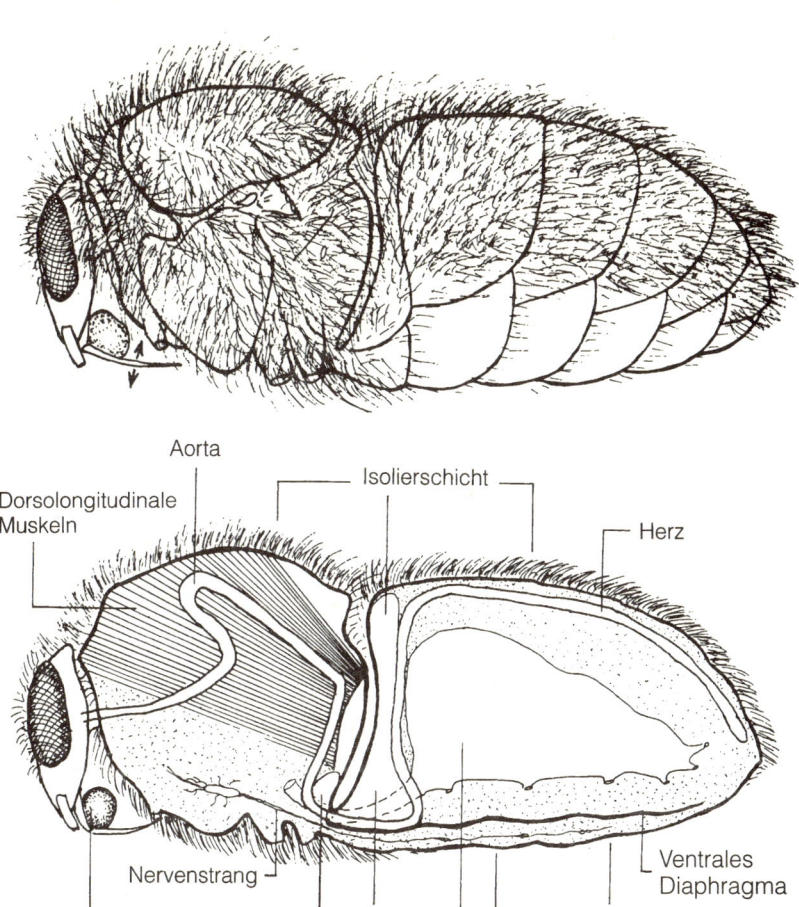

Aorta

Isolierschicht

Dorsolongitudinale
Muskeln

Herz

Nervenstrang

Ventrales
Diaphragma

Luftsäcke

Thermisches Fenster

usgewürgte Flüssigkeit

*Abb. 6.1 Längsschnitt durch eine Hummel (schematisierte Darstellung).
Man erkennt die wesentlichen Einrichtungen, die dazu dienen, die Wärme im
Thorax zu halten, wie auch, sie vom Thorax abzuleiten. Thorax und Dorsum
des Abdomens sind durch Behaarung gut isoliert, der Venter des Abdomens ist
wenig behaart und wirkt dadurch als thermisches Fenster. Der schmale Petiolus
zwischen Thorax und Abdomen und die Luftsäcke im vorderen Teil des Abdomens verzögern den Wärmefluß zum Abdomen. Kühles Blut wird zum Herzen gepumpt, es erwärmt sich in der Aorta, die zwischen den rechten und linken dorsolongitudinalen Muskeln verläuft. Das ventrale Diaphragma treibt
das warme Blut durch Wellenbewegungen nach hinten. (Aus Heinrich, 1976 e.)*

107

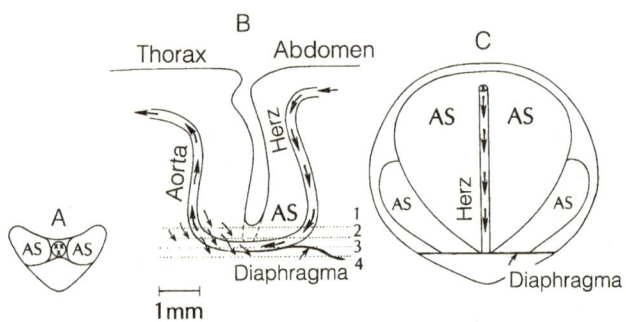

Abb. 6.2 Schematisierter Querschnitt durch den Petiolus, nach vorn (A), Längsschnitt im Bereich des Petiolus (B) und Querschnitt durch das vordere Abdomen, nach vorn (C). Die Pfeile zeigen die Richtung des Blutstroms. AS bezeichnet Luftsäcke oder Tracheen (im Petiolus). Die horizontalen Linien (1, 2, 3, 4) bezeichnen die Ausschnitte von Abb. 6.3. (Aus Heinrich, 1976.)

des Abdomens liegender Schlauch. Bei der Hummel setzt sich dieser Schlauch jedoch in eine große ventrale Schleife unterhalb eines Luftsacks im vorderen Teil des Abdomens (Abb. 6.1) fort. Der Luftsack dient dem Thorax als Schutz und Puffer gegen das Abdomen. Aber wozu dient die Schleife? Durch sie gelangt das kühle, in den Thorax fließende Blut in nächste Nähe zu dem warmen, vom Thorax abfließenden Blut (Abb. 6.2, 6.3), denn das Blut fließt vom Herzen in dem nach vorn abgehenden schleifenförmigen Gefäß zum Kopf, verläßt dort die Gefäßbahn und fließt zurück zum Herzen, wobei es den Petiolus unterhalb des ventralen Diaphragmas passiert, das sich flächig durch das Abdomen zieht und sich an dieser Stelle in nächster Nähe zur Herzschleife befindet. Somit wird die Wärme des warmen Blutes, das vom Thorax wegfließt, von dem kühlen Blut, das über die Herzschleife in den Thorax eintritt, teilweise absorbiert. Diese anatomische Gegebenheit dient offenbar dazu, Wärme im Thorax zu halten oder den Wärmefluß vom Thorax zum Abdomen zu verzögern (Heinrich, 1976 e).

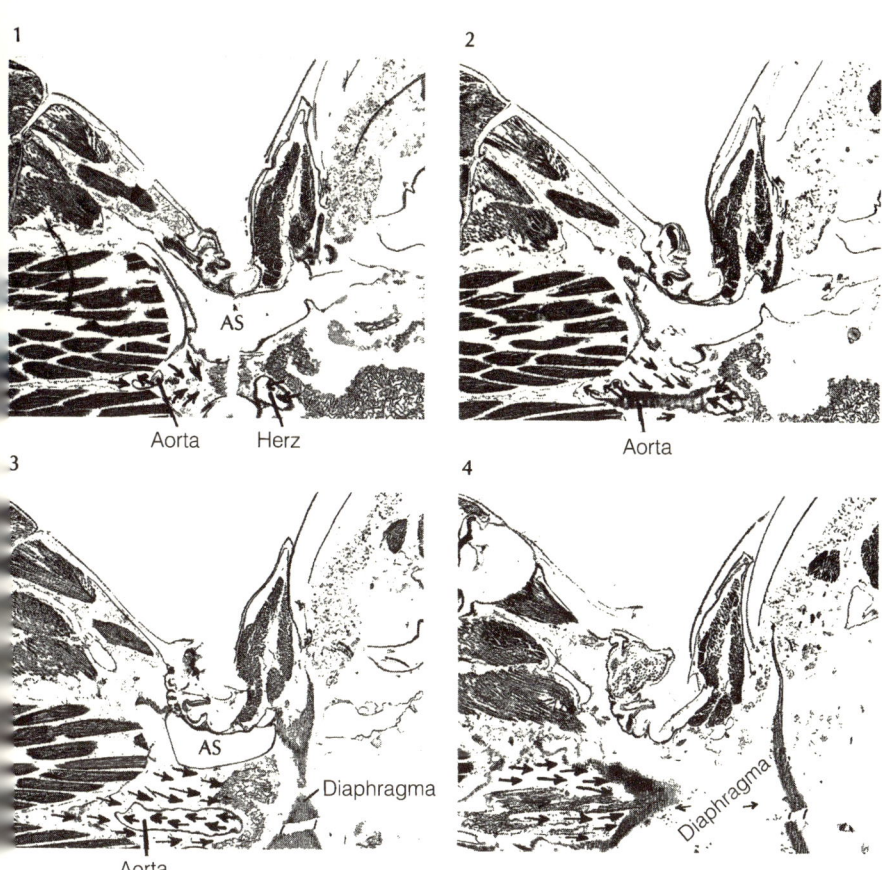

1 AS — Aorta — Herz

2 Aorta

3 AS — Diaphragma — Aorta

4 Diaphragma

*Abb. 6.3   Mikrofotografische Darstellung der Petiolusregion (s. Abb. 6.2).
Die Bilder zeigen Längsschnitte von der rechten Seite. Die Richtung des warmen (nach rechts) und des kühlen Blutflusses (nach links) ist durch Pfeile
angegeben. Bild 2 und Bild 3 zeigen den Mechanismus des Gegenstrom-Wär-
meaustauschs: Wenn das Blut gleichzeitig in benachbarten Kanälen gegenläufig fließt, wird ein Teil der Wärme, die nach hinten, zum Abdomen,
abfließt, von dem kühlen, nach vorn zurückfließenden Strom aufgefangen
und zum Thorax zurückgebracht.*

Der Wärmetransfer zwischen gegenläufig fließendem Blut ist möglich, weil Flüssigkeiten sich kanalisiert bewegen, während der Wärmefluß keine starren Grenzen kennt. Der Wärmefluß bewegt sich immer von der höheren zur niedrigeren Temperatur. Warmes Blut, das um die Herzschleife herum in das Abdomen eintritt, kommt bis auf wenige (wahrscheinlich zwei) Zellschichten an das kühle Blut heran, das in den Thorax einfließt. Solange Blut gleichzeitig in zwei Richtungen durch den Petiolus und den vorderen Teil des Abdomens fließt, wird ein Teil der Wärme, die in dem zum Abdomen fließenden Blut enthalten ist, stets zu den kühleren Regionen hinfließen, das heißt zu dem kühlen, zum Thorax zurückfließenden Blut. Der Wärmeaustausch zwischen warmen und kühlen Blutströmen, die in entgegengesetzter Richtung, aber in engem Kontakt parallel zueinander fließen, wird als Gegenstrom-Austauschsystem bezeichnet.

Gegenstromsysteme sind bei Wirbeltieren wohlbekannt. Zum Beispiel gibt es im Innern der Flossen von Seehunden, der Schwänze der Biber und Bisamratten und der Beine vieler Küstenvögel Gegenstrom-Austauschmechanismen, die diese Tiere befähigen, in eiskaltem Wasser aktiv zu sein und gleichzeitig den Wärmestrom zu den Extremitäten zu minimieren, wodurch weniger Energie an die Umgebung abgegeben wird. Bei diesen Tieren wird das kühle, von den äußeren Extremitäten zum Körper zurückkehrende Blut auf viele kleine Venen verteilt, die sich wie ein Mantel um die Arterien legen und in denen sich der Gegenstrom-Wärmeaustausch vollzieht. Das venöse Blut nimmt vom arteriellen Blut Wärme auf, bevor dieses seine Reise in die äußeren Teile der Beine beginnt. Umgekehrt kommt die Wärmereduktion durch Umgehen der kleinen inneren Venen zustande, indem das Blut statt dessen zu den Oberflächengefäßen der Extremitäten gepumpt wird. Ein Biber, der am Gebrauch dieses Wärmeaustauschmechanismus in seinem Schwanz gehindert wird, muß fast kontinuierlich zittern, um in eisigem Wasser nicht zu erfrieren. Das ist ein hoher Preis, den er zum Warmhalten des Schwanzes zahlen muß.

Auch bei Hummeln wäre der Wärmeverlust zwischen Thorax und Abdomen, der durch das zum Abdomen zurückfließende Blut bewirkt würde, ohne Gegenstrom-Wärmeaustausch beträchtlich. Der kontinuierliche Blutkreislauf ist nötig, um Nährstoffe vom Abdomen zu den arbeitenden Thoraxmuskeln zu bringen. Ohne die Mechanismen des Wärmerückhalts könnte das im Thorax zirkulierende Blut abkühlen, womit auch die Muskeln kalt würden und sowohl Fliegen wie hochintensive Wärmeproduktion unterbleiben müßten. Während des Fluges bei einer Außentemperatur von 5° C und einer Thoraxtemperatur von 35° C könnte beispielsweise die Zirkulation von nur 0,5 Milligramm Flüssigkeit pro Minute bewirken, daß 0,8 von den 1,2 pro Minute erzeugten Kalorien abfließen würden – das aber würde die Thoraxtemperatur drastisch absinken lassen.

Doch durch die anatomische Anordnung des Kreislaufs in Petiolus und Abdomen wird die Wärme, die über das Blut in das Abdomen gelangt, mindestens teilweise durch das zurückfließende Blut wieder zum Thorax gebracht. Zwei weitere anatomische Eigenheiten dienen ebenfalls der Wärmeerhaltung im Thorax: Erstens die dichte Behaarung am Thorax und zweitens der isolierende Luftsack an der vorderen Innenseite des Abdomens.

Im Gegensatz dazu scheinen andere anatomische Eigenschaften der Hummeln auf größeren Wärmeverlust abzuzielen: Bei ihnen wie bei Schwärmern und einigen großen Bienengattungen (*Xylocopa, Euglossa, Xenoglossa*) verläuft die Aorta (die Verlängerung des Herzschlauchs in den Thorax) – anders als bei den meisten anderen Insekten, einschließlich Honigbienen – in einer großen Schleife durch die Flugmuskulatur. Das Blut, das durch die Windungen der Aorta fließt, muß notwendigerweise von den arbeitenden Muskeln Wärme aufnehmen. Wenn diese Wärme nicht mittels des Gegenstrom-Austauschsystems aufgefangen und erhalten wird, gelangt sie mit dem Blut in den Venter, den Bauchteil des Abdomens. Dieser ist nur leicht isoliert, so daß die in das Abdomen gelangende Wärme durch Konvektion an die Luft oder durch Konduktion an die Brut abgeleitet werden muß.

Es scheint unwahrscheinlich, daß die Anatomie eines Insekts auf zwei Konstruktionsprinzipien fußt, die antagonistisch zueinander arbeiten – aber man weiß, daß es einen Mechanismus gibt, der es dem Tier erlaubt, sie beide wahlweise zu benutzen. Wie? Der Gegenstrom-Wärmeaustausch im Körper der Hummel würde reduziert oder gänzlich eliminiert und der Wärmefluß zum Abdomen bedeutend beschleunigt, wenn das Blut, das im Petiolus in gegenläufiger Bewegung fließt, nicht in gleichzeitigen Strömen, sondern abwechselnd flösse. (Für zwei getrennte Kanäle wäre nicht genug Platz vorhanden.) Um diese Möglichkeit genauer zu untersuchen, muß geklärt werden, wie der Kreislauf während der Wärmeerhaltung im Thorax und während der Wärmeabgabe an das Abdomen genau funktioniert.

Bis jetzt ist es noch nicht möglich, die Blutmengen, die durch den Petiolus in gegensätzliche Richtungen gepumpt werden, in einem so kleinen Insekt genau, das heißt in Einheiten von Tausendstelsekunden, zu messen. Ersatzweise kann man die Veränderungen der Körpertemperatur, die in Zusammenhang mit dem Wärmeaustausch durch den Blutkreislauf stehen könnten, und die Aktivität der pulsierenden Organe präzise registrieren. Dann wird es möglich sein, über Flüssigkeitsstrom und Wärmetransfer Schätzungen anzustellen.

Die mechanischen Handlungen können mit einem sogenannten Polygraphen gemessen werden – in der Kriminologie wird das Gerät als Lügendetektor genutzt. Es wandelt die Organbewegungen in elektrische Impulse und diese wiederum in Bewegungen eines Schreibgeräts auf einer Papierrolle um. Die aufgezeichnete Linie kann dann nach ihrem Informationsgehalt entschlüsselt werden.

An und in der Hummel mußten zahlreiche Sonden angebracht werden, um die mechanische Aktivität des Herzens und des Diaphragmas, des abdominalen Pumpens sowie die Thorax- und Abdomentemperatur aufzeichnen zu können. Natürlich

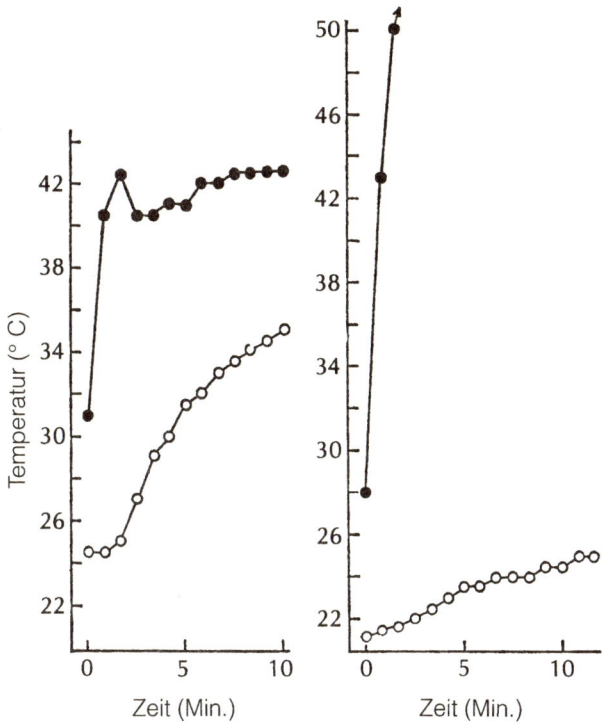

Abb. 6.4 *Temperatur von Thorax (●) und Abdomen (○) während zweier Erwärmungsexperimente an einer fixierten Hummel. Die Wärme (der schmale Strahl einer Glühlampe) wurde auf den Thorax gerichtet. Die Hummel verhinderte, daß die Temperatur 42° C überschritt, indem Wärme zum Abdomen abgeleitet wurde (links). Als das Herz künstlich daran gehindert wurde, seine Funktion zu erfüllen, stieg die Thoraxtemperatur bei gleichem Wärme-Input binnen drei Minuten auf über 50° C (rechts). Ohne arbeitendes Herz starb die Hummel an Überhitzung. Die Außentemperatur betrug 21 bis 22° C. (Aus Heinrich, 1976 e.)*

kann man von Hummeln, die sechs Leitungen hinter sich her-
ziehen, nicht erwarten, daß sie zittern, Brutpflege betreiben
oder normal fliegen; und wenn das Tier aktiv war, blieben die
Sonden meist nicht lange in ihm stecken. Es war ein starker Anreiz nötig, wodurch das solcherart festgehaltene Tier dazu gebracht werden konnte, den Wärmetransfermechanismus zu ak-
tivieren. Dieser Anreiz war die Selbsterhaltung: Ein dünner
Lichtstrahl einer glühenden Mikroskoplampe wurde so lange
auf den Thorax gerichtet, bis hohe, manchmal nahezu tödlich
hohe Temperaturen erreicht waren.

Die festgehaltenen Hummeln übertrugen die von außen
kommende Wärme vom Thorax zum Abdomen – oder vom
Abdomen zum Thorax, wenn das Abdomen erwärmt wurde.
Wenn der Thorax sich erwärmte, stieg auch die Temperatur des
Abdomens, und die zum Abdomen transferierte Wärmemenge
stieg sehr hoch an, wenn die Thoraxtemperatur an die
lebensgefährliche Grenze herankam (Abb. 6.4). Bei einem
gegebenen thermalen Energie-Input im Thorax erzeugten die
Hummeln bei hohen Außentemperaturen einen größeren
Temperaturüberschuß im Abdomen als bei niedrigen Außentemperaturen. Tiere, die an Ort und Stelle (durch Äther-
injektion in den Thorax) getötet und erwärmt wurden, wiesen
bei Erwärmung des Thorax nur unbedeutende Temperaturstei-
gerungen im Abdomen, bei Erwärmung des Abdomens ebenfalls unbedeutende Steigerungen im Thorax auf. Das bewies,
daß der Wärmetransfer vom erwärmten zum nicht erwärmten
Körperteil bei lebenden Tieren durch einen aktiven physiologischen Mechanismus erreicht wurde (Heinrich, 1977a).

Unabhängig von der Temperaturdifferenz zwischen Thorax und
Abdomen glichen sich in lebenden Tieren die Temperaturen
aller Körperteile an, sobald die Erwärmung des Thorax gestoppt
wurde. Das heißt, der überhitzte Thorax kühlte anfangs schnell
ab (während die Abdomentemperatur stieg), dann wurden
alle Körperteile im gleichen Maß kühler. Bei toten Tieren vollzog sich der Abkühlprozeß des Thorax oft unabhängig von dem
des Abdomens. All das deutete darauf hin, daß die Wärme-

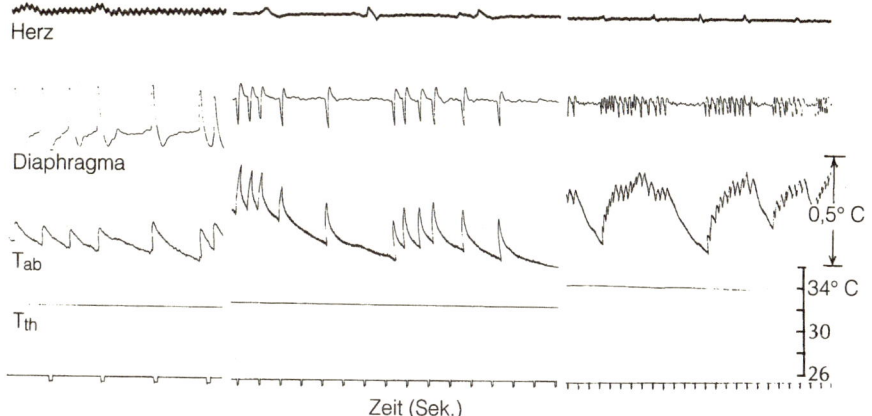

Herz

Diaphragma

T_{ab}

T_{th}

0,5° C

34° C

30

26

Zeit (Sek.)

Abb. 6.5 Temperaturkurve im ventralen Teil des ersten Abdominalsegments (T$_{ab}$), Thoraxtemperatur (T$_{th}$), Herzschlag und mechanische Aktivität des Diaphragmas, gleichzeitig aufgenommen. Jedem Schlag des Diaphragmas folgt ein deutlicher Temperaturausschlag im Venter des Abdomens. Eine Folge von Diaphragmaschlägen führt zu einer schrittweisen Erhöhung der Abdomentemperatur. (Aus Heinrich, 1967 e.)

übertragung bei lebenden Tieren im Körperinneren vor sich geht.

Die Technik des Wärmetransfers hing ganz deutlich mit dem Kreislaufsystem zusammen. Nachdem das Herz am Pumpen gehindert wurde (es wurde mit einem Haar zusammengebunden), brach der Wärmetransfer zusammen (Abb. 6.4). Lebende Tiere mit abgebundenem Herzen, die ebenso schnell erwärmt wurden wie tote, verendeten; kein einziges von ihnen leitete Wärme in das Abdomen ab.

Wie das Kreislaufsystem die Aufgabe des Wärmetransfers bewältigt, wurde durch die oben beschriebenen Experimente nicht klar. Doch hier gab die Untersuchung des Zusammenhangs zwischen den Veränderungen der Temperatur und den mechanischen Aktivitäten der pulsierenden Organe wertvolle Hinweise. Zum Beispiel stieg die Temperatur des Abdomens

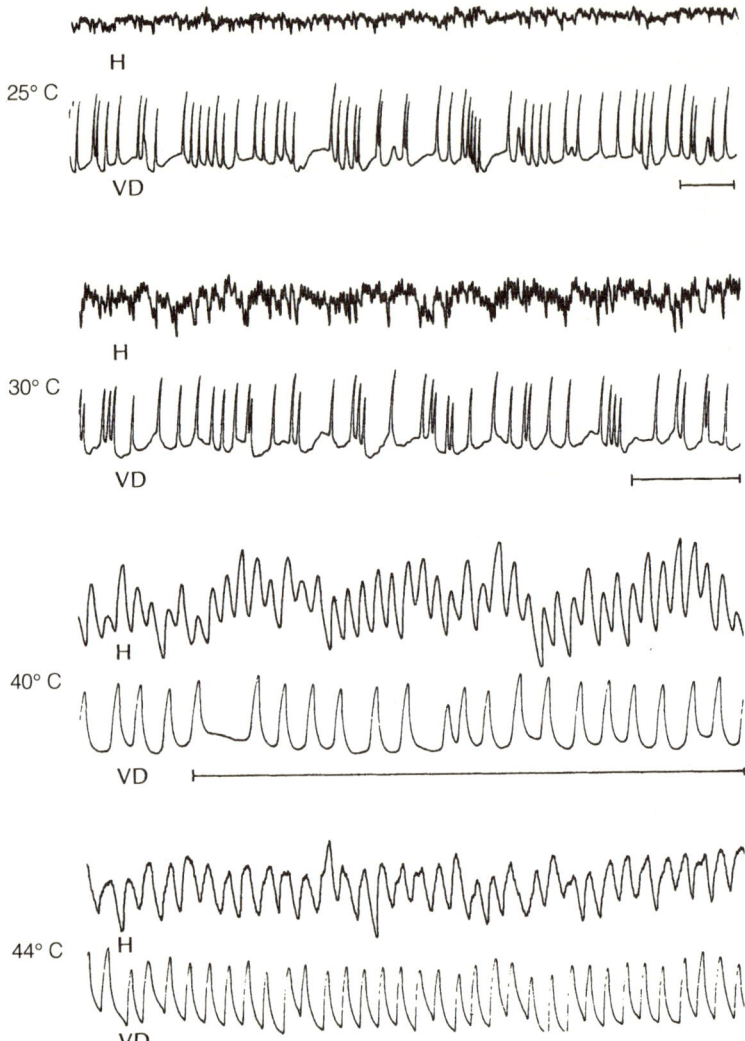

nah am Petiolus bei Hummeln mit erhöhter Thoraxtemperatur mit jedem Pulsschlag des Diaphragmas stark an (um bis zu 0,2° C), um dann auf fast die gleiche Temperatur wie zuvor wieder abzusinken (Abb. 6.5). Rasch aufeinanderfolgende Pulsschläge verursachten eine schrittweise Erhöhung der Abdomentemperatur. Daraus konnte geschlossen werden, daß die Wärmeübertragung zum Abdomen mit der Aktivität des pulsierenden Diaphragmas zusammenhing. Doch die erste Bedingung des Wärmetransfers war das pumpende Herz; erst das Herz erzeugt den notwendigen Druck, der das Blut durch den Thorax treibt. Außerdem war eine relativ große Differenz zwischen Thorax- und Abdomentemperatur nötig, bevor der Wärmetransfer deutlich sichtbar in Gang kam.

Die Pumpbewegungen von Herz und Diaphragma waren deutlich unterschiedlich bei hohen und bei niedrigen Thoraxtemperaturen. Bei Thoraxtemperaturen von unter 40° C war der Herzschlag allgemein regelmäßig, sehr schnell und sehr flach – das Herz schlug schwach, aber in einer Frequenz von etwa zehn Schlägen pro Sekunde. Vermutlich floß das Blut in einem dünnen, relativ kontinuierlichen Strom in den Thorax hinein, wodurch der Gegenstrom-Wärmeaustausch mit dem Blut, das den Thorax verließ, möglich wurde. Der Puls des Diaphragmas lag bei Frequenzen von bis zu sechs Schlägen pro Sekunde, manchmal setzten die Schläge einige Sekunden ganz aus. Die Pumpbewegungen des Abdomens – Einziehen und

Abb. 6.6 Gleichzeitige Aktivität von Herz (H) und ventralem Diaphragma (VD), aufgezeichnet bei vier verschiedenen Thoraxtemperaturen während Wärmezufuhr zum Thorax einer Hummel von außen. Bei niedrigen Thoraxtemperaturen schlägt das Herz sehr rasch, mit niedrigen Amplituden, bei hohen Thoraxtemperaturen werden die Schläge langsamer, die Schwingungsamplituden größer, und Herz- und Diaphragmaaktivität verlaufen im gleichen Takt. Die horizontalen Linien bezeichnen Intervalle von je 5 Sekunden. Elektroden und Verstärkung wurden während des Experiments nicht verändert. (Aus Heinrich, 1976 e.)

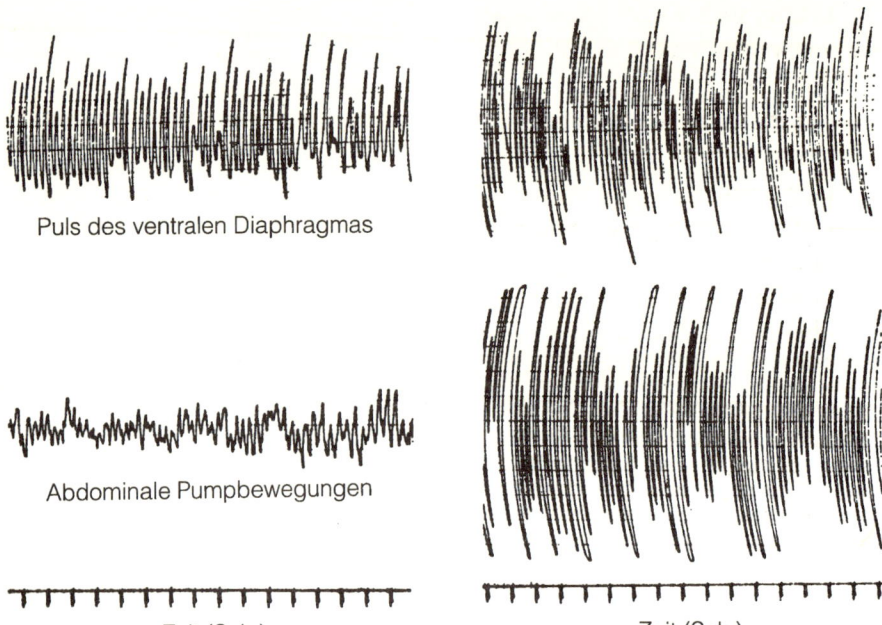

Puls des ventralen Diaphragmas

Abdominale Pumpbewegungen

Zeit (Sek.)   Zeit (Sek.)

Abb. 6.7 Rhythmische Bewegungen des ventralen Diaphragmas und abdominale Pumpbewegungen entsprechen einander bei niedrigen Thoraxtemperaturen (24° C, links) und bei hohen Thoraxtemperaturen (etwa 45° C, rechts). Die abdominalen Pumpbewegungen bei einer Thoraxtemperatur von 24° C erreichten einen maximalen Bewegungsumfang von 0,5 mm, während der Bewegungsumfang bei 45° C etwa 2 bis 4 mm betrug (gemessen mit Hilfe eines Lineals, das unter das Abdomen gehalten wurde). (Aus Heinrich, 1976 e.)

Herausschieben des Abdomens – waren sehr flach oder nicht vorhanden.

Eine dramatische Veränderung zeichnete sich ab, als die Thoraxtemperatur auf eine lebensgefährliche Temperatur erhitzt wurde, etwa 44° C. Die Herzschläge vertieften sich deutlich, bei halbierter Frequenz. Das Diaphragma pulsierte regelmäßig, bei gleicher Frequenz wie die Herzschläge (Abb. 6.6). Die Pumpbewegungen des Abdomens wurden tief und regel-

mäßig, auch sie erfolgten nun in der Frequenz der Herzschläge
– etwa 350 Schläge pro Minute. Währenddessen begann die Abdomentemperatur, gemessen im Venter, in unmittelbarer Nähe
des Diaphragmas, mit jedem Pulsschlag des Diaphragmas
schrittweise zu steigen. Die Thoraxtemperatur stabilisierte sich,
ging sogar zurück, falls die auf den Thorax gerichtete Hitze
nicht übermäßig stark wurde.

Wie hängen die Bewegungen des Herzens und des ventralen
Diaphragmas mit dem Blutstrom zusammen? Wenn das Diaphragma im Petiolus sich zusammenzieht, geht es etwas in die
Höhe, so daß unter ihm eine Rinne entsteht, durch die das Blut
in das Abdomen gelangen kann. Gleichzeitig verschließt das erhöhte Diaphragma teilweise die Tracheen, die die abdominalen
Luftsäcke mit dem Thorax verbinden. Wenn warmes und kühles Blut abwechselnd durch den Petiolus fließen, gibt es kaum
oder keinen Gegenstrom-Wärmeaustausch.

Die Beobachtung der Pumpbewegungen des Abdomens relativ
zur Herz- und Diaphragmaaktivität gab weitere Aufschlüsse
über den Blutfluß. Bei überhitzten Hummeln erfolgten die abdominalen Pumpbewegungen mit gleicher Frequenz wie der
Puls von Herz und Diaphragma (Abb. 6.7). Da ruhende Hummeln, die von außen erwärmt werden, ihren Gasaustausch nicht
wesentlich steigern müssen, können wir folgern, daß die mäch-
tigen Pumpbewegungen – die stattfanden, während der Thorax
mittels einer Lampe erhitzt wurde – bei der Kühlung halfen,
womöglich durch Verstärkung des Blutstromes.

Dennoch gibt es, rein theoretisch, wenig Grund zu der Annahme, daß die Bewegung der Luft, die durch das abdominale
Pumpen ja vollzogen wird, sich in entscheidender Weise auf
den Wärmetransfer auswirkt. Die Blutmengen, die durch den
Hummelkörper gepumpt werden müssen, damit ein nennens-
werter Wärmetransfer stattfinden kann, sind nicht besonders
groß, die Luftmengen, die man zum gleichen Zweck bräuchte,
wären hingegen enorm. Der Grund dafür liegt darin, daß die
Wärmeaufnahmekapazität der Luft etwa 4100mal weniger groß
ist als die von Wasser oder Blut, so daß 4100mal soviel Luft wie

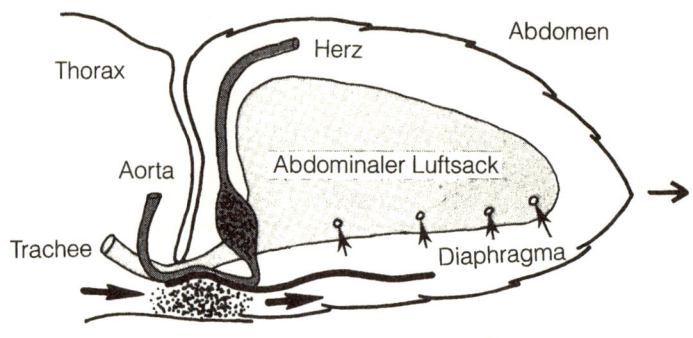

Thorax

Herz

Abdomen

Aorta

Abdominaler Luftsack

Trachee

Diaphragma

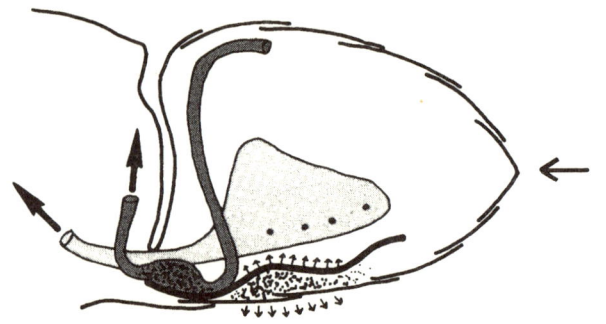

Blut vom Thorax zum Abdomen gepumpt werden müßte, um dieselbe Menge Wärme abzuleiten.

Die Menge von Luft oder Flüssigkeit, die nötig ist, um eine gegebene Wärmemenge zu leiten, kann rechnerisch ermittelt werden. Man nehme den Fall der Hummel, deren Thorax von außen erwärmt wurde, bis die Abdomentemperatur um 11° C gestiegen war. (Die Erwärmung des toten Tieres führte zu einer Steigerung der Abdomentemperatur von nur 2° C.) Aus der Abkühlungszeit und dem Gewicht des Abdomens der toten Hummel konnte errechnet werden, daß 0,53 Wärmekalorien pro Minute aktiv zum Abdomen abgeführt wurden. Unter der Bedingung, daß die Thoraxtemperatur sich um höchstens 4° C von der Abdomentemperatur unterscheidet (wie etwa beim Brüten), wäre dazu ein minimaler Blutstrom von 0,13 Milliliter pro Minute nötig. Die Herzschlagfrequenz betrug 300 Schläge pro Minute; mit jedem Schlag mußten also nur 0,004 Milliliter Blut weiterbefördert werden, damit der Wärmetransfer in der beobachteten Intensität bewältigt werden konnte. Wenn statt Blut Luft verwendet worden wäre, um dieselbe Wärmemenge

Abb. 6.8 Grob schematische Darstellung der angenommenen Folge des Pulses von Herz und Diaphragma, relativ zur abdominalen Pumpbewegung, zur Verminderung der Wärmekonservierung durch Gegenstrom. Das Abdomen dehnt sich aus (oben), Luft wird von außen durch die Spiracula (vier kleine Kreise) in die abdominalen Luftsäcke gesaugt. Gleichzeitig hebt sich das Diaphragma, und der Sog des sich ausdehnenden Abdomens bewirkt, daß auch das Blut vom Thorax einströmt. Wenn das Abdomen sich zusammenzieht (unten), strömt Luft aus dem abdominalen Luftsack in den Thorax. Das Diaphragma hat sich im Petiolus gesenkt, wodurch mehr Raum für die Luft, die in den Thorax strömt, geschaffen wird und das Blut noch vom Herzen zum Thorax fließen kann, doch die Passage des Blutstroms in umgekehrter Richtung, vom Thorax zum Abdomen, wird durch Verengung unmöglich gemacht. Die kleinen Pfeile zeigen die Bewegungsrichtung der Wärme vom warmen Blut, das in das Abdomen eintritt, zum kühlen Blut, das in den Thorax fließt. Auf diese Weise ist die Hummel fähig, Wärme zum Abdomen abzuleiten, entweder zur Verhinderung von Überhitzung des Thorax oder um das Abdomen beim Brüten zu erwärmen. (Aus Heinrich, 1976 e.)

zu transportieren, wären 8 Milliliter pro Sekunde nötig gewesen – unmöglich für eine Hummel mit einem Körpervolumen von nur etwa 0,5 Milliliter. Dennoch kann durch Verdunstung von Wasser – was mit der Bewegung der Luft einhergeht – der Thorax beträchtlich abgekühlt werden.

Wie beeinflussen die Pumpbewegungen des Abdomens den Blutstrom? Wenn das Abdomen sich ausdehnt, wird das Diaphragma im Petiolus angehoben. Das gedehnte Abdomen saugt dann Luft, die durch die abdominalen Spiracula fließt, aber auch Blut vom Thorax an (Abb. 6.8). Wenn sich das Diaphragma wieder senkt, hat sich der Raum für die Luft zum Thorax hin erweitert, durch die Kontraktion des Abdomens wird sie dann in den Thorax gepreßt. Es kann sein, daß der durch die Kontraktion des Abdomens erzeugte Druck auch die Pumpbewegung des Herzens und damit den Blutfluß zum Thorax hin unterstützt, besonders wenn Abdomen und Herz sich im gleichen Moment zusammenziehen.

Wir wissen noch nicht, wohin das Blut fließt, nachdem es in die Aortaschleife in den Flugmuskeln eingeströmt ist. Es ist möglich, daß die Flüssigkeit unter Druck die Aorta passiert und dann in den Kopf gelangt, um sich von dort wieder in den Thorax zu ergießen. Es kann auch sein, daß es durch die Aortawände direkt in den Thorax diffundiert, etwa wie beim Menschen, bei dem durch den Blutdruck der flüssige Anteil des Blutes von den Kapillaren zu den Nieren gelangt. Keine der beiden Möglichkeiten schlösse einen Wärmetransfer aus.

Zusammenfassend läßt sich folgendes sagen: Der Vorderteil des ventralen Diaphragmas funktioniert wahrscheinlich wie ein Schalter, der zunächst Luft und Blutflüssigkeit den Weg durch den Petiolus in den Thorax öffnet, um dann das Blut in das Abdomen zurückfließen zu lassen. Während bei Wirbeltieren der Gegenstrom-Wärmeaustausch bei Bedarf (hohe Außentemperaturen) durch Ableitung des Blutes in alternative Kanäle vermieden werden kann, funktioniert bei der Hummel die Steuerung der Wärmemengen durch zeitliche Trennung der

Blutströme im Petiolus. Der flexible Gebrauch des Gegen-strom-Austauschsystems ermöglicht es der Hummel einerseits, bei hohen Lufttemperaturen während des Fluges die Wärme des Thorax zu reduzieren oder den Larven auf ökonomische Weise Wärme zukommen zu lassen (das heißt ohne Erwär-mung des ganzen Nests), andererseits durch Verzögerung des Wärmestroms zum Abdomen während der Sammelflüge bei niedrigen Außentemperaturen den Verbrauch wertvoller Kalo-rien durch Zittern (um die Flugmuskulatur warm zu halten) einzuschränken. Die Fähigkeit, den Wärmeaustausch zwischen Thorax und Abdomen sowohl zu steigern wie zu verzögern, ist für Brutpflege und Energiehaushalt der Hummel offenbar von zentraler Bedeutung.

Es gibt einen Hilfsmechanismus, der zur Verringerung der Wärme unter extremen Umständen dient. Während der Flüge bei hohen Lufttemperaturen würgen die Hummeln Flüssigkeit aus dem Honigmagen in den Saugrüssel, mit dem sie in der Luft »wedeln«, so daß die Flüssigkeit verdunstet. So können sie die Temperatur ihres Kopfes um mindestens 2° C bis 3° C re-duzieren.

Die Technik des Wärmetransfers ist nicht für Hummeln allein typisch. Wie erwähnt, sind auch Schwärmer in der Lage, ihren »Flugmotor« vor Überhitzung zu bewahren, indem sie via Blutkreislauf Wärme zum Abdomen abführen, das wie ein Kühler funktioniert. Vor einiger Zeit haben Timothy M. Casey und ich (1978) herausgefunden, daß auch fliegende und schwebende Libellen einen flüssigkeitsgekühlten (nicht luft-gekühlten) »Motor« besitzen. Wenn man ihre Abdomen so be-handelt, daß abdominales Pumpen nicht möglich ist, oder die Tracheen dort entfernt, wird weiterhin fast so effektiv wie bei intakten Tieren Wärme zum Abdomen geleitet. Wenn man aber das Herz an irgendeiner Stelle des langen, zylindrischen Hinterteils abdrückt, und sei es an der äußersten Spitze, wird der Wärmeaustausch sofort in ganzem Umfang unterbrochen. Wie bei Libellen gibt es auch bei Hummeln und Schwärmern im Interesse des Energieerhalts und der Einsparung von Zeit keinerlei Wärmetransfer zum Abdomen während des Aufwärmens durch Zittern.

Ob auch andere Bienengattungen Wärmetransfertechniken benutzen, ist unbekannt. Alles, was man auf diesem Gebiet weiß, bezieht sich auf Hummeln. Bienen weisen große Unterschiede in Größe und Verhalten auf, sie haben es daher mit ganz unterschiedlichen thermischen Problemen zu tun. Auch die Systeme ihres Kreislaufs unterscheiden sich beträchtlich voneinander (Wille, 1958), was ebenfalls auf unterschiedliche thermische Schwierigkeiten weist. Bei Honigbienen zum Beispiel verläuft die Aorta in Windungen durch den Petiolus. Die Vergrößerung der Gefäßfläche muß dem Gegenstrom-Wärmeaustausch dienen, die Herzschleife unterhalb des abdominalen Luftsacks bei Hummeln hat keinen anderen Zweck. Aber Honigbienen sind relativ klein, und die Gefahr der Überhitzung beim Fliegen ist kaum gegeben; außerdem geben sie keine Wärme durch das Abdomen an die Brut ab. Somit haben sie wenig Gelegenheit, Wärme vom Thorax zum Abdomen zu transferieren. Es kann sein, daß die gewundene Aorta die Wärme besser hält, dies aber um den Preis der Minderung der Fähigkeit, Wärme an das Abdomen abzugeben.

Gehe hin zur Ameise, du Fauler;
Siehe ihre Weise an und lerne!

Sprüche Salomos

Siebtes Kapitel
Kosten-Nutzen-Rechnungen

Die Arbeiterinnen eines Hummelvolks sind fast ständig dabei, nach Futter zu suchen und das Futter dann zum Stock zu tragen. Über achtzig Millionen Jahre natürlicher Selektion haben jene morphologischen, physiologischen und verhaltensmäßigen Züge geprägt, die dazu führen, daß die Hummelfabrik bei einem großen Input an Rohstoffen ein entsprechend großes Output an Produkten erzielt. Die Ökonomie der Hummelkolonie hängt von wenigen Faktoren ab – sie kommt erst in Gang, wenn Zucker und Pollen vorhanden sind. Doch das Betriebsmanagement kann sich komplex gestalten, unter anderem deshalb, weil bei der Kosten-Nutzen-Verteilung nicht nur dem ganzen Volk, sondern auch dem Individuum diverse Entscheidungsmöglichkeiten offenstehen. Auf der Ebene der Kolonie sind Pollen und Zucker die Rohstoffe, die gebraucht werden, um die Produktionsmittel herzustellen, Waben und neue Arbeiterinnen; diese wiederum benötigen ähnliche Stoffe, um Drohnen und neue Königinnen zu erzeugen, die Endprodukte der Fabrik. Die Kolonie kann nicht einfach auf kostendeckende Produktion aussein, sie muß so schnell wie möglich expandieren, bis am Ende des Lebenszyklus, wenn nicht mehr investiert wird, um ausrangierte Produktionsmittel zu ersetzen, sondern alle Rohstoffe zur unmittelbaren Produktion genutzt werden, der Haushalt zusammenbricht. Der Profit besteht letztlich einzig in der Zahl der neuen

Königinnen und Drohnen, die vor dem Zusammenbruch produziert worden sind.

Eine Arbeiterin muß im Lauf ihres Lebens nicht nur so viele Lebensmittel einbringen, wie sie verbraucht, sie muß zusätzlich erstens der Kolonie die Kosten ihrer eigenen Erzeugung zurückerstatten und zweitens mit ihrer Arbeit zur Produktion von Geschlechtstieren beitragen.

Eine Kolonie besitzt mehrere Möglichkeiten, um zur Steigerung des Outputs mit vorhandenen Rohstoffen nutzbringend umzugehen. Eine Frage, die sie zu entscheiden hat, ist, zu welchem Zeitpunkt von der Produktion von Arbeiterinnen auf die Produktion von Geschlechtstieren umgeschaltet werden soll. Außerdem muß die Kolonie über die Größe der Arbeiterinnen entscheiden und folglich über die Art der Arbeit, für die sie sich eignen. Die Arbeiterinnen selbst können über den Einsatz ihrer eigenen Energie entscheiden; sie müssen abwägen zwischen den Energieaufwendungen beim Sammeln und dem Nutzen, der aus unterschiedlichen Trachtpflanzen unter gegebenen Bedingungen zu ziehen ist. Solche Entscheidungen werden Tag für Tag gefällt, können für eine ganze Jahreszeit gelten oder werden im Laufe der Evolution getroffen.

In Insektenstaaten, aber nicht nur dort, müssen die Produktionsmittel gefertigt werden, bevor ein Produkt vom Fließband laufen kann. Doch es muß auch darüber entschieden werden, ob man mit der Arbeit am Produkt beginnt, sobald die ersten wenigen Produktionsmittel zur Verfügung stehen, oder ob man zunächst alle Energien und Rohstoffe in die Verfertigung der Produktionsmittel steckt, bevor man das Fließband einschaltet und mit der Erzeugung des Produkts anfängt. Die erste Methode ist ineffizient, aber sie zeitigt sofortige, wenn auch kleine Produktionserfolge. Bei der zweiten Methode muß man auf die Endprodukte länger warten, obwohl sich das Warten womöglich durch hohe Gewinne auszahlt.

Welche Entscheidung ist auf lange Sicht die lohnendere? Darauf gibt es keine eindeutige Antwort. Verschiedene Bienenarten benutzen verschiedene Methoden und Strategien, jede von ihnen eignet sich vermutlich für die jeweils spezifischen Umweltbedingungen. Die zahlreichen solitären Bienenspezies investieren überhaupt nicht in Produktionsmittel. So sind sie in der Lage, binnen einiger Stunden ihr Produkt zu erzeugen (eine Eizelle mit Futter, aus der sich ein neues reproduktionsfähiges Individuum entwickelt). Dies ist vermutlich die einzig mögliche Methode, wenn nur eine sehr kurze Zeit lang Lebensmittel zur Verfügung stehen, wie zum Beispiel in Wüsten nach begrenzten Regenfällen. Hummeln haben beträchtlich mehr Zeit zur Verfügung, typischerweise einen Sommer, in dem sie ihre Fabrik aufbauen und managen müssen.

Die Methode der gleichzeitigen Herstellung von Produktionsmitteln und Produkten wird angewandt, wenn die Umweltbedingungen unberechenbar sind und keine verläßlichen Daten darüber erhältlich sind, ob sich die Investitionen im Bereich der Produktionsmittel auszahlen werden; sofortiges Erzeugen von Produkten sichert in jedem Fall ein minimales Output. Unter stabilen Umweltbedingungen können die betrieblichen Operationen »geplant« werden. Die Fabrik kann dann so groß gebaut werden, wie es unter den zeitlich eingeschränkten Bedingungen möglich ist, und die Produkte werden erst ganz am Ende des Zyklus hergestellt, so daß das volle Potential der Fabrik ausgeschöpft werden kann, während alle Rohstoffe zur Verfügung stehen. Ganz generell ist dies die Strategie der Hummeln wie auch anderer sozialer Insekten mit einjährigen Kolonien, zum Beispiel Wespen (Macevicz und Oster, 1976). Auch viele einjährige Pflanzen folgen dieser Strategie; erst nachdem sie Wurzeln, Stengel und Blätter in ausreichendem Umfang hergestellt haben, beginnen sie mit der Blüte und der Produktion von Samen.

Andere soziale Bienen, einschließlich der Honigbienen und Stachellosen Bienen, die in Gegenden mit langen Vegetationsperioden und lange verfügbaren Rohstoffen leben und dazu die Fähigkeit zur Lagerhaltung in großem Stil ausgebildet haben, sind von der ökonomischen Strategie der Hummeln und Wespen der gemäßigten Zonen, bei denen nach dem Boom regelmäßig der Zusammenbruch folgt, abgekommen: Statt ihre Produktionsmittel bis zum letzten auszunutzen, um so viele Nachkommen wie möglich zu erzeugen, exportieren sie einige ihrer Produktionsmittel durch Schwärmen. Die Tiere, die das Mutternest im Schwarm verlassen, helfen den neuen Königinnen bei der Gründung neuer Völker.

Der Kolonie obliegt ebenfalls die Entscheidung über die Größe der Arbeiterinnen. Arbeiterinnen stehen im Dienst der Erzeugung der Endprodukte. Je größer sie sind, desto leichter fällt ihnen die Regulation ihrer Körpertemperatur und desto besser eignen sie sich für Sammelflüge bei niedrigen Temperaturen. Einige der kleinsten Arbeiterinnen sammeln überhaupt nie, sie sind ihr Leben lang mit anderen Aufgaben im Stock beschäftigt. Wie später gezeigt werden wird (Kapitel 10), hängt von der Körpergröße – die die Länge der Zunge bedingt – auch die Art der Trachtpflanze ab, die besucht wird. Größere Tiere mit längeren Zungen können den Nektar in Blumen mit tiefen Kronröhren leichter erreichen als ihre kurzrüsseligen Stockgeschwister. Kurzrüsselige Tiere können dicht zusammenstehende Blüten mit offen dargebotenem Nektar rascher ausbeuten. Eine solche Entscheidung mit all ihren Auswirkungen auf den Energiehaushalt wird von der gesamten Kolonie getragen. Doch letzten Endes ergibt sich die Energierechnung daraus, wie gut jedes Individuum sich darauf versteht, Kosten und Nutzen des Sammelns auszutarieren.

Um den Energiehaushalt einer sammelnden Hummel zu berechnen, mußte ich Mittel und Wege finden, ihren Energieaufwand im Feld zu messen. Die übliche Methode besteht darin, den Sauerstoffverbrauch zu berechnen, doch dies ist bei einem frei fliegenden Tier nicht möglich. Einen ersten wichtigen Meßwert zum Energieaufwand einer großen Hummel konnte ich erlangen, indem ich ihre Temperatur maß, während sie auf einer Blüte saß, und die Zeit der Einzelflüge während einer Sammelreise stoppte. Der Sauerstoffverbrauch während des Fliegens, der zuvor im Labor ermittelt worden war, wurde mit der Flugdauer multipliziert; so konnte ich den Energieaufwand einer fliegenden Hummel schätzen. Den Energieaufwand an

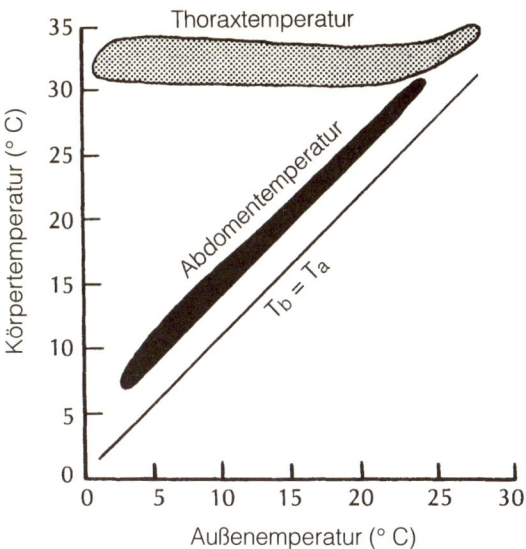

Abb. 7.1 Körpertemperatur einer Hummel als Funktion der Außentemperatur während des Sammelns an relativ ergiebigen Trachtpflanzen, etwa Springkraut, Weidenröschen und Gänsedistel. Man beachte die große Differenz zwischen Thorax- und Außentemperatur bei niedrigen Außentemperaturen. (Nach Heinrich, 1972 a, 1972 b.)

der Blüte (er kann während dieser Zeit durch Bewegung der Thoraxmuskulatur gesteigert werden) errechnete ich aus den Faktoren Körpertemperatur, Gewicht und passive Abkühlungszeit (des toten Tiers). Um die Körpertemperatur der Hummel möglichst unmittelbar an der Blüte zu erhalten, zog ich einen Handschuh an, nahm das Tier zwischen Daumen und Zeigefinger und schob einen winzigen Thermistor in Thorax oder Abdomen. Die meisten sammelnden Hummeln wiesen eine konstante Thoraxtemperatur von über 30° C auf, dies entspricht der Mindestflugtemperatur bei Außentemperaturen zwischen 2° C und 25° C in Sonne und Schatten. Die Körpertemperaturen waren nicht abhängig von der Dauer der Zeit, die die Hummel im Flug verbrachte (Abb. 7.1).

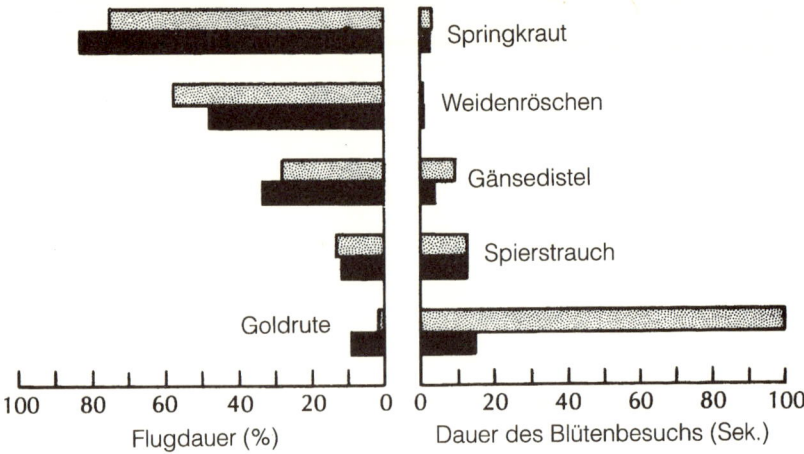

| 100 | 80 | 60 | 40 | 20 | 0 | 0 | 20 | 40 | 60 | 80 | 100 |

Flugdauer (%)   Dauer des Blütenbesuchs (Sek.)

Abb. 7.2 Flüge zwischen Blumen und Ausbeuten der Blüten: Die Dauer dieser Tätigkeiten einer sammelnden Hummel hängt weniger von der Außentemperatur als von der Art der Trachtpflanze ab. Die oberen (punktierten) Streifen stellen beide Tätigkeiten bei Außentemperaturen von 20° C im Schatten dar, die unteren bei 30° C. (Aus Heinrich, 1973.)

Die Erwärmung vollzog sich nicht einfach als Nebenprodukt der Stoffwechselarbeit beim Fliegen (siehe Abb. 7.2). Die erhöhte Thoraxtemperatur der Hummel an der Blüte kann das Ergebnis der Wärmeproduktion beim Fliegen sein, vorausgesetzt, die Dauer der Blütenbesuche ist kurz und die passive Abkühlungszeit lang, aber ein einfaches Experiment zeigte, daß die Hummeln sich tatsächlich aufwärmen, während sie sich an den Blüten befinden. An einem Weidenröschen hielten sie sich nur eine bis zwei Sekunden bei jeder Blüte auf; die winzigen Tropfen dünnflüssigen Nektars wurden mit einer schnellen Zungenbewegung aufgenommen. Bei anderen Trachtpflanzen mit Blüten, die große Mengen hochkonzentrierten, zähflüssigen Nektars enthielten, blieben sie jedoch bis zu zwei Minuten. In zwei Minuten kühlen tote Hummeln von Flugtemperatur (32° C) bis fast auf Lufttemperatur (12° C) ab. Lebende Tiere aber, die zwei Minuten lang Nektar gesaugt hatten, wiesen Thoraxtemperaturen auf, die um 2° C höher lagen als die der Vergleichstiere, die in derselben Zeit von Blüte zu Blüte geflogen waren. Unabhängig von der Zeitdauer, die sie an den Blüten verbrachten, erhielten die Hummeln ihre merklich erhöhte Thoraxtemperatur aufrecht, solange ihnen Nektar in ausreichender Menge zur Verfügung stand. Auf diese Weise hielten sie ihre Muskulatur warm genug, um jederzeit fliegen zu können. Bei längerer Verweildauer an den Blüten muß dem Wärmeverlust durch Zittern entgegengewirkt werden. Die Messungen zeigten jedoch, daß die Hummeln im allgemeinen keine Energie damit verschwenden, das Abdomen zu erwärmen, das für den Flugantrieb unerheblich ist.

Wieviel Energie muß eine Hummel aufwenden, um außerhalb des Fluges die erhöhte Körpertemperatur aufrechtzuerhalten? Ausgehend von der passiven Abkühlungszeit errechnete ich, daß ein mittelgroßes Tier bei einer Lufttemperatur von 5° C im Schatten bei Windstille etwas mehr als eine halbe Kalorie pro Minute aufwenden muß, um die Thoraxtemperatur bei 30° C zu halten (Abb. 7.3). Um zu fliegen, bedarf es einer um wenig höheren Stoffwechselrate. Bei hohen Außentemperaturen ist die Wärmeleistung der Thoraxmuskeln natürlich reduziert. Wenn die Luft eine Temperatur von 25° C hat, muß beim Sammeln gerade soviel Energie aufgewendet werden, wie zum Fliegen nötig ist, die erzeugte Wärme ist ein Abfallprodukt. Meine Messungen des Sauerstoffverbrauchs im Labor haben gezeigt, daß die Energiekosten des reinen Fliegens bei unterschiedlichen Außentemperaturen immer gleich bleiben.

Warum verwenden Hummeln soviel Energie auf die Regulation ihrer Thoraxtemperatur, während sie nicht fliegen? Die Antwort liegt auf der Hand: Sie halten ihren Flugmotor auf Touren, so daß sie immer bereit sind, zur nächsten Blume weiterzufliegen. Die winzige Menge Zucker oder Pollen, die eine Blüte enthält, kann normalerweise im Bruchteil einer Sekunde aufgenommen werden; da aber eine Hummel den Nektar im

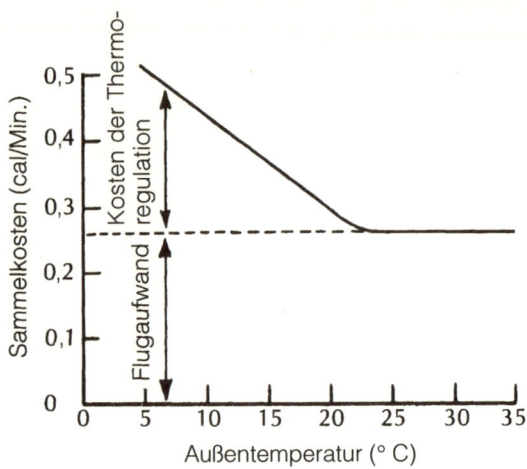

Abb. 7.3 Ermittlung des Energieaufwands beim Sammeln bei unterschiedlichen Außentemperaturen für eine Hummelarbeiterin von 0,2 g Körpergewicht, die ihre Thoraxtemperatur auf konstante 30° C einstellt und sich je zur Hälfte in der Luft und an der Blüte aufhält.

Innern der Blüte nicht sieht, kann sie nicht wissen, wie lange sie nach dem ersten Kontakt mit der Zunge saugen muß, bis sie den ganzen Vorrat aufgenommen hat. Sie hat allerdings ihre evolutionäre Erfahrung, die ihr sagt, daß es sich nur um Sekunden handeln kann, deshalb ist es für sie das beste, dafür zu sorgen, daß sie fast augenblicklich wieder abfliegen kann.

Eine Hummel besucht im allgemeinen zehn bis zwanzig Blumen pro Minute. Die hohe Sammelgeschwindigkeit ist wahrscheinlich auf starken Selektionsdruck zurückzuführen, der sich aus der Notwendigkeit ergab, das Nest gleichmäßig mit hohen Futtermengen zu versorgen. Die Schmarotzerhummeln, *Psithyrus*, die nicht für ihre Larven sammeln, weisen eine weit weniger hohe Sammelgeschwindigkeit auf. Zum Beispiel beobachtete ich, daß Schmarotzerhummeln an einem Zwerglorbeer pro Blütenstand durchschnittlich achtundfünfzig Sekunden verweilten, während *Bombus-ternarius*-Königinnen am gleichen Ort zur gleichen Zeit nur vier Sekunden brauchten, um jeden Blütenstand (mit vier bis acht Einzelblüten) zu besuchen. Während des Sammelns war die durchschnittliche Thoraxtemperatur der Schmarotzerhummel um 3,3° C niedriger als die der sozialen Hummel.

Bewaffnet mit ausreichendem Informationsmaterial und Hintergrundwissen, Thermistor und Stoppuhr, kann man anfangen, die Energiekosten der sammelnden Hummeln im einzelnen zu erforschen und sie mit den vorhandenen Energiereserven zu vergleichen. Auf diese Weise wird man darauf kommen, ob und wie Hummeln ihren Energiehaushalt »ausgleichen« (Heinrich, 1972 c). Die aufgenommene Energie kann gemessen werden, indem man mittels Haarröhrchen und eines Refraktometers (das normalerweise von Brauern zur Messung des Zuckergehalts im Bier benutzt wird) den Nektar gegebener Sammelpflanzen auf seinen Zuckergehalt untersucht; die sich daraus ergebende Energiemenge kann in Kalorien ausgedrückt werden. Zucker erbringt etwa 4 Kalorien pro Milligramm. Bei einer gegebenen Menge von 1,0 Mikroliter (= 1,0 mg) Nektar mit einem Zuckergehalt von 20 Prozent kommt man also auf einen Kalorienertrag von 0,8 (1,0 × 0,2 × 4,0 = 0,8). Solche Messungen haben etwa gezeigt, daß eine nektargefüllte Weidenröschenblüte, von der sammelnde Insekten 24 Stunden lang ferngehalten wurden, im Normalfall genügend Zucker enthält (5,4 µl Nektar mit 33 % Zucker = 1,8 mg Zucker = 7,2 cal), um die maximale Stoffwechselrate (d. h. die Stoffwechselrate, die zum kontinuierlichen Flug oder zu heftigstem Zittern am Boden nötig ist) einer Hummelarbeiterin etwa 14 Minuten lang aufrechtzuerhalten (7,2 cal × 1 min : 0,5 cal = 14,4 min). Gewöhnlich werden Weidenröschen und andere Blumen, die viel Nektar produzieren, von vielen Wildbienen besucht. Eine einzige Blüte kann innerhalb einer Minute von mehreren Individuen unterschiedlicher Spezies beflogen werden; die meisten Blüten, die Hummeln zur Verfügung stehen, haben sie nicht allein für sich. Von den Weidenröschen, die ich untersuchte, enthielt die Mehrzahl kaum noch Nektar, so daß

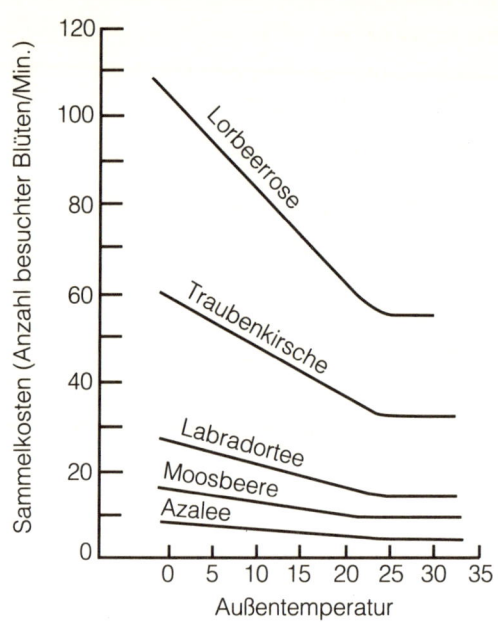

Abb. 7.4 *Ermittlung der Sammelkosten durch Ermittlung der Zahl der Blumen, die eine Hummelkönigin (Körpergewicht 0,5 g) pro Minute besuchen muß, um einen Energieüberschuß zu erzielen. Es wird dabei angenommen, daß die Königin die Hälfte der Zeit fliegt und ihre Thoraxtemperatur auf 35° C einstellt. Die Nektarquellen wurden nicht vor anderen Sammlern geschützt. Es zeigte sich, daß das Sammeln an einigen Blumen besonders bei niedrigen Außentemperaturen ohne physiologische oder verhaltensmäßige Umstellungen ökonomisch nicht machbar ist. Lorbeerrosen wurden von Königinnen zwar besucht, doch hauptsächlich von Arbeiterinnen ausgebeutet. (Aus Heinrich, 1975 c.)*

die Durchschnittsmenge an gesammeltem Nektarzucker pro Blüte nur noch ausreichen konnte, um einen Energiebedarf zu decken, der für eine Minute Flug oder eine Minute Zittern benötigt wurde. Um energetisch kostendeckend zu arbeiten, müßte eine Hummel also mindestens eine Blume in der Minute besuchen. Tatsächlich beflogen die meisten Hummeln zwanzig bis dreißig Blumen pro Minute. Im Wettbewerb mit anderen Weidenröschensammlern konnten sie somit einen Energiegewinn einheimsen.

Da verschiedene Trachtpflanzen unterschiedliche Nektarmengen enthalten, kann die Wahl einer falschen Pflanze zu einem Energiedefizit führen. Zum Beispiel enthält eine Azaleenblüte soviel Nektar wie elf Lorbeerrosenblüten. Um auf die gleiche Energiemenge zu kommen, muß die Hummel also entweder eine Azaleen- oder elf Lorbeerrosenblüten ausbeuten (Abb. 7.4). Wenn man die Zahl der Blumen einer gegebenen Art ermittelt, die pro Zeiteinheit ausgebeutet werden müssen, damit die Sammelkosten gedeckt sind, und diese Zahl mit der tatsächlichen Besuchsfrequenz vergleicht, kann man sehen, wie nah oder fern von ihrem energetischen Grenzwert die Hummeln bei Besuchen unterschiedlicher Trachtpflanzen operieren (Heinrich, 1975 c). Beobachtet man die maximalen Besuchsfrequenzen im Feld, so erhält man Hinweise auf die Ergiebigkeit der Blumen, und es wird klar, wie sich das Gleichgewicht zwischen Gewinn und Verlust mit unterschiedlichen Temperaturen verändert. Bei niedrigen wie bei hohen Außentemperaturen können Hummeln, die an Azaleen sammeln, Profite erzielen; leicht können sie jene fünf bis zehn Blüten pro Minute besuchen, die ausreichen, um die Sammelarbeit kostendeckend zu machen – Profit ist alles, was darüber hinausgeht. Tatsächlich ist zu beobachten, daß Hummeln an Azaleen und anderen sehr ergiebigen Trachtpflanzen bei unterschiedlichsten Außentemperaturen sammeln. Hingegen sind sie nicht schnell genug, um an Lorbeerrosen und Traubenkirschenblüten bei niedrigen Außentemperaturen (5° C) kostendeckend zu sammeln, dazu müßten sie hundert bzw.

sechzig Blüten pro Minute befliegen. Hummeln sammeln nur bei hohen Außentemperaturen an unergiebigen Blumen, weil es dann nicht nötig ist, Energie zur Thermoregulation aufzuwenden.

Diese Beispiele geben ein vergröbertes Bild der Energiebilanz bei Hummeln. Tatsächlich liegen die Dinge wesentlich komplizierter, und besonders die Probleme der Optimierung des Sammeleinsatzes sind enorm groß. Die Entfernung zum Nest ist beispielsweise ein wesentlicher Faktor, den man zu berücksichtigen hat (worüber im nächsten Kapitel mehr zu finden sein wird). Einige Blumen enthalten nur so geringe Nahrungsmengen, daß sich die Ernte bei jedweder Temperatur für Hummeln kaum lohnt, selbst wenn das Nest sich in der Nähe befindet. Andere Blumen können nur ausgebeutet werden, wenn die Distanz zwischen Blüten und Nest klein genug ist oder wenn die Temperaturen nicht zu niedrig sind und es nicht allzu viele Konkurrenten gibt.

Bevor die Gesamtbilanz des Sammelns aufgestellt wird, müssen wir noch einmal definieren, was für die Kolonie Gewinn bedeutet. Im engen Sinn bedeutet es lediglich den Reingewinn an Energie pro Sammelflug. Doch die gleiche Menge Nahrung kann in fünf Minuten oder in drei Stunden heimgebracht werden. Abgesehen von der reinen *Menge* muß also auch der dafür zu erbringende *Aufwand* eingeschätzt werden, um die Profit*rate* zu bestimmen. Zeit ist eine kritische Größe beim Sammelverhalten der Hummeln, von Zeit und Aufwand hängt die Profitrate ab, diese bestimmt die Sammelstrategie. Der »Gewinn« kann also folgendermaßen definiert werden: (Gesamt-Futteraufnahmen – Energieaufwand):Zeit. Der Gewinn kann erhöht werden, wenn Nahrungsquellen in kürzerer Zeit besucht werden. Dadurch steigen im Normalfall sowohl die Gesamt-Futteraufnahme wie der Energieaufwand, doch die Futteraufnahme an den meisten Blüten steigt schneller als der Energieaufwand, der physiologischen Beschränkungen unterliegt, so daß dennoch Gewinn erzielt wird.

Die Regulation der Thoraxtemperatur ist bei der obigen Gleichung entscheidend, denn die Thoraxtemperatur bestimmt die Sammelleistung. Zum Beispiel können Hummeln mit einer Thoraxtemperatur von nahe 36° C etwa zwanzig Blaubeerblüten pro Minute besuchen, während Hummeln, deren Thoraxtemperatur nur etwa 30° C beträgt, nur halb so schnell arbeiten können. Bei Thoraxtemperaturen unter 30° C ist das Fliegen unmöglich. Da sie ihre Körpertemperaturen auf physiologische Weise stabilisieren, sind Hummeln in der Lage, die Futteraufnahme zu steigern, indem sie die Sammelzeit bei unterschiedlichen Außentemperaturen minimieren.

Doch die Aufrechterhaltung einer hohen Thoraxtemperatur geht einher mit einer Erhöhung der Energiekosten. Wie gesagt: Die pro Zeiteinheit möglichen Gewinne müssen den Kosten für die Thermoregulation gegenübergestellt werden. Letztere sind gewöhnlich im Vergleich zu den zu erwartenden Sammelerträgen gering. Wir werden aber sehen, daß die Hummeln ihre Thoraxtemperatur drosseln und die Zahl der Blütenbesuche reduzieren können, wenn der besondere Fall eintritt, daß die zu erwartenden Erträge nicht groß genug sind und der Energieaufwand zur Minimierung der Sammelzeit nur zu Energiedefiziten führt.

Um die für den Flug geeignete erhöhte Thoraxtemperatur aufrechtzuerhalten, benötigt eine Hummelarbeiterin (von etwa 0,2 g Körpergewicht) soviel Zucker (etwa 0,14 mg), daß etwa 0,54 Kalorien pro Minute während der Dauer des Sammelflugs bereitstehen, unabhängig von der Zeit, die die Arbeiterin tatsächlich in der Luft verbringt. Die Energiemenge, die sie zum Zittern benötigt, sinkt linear mit der Außentemperatur. Bei einer Außentemperatur von 25° C braucht eine Hummel keinerlei Aufwärmenergie mehr; wenn sie bei einem Sammelflug fünfzig Prozent der Zeit zwischen Blütenbesuchen in der Luft verbringt (wie es bei der Ernte an zerstreuten Weidenröschen der Fall ist), braucht sie nur 0,27 Kalorien pro Minute aufzunehmen, um auf ihre Kosten zu kommen; wenn sie zehn Prozent der Zeit in der Luft verbringt (wie es bei Trachtpflanzen mit weit auseinanderliegenden Wuchsorten oder schwierig

auszubeutenden Blumen der Fall ist), macht sie Gewinn, sobald sie mehr als 0,05 Kalorien pro Minute aufnimmt (siehe Abb. 7.3). Je nach Pflanzenspezies sind unterschiedliche Minimalfrequenzen des Blütenbesuchs nötig, um auf einen Einnahmeüberschuß an Futter zu kommen. Bei der Glatten Schildblume zum Beispiel werden nur zwei bis drei Blüten pro Minute beflogen, weil Hummeln die teilweise geschlossenen Kronröhren nur mit Mühe ausbeuten können und weil zwischen den Blumen große Entfernungen liegen. Aber eine einzige Blüte der Glatten Schildblume enthält viel Nektar, wodurch die Stoffwechselrate einer Hummel lange aufrechterhalten werden kann. Auf der anderen Seite besuchen kurzrüsselige *Bombus-ternarius*-Arbeiterinnen, die an Habichtskraut sammeln, bis zu zwei Blüten pro Sekunde, weil diese Blüten in dichten Blütenständen beieinanderstehen. Nektargehalt und Energiewert einer einzigen Habichtskrautblüte sind gering – gerade soviel, wie die Hummel braucht, um während des Sammelns an ihr nicht abzukühlen. Bei niedrigen Außentemperaturen würden an Habichtskraut sammelnde Hummeln die Energie schneller verbrauchen, als sie sie aufnehmen könnten, wenn sie ihren Energieaufwand nicht reduzieren würden – entweder durch Senkung der Körpertemperatur oder dadurch, daß sie möglichst wenig Zeit in der Luft verbringen. Theoretisch könnten sie beides, indem sie an der Blume von Blüte zu Blüte laufen würden, statt zu fliegen. Doch die Blütenstände des Habichtskrauts sind klein, und es dauert nicht lange, sie auszubeuten, somit böte die längere Verweildauer kaum einen Vorteil. An Korbblütlern sammeln der winzigen Nektarmengen wegen keine anderen Insekten als Bienen und Hummeln; sie brauchen nur kleine Mengen, und ihre Mundwerkzeuge sind klein genug, um auch an solchen Blüten befriedigende Ergebnisse zu

Abb. 7.5   Eine Hummel (B. ternarius) an einer Goldrutenblüte. Hier hat das Tier die Wahl, warm und bereit zum Flug an andere Blütenstände zu bleiben oder abzukühlen und die vielen Einzelblüten der Rispe nacheinander zu Fuß zu besuchen.

erzielen. Ein Mensch, der einen solchen Blütenstand mit seinen Dutzenden von kleinen Blüten zusammenpreßt, um – wenn überhaupt etwas! – einen winzigen, kaum sichtbaren Nektartropfen zu erhalten, fragt sich, wie Hummeln es mit solchen Trachtpflanzen schaffen, ihren Lebensunterhalt zu bestreiten.

Sammelgewinne können auf zwei Arten gesteigert werden: Indem der Energieaufwand gesteigert wird und mehr Blumen pro Zeiteinheit beflogen werden – in diesem Fall bleibt die Hummel im Schwebflug in der Luft; oder durch Reduktion des Energieaufwands, indem der Flug ganz unterbleibt und die Hummel den Weg von Blüte zu Blüte zu Fuß zurücklegt (Abb. 7.5). Beide Strategien haben ihre Vor- und Nachteile. Schwebende Hummeln können viel schneller ein Energiedefizit erleiden als kriechende, aber sie können auch höhere Gewinne erzielen, vorausgesetzt, sie finden die richtigen Blumen. Schwebflug bedeutet hohen Stoffwechselaufwand, besonders bei großen Tieren, und es ist nicht möglich, diesen hohen Aufwand an wenig profitablen Blumen zu reduzieren. An der Lorbeerrose etwa besuchte *Bombus ternarius* sechzehn Blüten pro Minute, was für eine Arbeiterin (0,1 g) ausreichte, um die Energiebilanz positiv zu halten, nicht aber für eine Königin von 0,5 Gramm Körpergewicht (siehe Abb. 7.4).

Ein nordamerikanischer Schwärmer kann dank seiner guten Fähigkeit zum Schwebflug und zum geschickten Manövrieren pro Minute fünfzig Lorbeerrosenblüten besuchen. Und doch ist der Gewinn des Schwärmers noch kleiner als der der Hummeln. An Springkraut (weit im Umkreis verteilt) hingegen besuchten die von uns untersuchten *Bombus vagans* und *Bombus fervidus* zehn Blüten pro Minute, während ein schwirrender Rubinkehlkolibri in derselben Zeit auf siebenunddreißig Blüten kam. Der Gewinn des Vogels war größer als der der Hummeln, vorausgesetzt, die Blüten enthielten überhaupt noch Nektar. Sowohl an hochergiebigen wie an wenig ergiebigen Quellen ist Schweben und Schwirren immer mit maximalem Energieaufwand verbunden. Zum Sammeln eignet es sich daher nur, wenn Trachtpflanzen mit reichen Futterreserven zur Verfügung ste-

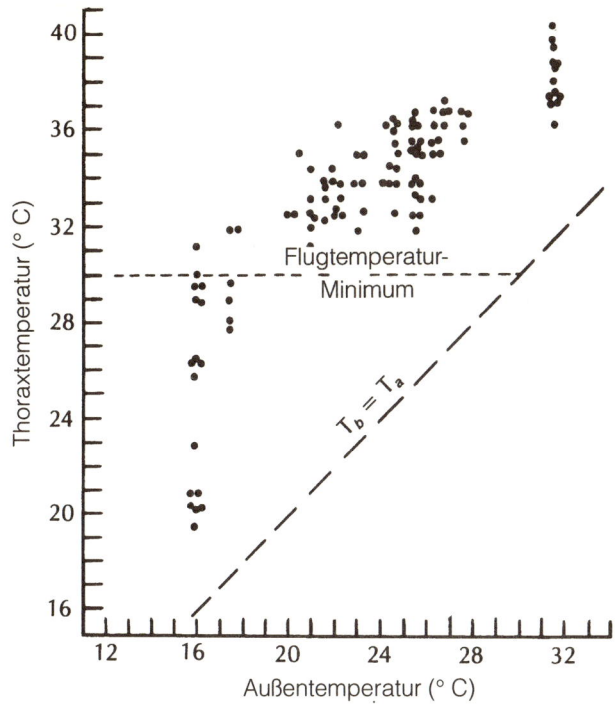

Abb. 7.6   Es wird Energie gespart, wenn die sammelnde Hummel sich nicht fliegend von Blüte zu Blüte fortbewegt. Die Graphik zeigt die Thoraxtemperatur von Hummeln (vor allem Drohnen), die an Goldrutenrispen sammelten. Bei Außentemperaturen unter 21° C fiel die Thoraxtemperatur häufig auf unter 30° C – somit war das Fliegen nicht mehr gewährleistet, und die Hummeln krabbelten von Blütenstand zu Blütenstand. Exemplare, die erst kürzlich geflogen waren, wiesen die höchste Körpertemperatur auf. (Nach Heinrich, 1972 b.)

hen. Aber alle Hummeln müssen von Zeit zu Zeit an wenig ertragreichen Blumen sammeln, und sie müssen auch Pollen sammeln, wozu der direkte Kontakt des ganzen Körpers mit der Blüte notwendig ist.

An einigen wenig ertragreichen Blumen sparen Hummeln auf drastische Weise Energie ein, indem sie nicht nur nicht fliegen, sondern lange Zeit fast bewegungslos sitzen bleiben; der Energieaufwand wird minimiert, die Körpertemperatur fällt ab (Abb. 7.6). Hummeln, die an den dichten Rispen von Goldrute oder Spierstrauch sammeln, kriechen häufig von Blüte zu Blüte und verbrauchen nur Energie während des Fluges zum nächsten Blütenstand. Gezwungen, sich bei niedrigen Temperaturen von solchen Trachtpflanzen zu ernähren, weil nichts anderes zur Verfügung stand, verzichteten die beobachteten Individuen oft darauf, sich ständig warm zu halten. Ihre Thoraxtemperatur sank manchmal bis unterhalb des Grenzwerts ab, bei dem das Fliegen gerade noch möglich ist. Bei Außentemperaturen von unter 20° C krochen viele Hummeln nektarsuchend über die Goldrutenrispen und konnten mühelos abgeschüttelt werden. Nur wenn die Sonne sie genügend aufgewärmt hatte, flogen sie zum nächsten Blütenstand, manchmal, in unregelmäßigen Abständen, gingen sie zur Energiegewinnung durch Zittern über. Die meiste Zeit drehte sich ihr Flugmotor im Leerlauf. Dasselbe Verhalten beobachtete ich bei Hummelarbeiterinnen, die an dicht zusammenstehenden Blaubeerblüten sammelten, wo es jedoch kaum Nektar zu holen gab. (Blaubeerblüten enthalten normalerweise große Mengen Nektar.) Auch in der Arktis, wo Hummeln nachgewiesenermaßen bei minus 3,6° C fliegen können, sparen die Tiere durch Kriechen statt Fliegen beim Sammeln wertvolle Energie ein.

Am bekanntesten ist die Methode der Reduktion der Sammelgeschwindigkeit im Interesse eines ausgewogenen Energiehaushalts bei Drohnen, die nur für den eigenen Bedarf sammeln und den Arbeiterinnen bei ihrer Arbeit für den Stock nicht helfen. Arbeiterinnen sammeln, damit die Kolonie ihren Lebenszyklus vor Beginn des Herbstes vollenden kann. Drohnen stehen nicht unter demselben Zeitdruck. Oft warten sie, bevor sie von einem Blütenstand zum nächsten fliegen, bis die Sonne sie erwärmt hat. Die Nutzung der Solarkraft zur Wärmegewinnung wird durch die scheibenförmigen Insektenflügel, wie sie sich in der Arktis entwickelt haben, intensiviert. Diese Flügel drehen sich mit dem Einfallswinkel der Sonnenstrahlen, sie wirken als solare Brennöfen.

Hummeln, die im Interesse der Energieeinsparung teilweise auf das Fliegen verzichtet haben, können ebensoviel Nektar in ihrem Honigmagen haben wie Hummeln, die ihre Körpertemperatur hoch halten und an ertragreicheren Trachtpflanzen sammeln. Die nicht fliegenden Tiere kontrollieren ihre Körpertemperatur und damit ihren Energieaufwand, sie sind nicht einfach passive Opfer der Knappheit von Nahrungsmitteln. Ihre energetische Strategie paßt sich sehr genau der jeweiligen Futtersituation an. Eine solche höchst komplexe Art der Thermoregulation ist bei vielen »höheren« Organismen unbekannt. Menschen können keine energetische Kontrolle beim Wärmetransfer zu den Muskeln ausüben. Menschen sind nicht dazu fähig, ihre Kerntemperatur willentlich zu senken, um wertvolle Kalorien zu sparen, auch wenn sie dabei sind, Hungers zu sterben. Es gibt allerdings einige Kleinsäuger (zum Beispiel Fledermäuse und Taschenspringmäuse) und kleine Vögel (Kolibris), die täglich ihre Kerntemperatur senken, auch wenn sie in abgekühltem Zustand vollkommen bewegungsunfähig sind. Die thermoregulatorischen Funktionen bei Hummeln sind Teil der allgemeinen ökonomischen Strategie des Stocks; bei der Untersuchung dieser Strategie muß berücksichtigt werden, daß alle Investitionen sich erst gegen Ende des Lebenszyklus auszahlen können.

Ich seh das sorgliche Insekt auf grüner Au,
Am Blütenkelche saugt es kühlen Tau,
Und lädt sich goldne Last auf in den Lüften,
Und taumelt hin und her, gelockt von Düften.

John Gay: *Rural Sports*

Achtes Kapitel
Pendeln und Sammeln

 Im Feld ist eine Hummel die meiste Zeit unterwegs, und der effizienteste Flugmotor wäre nutzlos, wenn das rastlose Hin und Her nicht zum Ziel führen würde. Bei der Bewegung zwischen einzelnen Futterquellen versuchen Hummeln, Flugzeiten möglichst kurz und Distanzen möglichst gering zu halten. Die Fluggeschwindigkeit ist für den Haushalt des Hummelnests von enormer Bedeutung, denn wenn größere Geschwindigkeiten erreicht werden, können in kürzerer Zeit größere Entfernungen zurückgelegt werden. Nektarsammlerinnen fliegen mit 11 bis 20 Stundenkilometern, und sie verbringen zwischen den Flügen nur jeweils 2 bis 4 Minuten im Nest. Wir wissen aber nicht, welche Entfernungen Hummeln maximal zurückzulegen bereit sind. Wahrscheinlich fliegen sie wie Honigbienen mindestens 5 Kilometer, wenn erforderlich.
Aus ein paar einfachen Rechnungen ergibt sich klar, daß die Sammeldistanzen für die Energierechnung einer Hummelkolonie von entscheidender Wichtigkeit sind (Park, 1922; Ribbands, 1952). Die kritische Größe ist dabei nicht die Energie, die zum Fliegen aufgewendet werden muß, sondern die Zeit, die zum Sammeln mehr oder weniger großer Futtermengen gebraucht wird (Beutler, 1951). Eine Hummel, der Trachtpflanzen in der unmittelbaren Nestumgebung zur Verfügung stehen, kann dort

kontinuierlich sammeln; eine andere, die 3 Kilometer weit flie-
gen muß, um sammeln zu können, verbringt 24 Minuten pro
Ernte in der Luft, wenn sie bei einer Geschwindigkeit von 15
Kilometer pro Stunde fliegt. Wenn man annimmt, daß beide an
Weidenröschen sammeln, die im Normalfall etwa 0,5 Mikro-
liter Nektar (30% Zucker) pro Blüte erbringen, und daß sie 20
Blüten pro Minute ausbeuten, kann jede von ihnen in etwa 10
Minuten ihren Kropf mit 100 Mikroliter Nektar vollfüllen. Die
Pendlerhummel muß dazu nach jedem Füllen des Kropfs 24
Minuten zusätzliche Flugzeit aufwenden. Ihr Bruttoertrag in 34
Minuten ist 30 Milligramm Zucker. Die kontinuierlich in
Stocknähe erntende Hummel sammelt in derselben Zeit 102
Milligramm Zucker, das heißt 3,4mal mehr. Der von der Pend-
lerhummel zum Nest getragene Zucker muß noch einmal um
14,5 Kalorien reduziert werden, weil der Stoffwechsel während
der 24 Flugminuten weitere Energie verbraucht. Dies fällt im
Vergleich zu der verlorenen Zeit ökonomisch kaum ins
Gewicht, da die 14,5 Kalorien durch Ausbeutung weiterer 24
Blüten aufgenommen werden können, das entspricht einer
weiteren Sammelminute. Wenn man eine Fluggeschwindigkeit
von 15 Kilometern pro Stunde zugrunde legt, müssen Trachtpflanzen in einer Entfernung von 3 Kilometern vom Stock
mindestens 3,4mal ergiebiger sein als Trachtpflanzen in unmittelbarer Stockumgebung, damit die Hummel auf die gleiche
Gewinnspanne kommt.
Außer einer hohen Fluggeschwindigkeit haben Hummeln
noch andere Mechanismen zur Minimierung der Pendelzeit
entwickelt, zum Beispiel die außergewöhnliche Fähigkeit, riesige Ladungen zu tragen. Der Honigmagen ist von höchstem
Dehnvermögen und kann den größten Teil des Abdomens
einnehmen, so daß eine Hummel das Äquivalent von neunzig
Prozent ihres Körpergewichts in Nektar und Honig transportieren kann (Abb. 8.1). Dazu kommen die Pollenladungen,
entsprechend bis zu zwanzig Prozent des Körpergewichts, die
wie Satteltaschen an den Außenseiten der Beine getragen
werden (Abb. 8.2). Hummeln (und andere soziale Bienen)

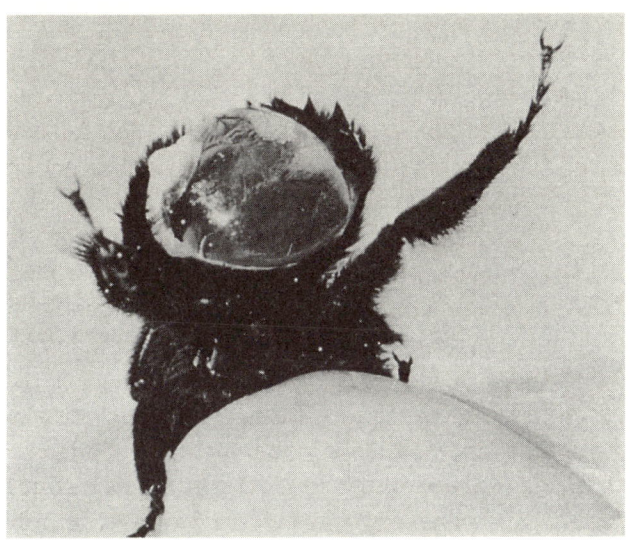

Abb. 8.1   Der hintere Teil des Abdomens dieser Hummel wurde abgetrennt, und man sieht den mit Nektar gefüllten, hell schimmernden Honigmagen, der den größten Teil der Leibeshöhle des Abdomens ausfüllt.

können also bei einem Sammelflug so viel Futterreserven zu-sammentragen, daß viele Sammelflüge damit energetisch ab-gedeckt sind.

Der Sammelgewinn ist die Differenz zwischen der Zuk-kermenge im Honigmagen beim Ausfliegen und beim Wie-derkehren. Es liegt auf der Hand, daß es der Gewinnmaximie-rung dient, wenn Hummeln den Stock mit fast leerem Kropf verlassen; mitzunehmen wäre gerade genug Brennstoff, um das Ziel des Sammelflugs zu erreichen, plus einer kleinen Reserve für Notfälle. Und tatsächlich verlassen die meisten Sammlerin-nen das Nest mit nur minimalen Honigmengen im Kropf – ge-rade genug, daß einige Minuten Flug möglich sind (Abb. 8.3). Bei der Rückkehr tragen sie Vorräte, die zwanzig bis hundert Prozent ihres Körpergewichts entsprechen (Abb. 8.4). Einige verlassen den Stock mit umfangreicheren Brennstoffmengen, und es wäre interessant, herauszufinden, ob diese Tiere an ent-

Abb. 8.2 Pollen wird an den Hinterschienen transportiert. Das rechte Pollenkörbchen dieser Hummel, die sowohl Pollen wie Nektar an Minze sammelt, ist hier deutlich sichtbar. (Foto E. S. Ross.)

fernten Blumen sammeln, noch keine Nektarquellen gefunden haben oder an Pflanzen sammeln, die nur Pollen und keinen Nektar enthalten. Auch Honigbienen nehmen nur eine kleine Menge Honig mit, wenn sie zum Sammeln ausfliegen, und die Menge nimmt ab, je näher ihr Zielort ist.

Ein mit Meßgeräten ausgestatteter Hummelkasten (entwickelt von Tracy Allen in Berkeley) war die Voraussetzung, daß über eine lange Zeit von allen Tieren, die dieses Nest verließen und zurückkehrten, sowie vom Gewicht ihrer Sammelladungen präzise Aufzeichnungen gemacht werden konnten. Alle Tiere waren elektronisch markiert, und eine nimmermüde und nahezu unfehlbare Maschine (statt eines Menschen mit stets begrenzter Sicht) konnte die Markierungen erkennen und identifizieren. Mit Hilfe des elektronischen Markiersystems wurden die Sammelaktivitäten individueller Hummeln verfolgt, und wir erhielten detaillierte Informationen über ihren Zeit- und

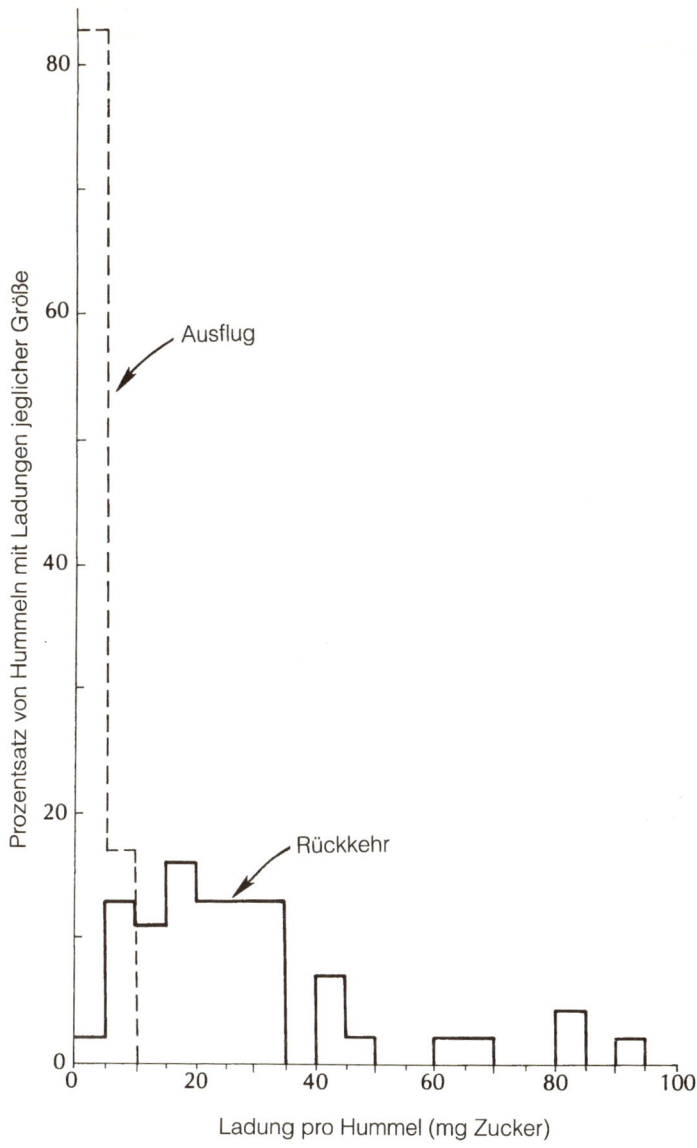

Abb. 8.3 *Nektarladungen (in mg Zucker) von Arbeiterinnen einer* Bombus-vosnesenskii-*Kolonie bei Ausflug und Heimkehr am 7. Juni in Berkeley. (Aus Allen et al., 1978.)*

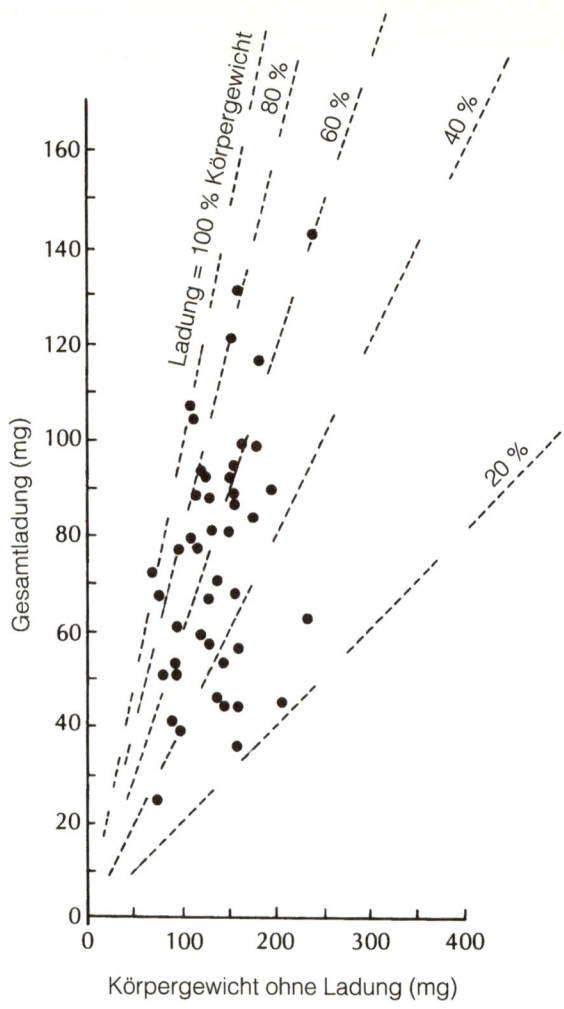

Abb. 8.4 Volle Ladungen (Pollen und Nektar), die von 44 zufällig ausgewählten Arbeiterinnen einer Bombus-vosnesenskii-Kolonie am 7. Juni
eingetragen wurden. Die gestrichelten Linien zeigen die Gesamtmenge der
Ladung als Prozentsatz des Gewichts des unbeladenen Körpers. (Nach Allen
et al., 1978).

Energiehaushalt, was der gründlichen Erforschung von Sammeleffizienz, Arbeitsteilung und anderen Problemen des Sammelverhaltens im Verhältnis zu vorhandenen Nahrungsreserven zugute kam. Die kleinen Markierungen (1 mg schwer, 2 mm im Durchmesser) wurden dem Thorax der Hummel aufgeklebt. Jede Markierung enthielt einen winzigen Schwingkreis mit einer bestimmten Resonanzfrequenz im Bereich von 500 bis 1000 Megaherz. Die Markierung wurde durch einen kleinen Sender, der eingeschaltet wurde, sobald die Hummel sich dem Experimentierfeld näherte, in Schwingung versetzt. Der Sender erzeugte alle Frequenzen zwischen 500 und 1000 Megaherz, die Markierung sprach nur auf die eigene Frequenz an und lenkte die Sendeenergie zum Empfänger um. Durch diese Vorrichtung am Nesteingang konnte jede Hummel, die sich dem Sender näherte, durch den Empfänger eindeutig identifiziert werden. Andere relevante Informationen wurden gleichzeitig aufgezeichnet, etwa Körpergewicht (mit Hilfe einer elektronischen Waage) und Bewegungsrichtung (mit Hilfe von Fotozellen) der einzelnen Individuen.

Sammelnde Hummeln finden selten an einer einzigen Stelle so viel Nektar oder Pollen, daß es für eine volle Ladung reichen würde. Gewöhnlich müssen sie Hunderte von Blüten über weite Entfernungen hinweg auf einem Gelände von oft mehr als fünfhundert Quadratmetern ausbeuten. Durch die oben beschriebene Markierungsmethode fand ich heraus, daß erfahrene Individuen manchmal Woche um Woche jeden Tag zu denselben Stellen zurückkehren, um dieselben Trachtpflanzengruppen in ähnlicher Reihenfolge immer wieder zu besuchen, sie folgten den sogenannten »trap-lines« (Abb. 8.5). Nach der Ernte flogen sie schnurstracks zum Nest zurück. Zwei bis vier Minuten dauerte das Entladen, dann ging es wiederum geradewegs zum alten Sammelgelände. Es gab fast keine Bewegung, die nicht diesem Muster folgte. Gelände- und Routentreue dienten der Reduktion des Zeitaufwands auf den Sammelflügen. Die »trap-line«-Routen werden offensichtlich gelernt, wobei deutlich sichtbare Landmarken als Orien-

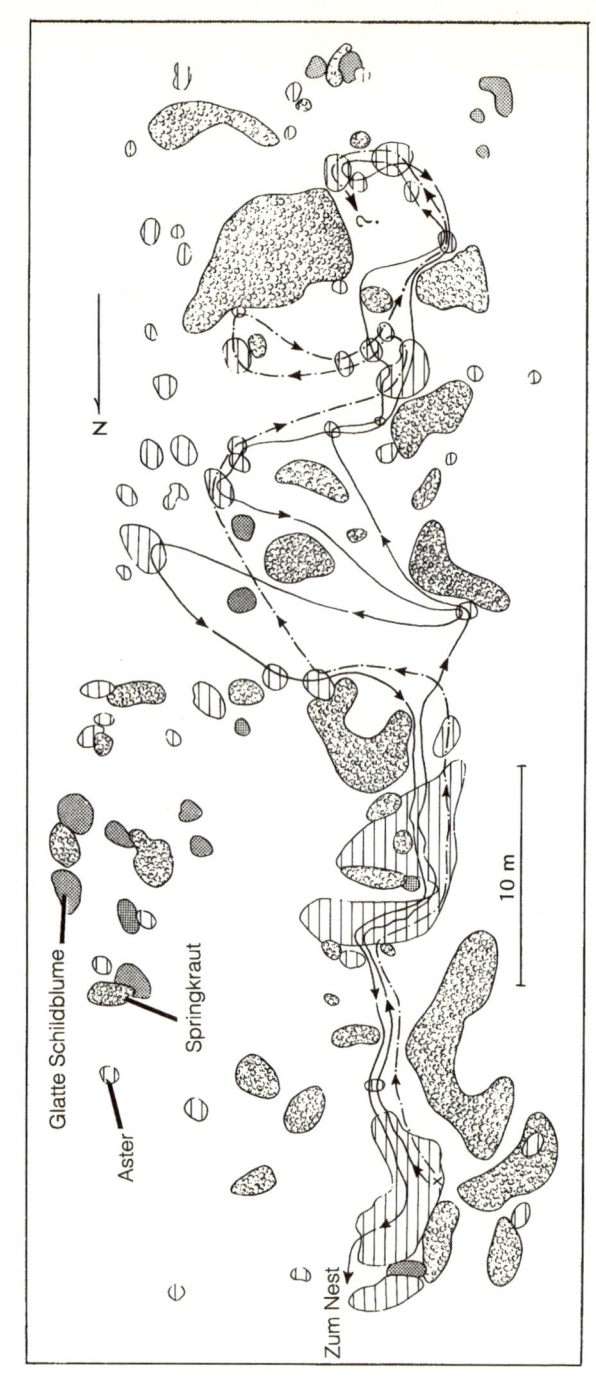

N

Glatte Schildblume

Aster

Springkraut

10 m

Zum Nest

tierung dienen. Junge Hummeln sind auf ihren Sammelflügen weit weniger stetig, und auf einförmig flachem Gelände ohne Landmarken waren keine »trap-lines« erkennbar (Heinrich, 1976 b).

Wenn auch Gruppen von Sammelpflanzen in spezifischer Folge besucht wurden, so gab es doch keinen Hinweis darauf, daß Hummeln sich innerhalb dieser Gruppen nach irgendwelchen festen Mustern bewegen. Sehr oft besuchten sie Blüten, die gerade erst ausgebeutet worden waren, entweder von ihnen selbst oder von anderen Bienen. Dieses Verhalten schien keinem biologischen Zweck zu dienen. Bei näherer Untersuchung fanden wir aber heraus, daß schon abgeerntete Blüten nur dort zu wiederholten Malen besucht wurden, wo einige Blumen innerhalb der Sammelpflanzengruppe sehr große Nektarmengen anboten. Die Hummeln konnten sich nicht anders als durch aktives Saugen über die Nektarmengen einer Blüte klarwerden, wiederholte Besuche bei den schon geleerten Blüten müssen daher wahrscheinlich im Zusammenhang mit der ständigen probeweisen Ausbeute von Blüten mit potentiell reichen Nektarerträgen gesehen werden. Wenn die Hummeln innerhalb einer Gruppe von Sammelpflanzen oder an einem Blütenstand auf wenig ergiebige Blüten trafen, nahm die Häufigkeit der Blütenbesuche dort insgesamt ab.

Die Bewegungen der Hummeln zwischen Blüten innerhalb einer Trachtpflanzengruppe scheinen regellos und zufällig – nicht aber, wenn die Blüten auf eine bestimmte regelmäßige Art angeordnet sind. Zum Beispiel weiß man seit langem, daß

Abb. 8.5 Sammelwege einer Bombus-fervidus-Arbeiterin an zwei Tagen, dem 19. August (—) und dem 25. August (– · – · –). Man beachte, daß das Sammelgelände 50 Meter lang war und die Hummel vor allem Astern beflog. Viele andere Arbeiterinnen derselben Spezies waren ebenfalls auf Astern spezialisiert, die meisten bevorzugten aber Springkraut. Jeder Sammelflug dauerte etwa eine halbe Stunde. Die hier gezeigten Wege beinhalten nicht die Flugbewegungen innerhalb der Sammelpflanzengruppe.

Abb. 8.6 Blütenstand des Roten Fingerhuts, Digitalis purpurea.

beim Sammeln an den vertikalen Blütenständen einiger Pflanzenspezies Hummeln gewöhnlich unten anfangen und sich nach oben arbeiten. Graham Pyke, der verschiedene nektarsaugende Hummelspezies beim Sammeln an Blütenständen von *Delphinium-* und *Aconitum-*Arten beobachtet hat, fand heraus, daß die Arbeiterinnen in neunzig Prozent aller Fälle am Grund des Blütenstandes begannen, um sich dann vertikal von Blüte zu Blüte nach oben zu bewegen. Dabei entging ihnen aber etwa ein Drittel der Blüten, und sie verließen den Blütenstand, bevor sie die höchste Blüte erreicht hatten. Sie bewegten sich so, daß sie möglichst wenig schon ausgebeutete Blüten noch einmal besuchten. Für dieses Verhalten könnte es einen weiteren Grund geben, den Lynn S. Best und Paulette Bierzychudek (1978) in einer Untersuchung des Sammelverhaltens von Hummeln an Fingerhut aufgezeigt haben.

Der Fingerhut stammt aus Europa, er hat je zehn oder mehr große, glockenförmige, weiße oder purpurrote Blüten, die vertikal übereinander angeordnet sind (Abb. 8.6). Er ist heute auch im amerikanischen Staat Washington und in British Columbia heimisch und wird hauptsächlich von Hummeln bestäubt. Jeden Tag öffnet sich eine neue Blüte an der Spitze des Blütenstandes, und eine Blüte am Grund welkt. Jede Blüte bleibt etwa zehn Tage lang geöffnet und bildet zuerst männliche, danach weibliche Merkmale aus; zuerst erreichen die Staubgefäße die Reife, danach reift die Narbe. Die Blüten im männlichen Stadium befinden sich an der Spitze des Blütenstandes, die Blüten im weiblichen Stadium weiter unten. Bei »unberührten« Blumen, die gegen alle bestäubenden Insekten abgeschirmt wurden, enthielten die älteren unteren Blüten immer mehr Nektar als die oberen. Um optimale Sammelergebnisse zu erzielen – das heißt in kürzester Zeit den meisten Nektar –, müssen Hummeln also am Grund des Blütenstandes mit der Ausbeutung beginnen und sich aufwärts bewegen, ohne schon einmal besuchte Blüten noch einmal auszusaugen, und sie müssen die Blume verlassen, wenn die Erträge sich als unannehmbar schmal herausstellen. Bei etwa 80 Prozent der beobachteten ersten Besuche fingen die Hummeln im unteren Drittel des Blütenstandes mit dem Sammeln an. 77 Prozent der Bewegungen verliefen aufwärts, und nur 3 Prozent der Besuche galten bereits ausgebeuteten Blüten. Die Hummeln verließen die Blume, nachdem sie von 4 bis 5 Blüten Nektar erworben hatten. Dagegen verhielt es sich bei unabgeschirmten Testblumen so, daß 63 Prozent der Hummeln schon nach Ausbeutung einer einzigen Blüte die Blume verließen. Diese Ergebnisse zeigen, daß Hummeln sich beim Sammeln danach richten, wieviel Nektar jeweils zur Verfügung steht.

Zu bestimmten Zeiten sind in Fingerhutblüten bestimmte Nektarmengen zu erwerben. Dies zieht die charakteristische Sammelbewegung der Hummeln am Fingerhut nach sich und fördert damit die Fremdbestäubung: Die Hummeln werden dazu angeregt, erstens, zuerst die »weiblichen« Blüten zu besuchen und sie mit Pollen von anderen Pflanzen zu bestäuben, zweitens, lange genug auf der Pflanze zu verweilen, um mindestens von einer »männlichen« Blüte Pollen aufzunehmen. Pykes Beobachtungen zur Bestäubungsstrategie an *Delphinium*-Pflanzen stimmen mit diesen Resultaten überein.

Hummeln ändern bei Schwankungen des zur Verfügung stehenden Nektars auch noch auf andere Weise ihr Sammelverhalten. Je mehr Nektar sie pro Blume finden, desto weniger dehnen sie ihre Suche auf die nächste Umgebung – Blütenstände in der Nachbarschaft, nahegelegene Sammelpflanzengruppen – aus. Bei einer Reihe von Experimenten legten wir Abschirmmaterial über die Köpfchen des Weißklees (ein Köpfchen mit fünfzehn bis vierzig Einzelblüten), damit sich Nektar ansammeln konnte. Außerhalb des Abschirmmaterials wurden die Kleepflanzen den ganzen Tag über von Hummeln besucht. Nach Entfernen der Abschirmung konnten die Hummeln die nektarreichen und die nektararmen Gebiete besuchen. Das Verhalten wies große Unterschiede auf, je nachdem, welche Gebiete beflogen wurden. In den nektararmen Gebieten versuchten die Hummeln durchschnittlich an nur zwei Blüten pro Köpfchen Nektar zu ernten, während sie es in den nektarreichen Gebieten an zwölf Blüten probierten. Nach dem Eintritt verweilten sie im nektarreichen Gebiet lange Zeit an ein und derselben Stelle, während Hummeln, die in dem nektararmen Gebiet sammelten, dauernd von einer Stelle im Gelände

Abb. 8.7 Änderungen des Sammelverhaltens von Bombus-terricola-*Arbeiterinnen in zwei Weißklee-Sammelgebieten. Das erste Gebiet (oben) wurde von vielen Hummeln beflogen und bot nur 0,003 mg Zucker pro Blüte, das zweite (unten) war mit Gaze vor Insekten abgeschirmt worden, so daß sich Nektar im Wert von 0,01 mg Zucker pro Blüte ansammeln konnte. Die Graphik links zeigt, daß die Hummeln viele Blütenköpfchen übersprangen, wenn nur wenig Nektar zur Verfügung stand. Die rechte Graphik zeigt, daß die Bewegungsrichtung uneinheitlich wird, wenn nacheinander Blüten mit hohen Futtererträgen besucht worden waren. (Die Bewegungsrichtungen sind in der kreisförmigen Figur dargestellt, A ist vorwärts, D rückwärts, B und C bezeichnen die seitlichen Richtungen.)*

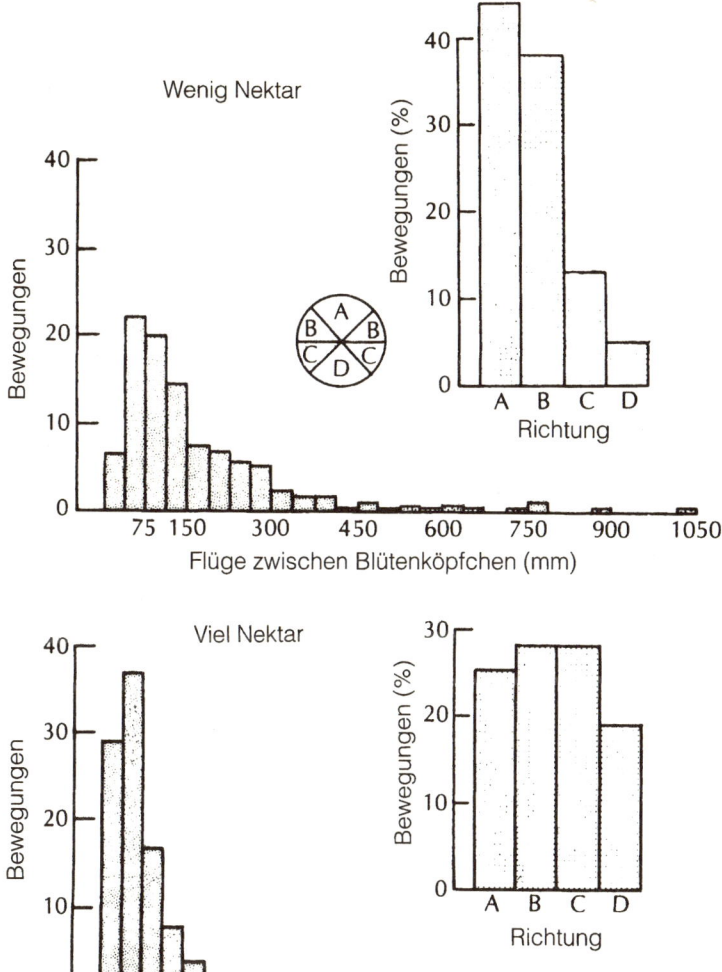

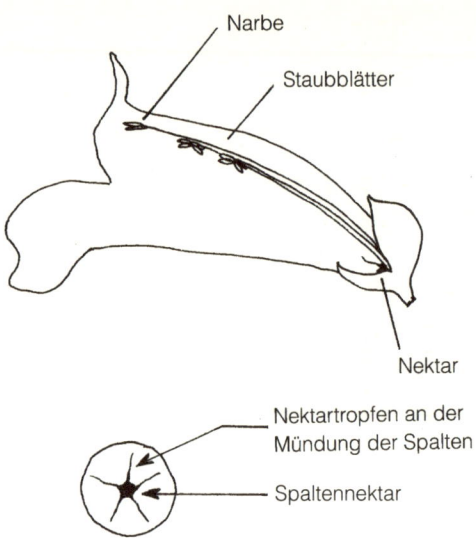

Narbe

Staubblätter

Nektar

Nektartropfen an der
Mündung der Spalten

Spaltennektar

*Abb. 8.8 Blüte der Wüstenweide (*Chilopsis*) mit Querschnitt am Blütenboden.*

zu einer anderen wechselten. Im nektarreichen Gebiet gab es
kurze Flüge mit scharfen Kurvenbewegungen, während wir im
nektararmen Gebiet lange Flüge und weite Kreisbewegungen
beobachteten (Abb. 8.7). Die Hummeln konzentrierten sich bei
ihrer Sammelaktivität also auf jene Gebiete, wo die Wahrscheinlichkeit größerer Nektarausbeute bestand, und durchflo-
gen die anderen Gebiete mit geringerem Ertrag in möglichst
kurzer Zeit, bis sie auf vielversprechendere Pflanzen stießen.
Zur Maximierung des Sammelertrags steht Hummeln eine
weitere Entscheidungsmöglichkeit offen: Sie können an jeder
Blüte so lange bleiben, bis der letzte Nektartropfen und das
letzte Pollenstäubchen aufgezehrt sind, oder sie können in aller
Eile von Blüte zu Blüte fliegen, den Rahm abschöpfen und später, wenn es die ergiebigsten Quellen nicht mehr gibt, die Reste
einsammeln. Tom Witham (1977) hat die Veränderungen des
Hummelverhaltens in Abhängigkeit von der Nektarverteilung
bei Wüstenpflanzen der Gattung *Chilopsis* untersucht. Diese

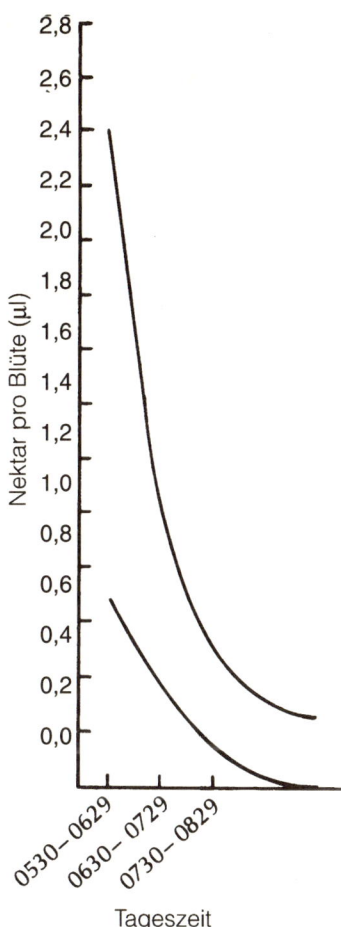

Abb. 8.9 Nektarmenge in Chilopsis-Blüten zu verschiedenen Tageszeiten. Die obere Linie stellt den durchschnittlichen Vorrat in einer noch nicht besuchten Blüte dar, die untere Linie zeigt die durchschnittlich verbleibende Nektarmenge nach Ausbeutung durch eine Hummel. Die Differenz ist der Ernteertrag der Hummel. (Aus Witham, 1977.)

Blumen bieten Hummeln und anderen großen Bienen, ihren Bestäubern, nur Nektar, keinen Pollen. Etwa 1,1 Mikroliter Nektar enthalten die Haarzellen von fünf spaltenartigen Vertiefungen, die am Blütenboden strahlenförmig abgehen (Abb. 8.8). Wenn diese Spalten gefüllt sind, sammeln sich noch einmal 8 μliter in einer Nektargrube an der Mündung der Spalten. *Bombus-sonorus*-Königinnen können diesen Tropfen mit einer Geschwindigkeit von 2 Mikroliter pro Sekunde aufnehmen, doch die fünf Spalten müssen eine nach der anderen ausgebeutet werden, so daß der dort befindliche Nektar nur mit einer Geschwindigkeit von 0,3 Mikroliter pro Sekunde aufgenommen werden kann. Witham beobachtete, daß Hummeln, die die gesamte Nektarmenge aufnehmen, sich zunächst an den Tropfen an der Mündung der Spalten machen und danach an die Ausbeutung der einzelnen Spalten. Daraus ergibt sich, daß Hummeln im Interesse der Aufnahme maximaler Nektarmengen in kürzester Zeit bei reichlich zur Verfügung stehendem Nektar gut daran tun, sich auf den Mündungsnektar zu spezialisieren und den Spaltennektar ganz außer acht zu lassen. Erst wenn die verfügbaren Nektarquellen weniger werden, lohnt es sich, auch den Spaltennektar zu ernten. Und genau das taten die Hummeln. Witham maß die Nektarmengen in *Chilopsis*-Blüten zu verschiedenen Tageszeiten sowie die Nektarmenge, die bei einem einzigen Besuch aufgenommen wurde. Früh am Morgen gab es die größten Nektarvorkommen (2,4 Mikroliter pro Blüte), um 9 Uhr 30 gab es infolge der Sammeltätigkeit von Hummeln nur noch 0,3 Mikroliter Nektar pro Blüte. Früh am Morgen spezialisierten sich die Hummeln auf den Nektartropfen an der Mündung, sie leerten die Blüten bis auf 0,7 Mikroliter (Abb. 8.9). Mit dem Spaltennektar gaben sie sich nicht ab, dadurch waren sie in der Lage, sich in kurzer Zeit von Blüte zu Blüte zu bewegen. Als nur noch 0,2 Mikroliter Nektar pro Blüte zur Verfügung standen, begannen sie mit der Ernte des Spaltennektars. Unter Berücksichtigung der Zeit, die zum Saugen des Nektars erforderlich ist, und der Kalorien, die zum Sammeln bei unterschiedlichen Temperaturen nötig sind, berechnete Witham, daß die Hummeln, die am frühen Morgen nur den Nektar aus der Nektargrube an der Mündung aufnahmen, einen Gesamtkaloriengewinn von 12,3 Kalorien pro Minute machten. Bei Aufnahme der Gesamtnektarmenge jeder Blüte wären sie lediglich auf einen Gewinn von 9,9 Kalorien pro Minute gekommen, 25 Prozent weniger.

Die evolutionäre Entwicklung eines solchen Systems der Nektarabgabe hat es möglich gemacht, daß eine Blüte mindestens zweimal besucht wird, zunächst von Hummeln, die mit hoher Flugenergie sammeln, dann von Hummeln und kleinen Solitärbienen, die aus unterschiedlichen Gründen weniger Energie verbrauchen. Die Zahl der Besuche von Bestäubern erhöht sich bei gegebener Nektarmenge durch Aufteilung des Ertrags.

Offenbar sind die Möglichkeiten, die Sammeleffizienz zu erhöhen, unerschöpflich. Beispielsweise legen die Beobachtungen, die Gordon Frankie und seine Mitarbeiter (1976) in Zentralamerika machten, den Schluß nahe, daß einige Solitärbienen der Gattung *Centris* auf eine bessere Lösung des Problems der wiederholten Besuche von schon einmal beflogenen Blüten gekommen sind. Dichte Gruppen von fünfzehn bis dreihundert sammelnden Individuen bewegen sich an blühenden Bäumen wie Wellen von Zweig zu Zweig. Sie markieren die schon besuchten Gebiete mit einem Duftstoff und befliegen sie nicht mehr. Auf diese Weise vermeiden sie es, Wege mehrfach zu benutzen, und sammeln einzig in noch nicht ausgebeuteten Gebieten. Merkwürdigerweise bestehen diese Sammelgruppen nur aus männlichen Tieren; nachmittags und nachts schlafen sie in Trauben zusammen, aber sonst etablieren sie individuelle Territorien, von denen sie alle anderen Männchen vertreiben und wo sie die Weibchen erwarten.

Zusammenfassend ist zu sagen, daß die Zeit bei dem Wettlauf um die höchsten Sammelerträge bei Hummeln eine höchst wichtige Rolle spielt. Der Steigerung der Zeit, die zum Sammeln zur Verfügung steht, dienen sowohl die große Aufnahmefähigkeit des Honigmagens wie die möglichst kurzen

Sammelwege und eine hohe Fluggeschwindigkeit. Die Kosten, die mit dem Transport großer Ladungen und mit langen Heimfindedistanzen verbunden sind, sind energetisch unerheblich verglichen mit den Kosten, die entstehen, wenn durch verschwendete Zeit beim Sammeln Futter zur Energiegewinnung verlorengeht. Die Bewegungsmuster sammelnder Hummeln an Blüten und innerhalb von Trachtpflanzengruppen stehen ebenfalls im Dienst der Steigerung der Sammelerträge.

Unser Sinnen, unser Trachten,
Ist es nicht gering zu achten?
Du in deinen gelben Hosen
Hast das Leben mehr genossen,
Kennst nicht Sorge noch Gehege,
Gehst als Weiser deiner Wege.

Ralph Waldo Emerson: *Die Hummel*

Neuntes Kapitel
Sammeloptimierung durch individuelle Initiative

 Eine Hummel, die auf einer Wiese mit vielen verschiedenen Blumen anfängt zu sammeln, gleicht in mancher Hinsicht einem des Lesens unkundigen Käufer, der seinen Einkaufswagen an den aufgereihten Lebensmitteln eines Supermarkts entlangschiebt. Beide versuchen, für ihr Geld den größten Gegenwert zu erhalten. Keiner weiß genau, was sich im Innern der Packungen auf den Regalen oder auf der Wiese befindet. Sie lernen durch Erfahrung.

Was der Hummel blüht, ist noch schwieriger zu durchschauen als das Angebot, dem sich der Käufer gegenübersieht. Einige Produkte auf dem freien Markt der Natur sind nur dazu da, um zu täuschen. Sie machen Reklame für etwas, das gar nicht vorhanden ist. Und es gibt kein Handelsgesetz und keinen Verbraucherschutz. Manchmal gibt es temporäre Sonderangebote, die aber ebenso schnell verschwunden sein können, wie sie aufgetaucht sind.

Welche Blumen aus der ganzen Palette der verfügbaren Produkte besuchen die einzelnen Hummeln? Und wie schaffen sie es, den stetigen Fluß der Rohstoffe zum Nest aufrechtzuerhalten, wenn sich im Lauf einer Wachstumsperiode die Blütenressourcen ständig ändern? Früher dachte man, Hummeln seien nicht blütenstetig, da von ihren Pollenladungen fünfzig Prozent oder mehr von zwei oder mehr (manchmal mehr als sechs) verschiedenen Blumen stammten (Brian, 1950; Free, 1970), während bei Honigbienen nicht mehr als zwei Prozent der Pollenladungen von zwei verschiedenen Blumenarten stammten (Free, 1963). Die Erkenntnisse über Pollenladungen waren interessant, aber über das Sammelverhalten sagten diese Werte wenig aus. Reine Höschen zeigten vielleicht nur, daß im Sammelgebiet einer Hummel zu einer bestimmten Zeit nicht mehr als eine einzige Sammelpflanze zur Verfügung stand, gemischte Höschen konnten Zeichen von planlosem Sammeln an verschiedenen Blumen sein.

Um zufällige von wirklicher Blütenstetigkeit zu unterscheiden, folgte ich einzelnen Hummeln auf ihren Sammelwegen auf dem Gelände unserer Farm in Maine, das über einige Jahre hinweg bewußt vernachlässigt worden war und auf dem nun zu jeder Zeit eine Vielzahl von Blütenpflanzen wuchs. Ich fand heraus, daß die Hummeln einer *Spezies* an vielen verschiedenen Blumen sammelten (mit gewissen Vorlieben und Abneigungen), während die *Individuen* sich im allgemeinen auf ein kleines Spektrum verfügbarer Blumen beschränkten, und zwar unabhängig von den Präferenzen ihrer Spezies. Zum Beispiel sammelten auf einer Wiese mit Rotklee, Herbstlöwenzahn und Wilder Möhre, die gleichzeitig blühten, alle Hummelspezies an allen Blüten. Allerdings fand sich der größte Prozentsatz von *Bombus fervidus* am Herbstlöwenzahn, die meisten *Bombus-terricola*-Exemplare sammelten an der Wilden Möhre und *Bombus vagans* hauptsächlich am Rotklee. Als ich dem Sammelweg einzelner Individuen folgte, stellte ich jedoch fest, daß zum Beispiel ein *Bombus-vagans*-Exemplar in erster Linie an Herbstlöwenzahn, in zweiter Linie an Wilder Möhre sammelte, den Rotklee hingegen völlig ausließ. Ein anderes Individuum der gleichen Spezies, das im gleichen Gebiet sammelte, besuchte in erster Linie die Wilde Möhre, danach den Rotklee

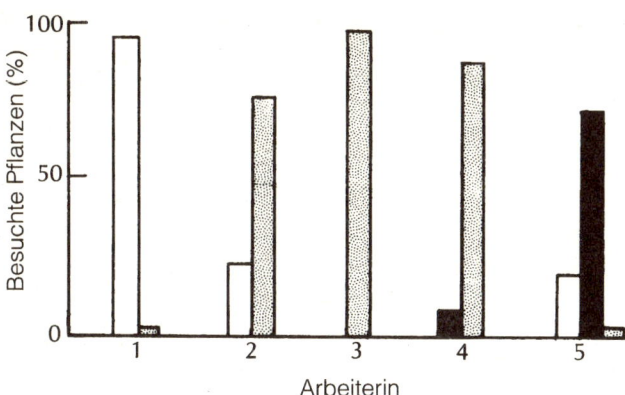

Abb. 9.1 Trachtpflanzen-Präferenzen von fünf Bombus-vagans-Arbeite-rinnen, die in einem Gebiet mit drei gemischt auftretenden Sammelpflanzen gleichzeitig sammelten. Offene Rechtecke = Herbstlöwenzahn, punktierte Rechtecke = Rotklee, gefüllte Rechtecke = Wilde Möhre. (Aus Heinrich, 1976 b.)

(Abb. 9.1). Dies stimmte mit der Lehrmeinung überein, die davon ausgeht, daß Hummelindividuen sich auf Hauptsammel-pflanzen und weniger wichtige Sammelpflanzen spezialisieren (Heinrich, 1976 b).

Einige Hummeln waren bemerkenswert blütenstetig. Die glei-chen Individuen (identifizierbar durch Markierungen am Thorax) besuchten Tag für Tag bei jedem Sammelflug das gleiche Gebiet, die gleichen Blumen. Ich beobachtete verschie-dene *Bombus-fervidus*-Arbeiterinnen einen ganzen Monat lang fast jeden Tag und stellte fest, daß einige von ihnen fast aus-schließlich an Springkraut sammelten, andere an Astern, wieder andere an Goldruten.

Auf einem Gelände, wo Springkraut dicht an dicht mit Astern wuchs, entfernte ich alle Springkrautblüten, die ich ausfindig machen konnte. Es gab jetzt nur noch die Astern, die den Bo-den bedeckten, und die Springkrautspezialistin flog über sie hinweg und zwischen ihnen hindurch, als ob sie gar nicht mehr wüßte, daß auch Astern Nahrung enthalten. Währenddessen sammelten die Asterspezialistinnen weiter, ohne sich von den Springkrauthummeln stören zu lassen, die zeitweilig kurz auf Asternblüten landeten. Einige Springkrautspezialistinnen suchten viele Tage lang nach den wenigen Springkrautblüten, die ich übersehen hatte. Andere Springkrautspezialistinnen besuchten fast alle anderen Blumen, die zur Verfügung standen – Astern, Goldruten und Glatte Schildblumen –, und bildeten allmählich eine neue Spezialisierung aus.

Spezialisierungen werden hauptsächlich deshalb ausgebildet, weil sie es den Hummeln erlauben, aus einer bestimmten Pflanze den größtmöglichen Nutzen zu ziehen. Zunächst können die bewährten Futterquellen schneller gefunden werden, wenn spezifische Blütensignale gesucht und von weitem wiedererkannt werden. Dann ist die unterschiedliche Morphologie der Pflanzen entscheidend; um sie effizient auszubeuten, sind spezielle Fertigkeiten erforderlich. Um zum Beispiel den Pollen der Wilden Möhre zu erhalten, muß eine Hummel schnell über die flache Blüte laufen und ihren Körper nach unten drücken, um von der Oberfläche der vielen winzigen Blüten Pollen aufzunehmen. Bei der Ausbeutung einer Hundsrose geht eine Hummel anders vor: Eine Gruppe von Staubbeuteln wird ergriffen und in vibrierende Bewegung versetzt, dasselbe geschieht mit einer weiteren Gruppe von Staubbeuteln und so fort (Vibrationssammeln). Um vom Timotheusgras Pollen zu erhalten, braucht eine Hummel nur den Blütenstand entlangzuklettern (Heinrich, 1976 d). Der Pollen dieser windbestäubten Pflanze löst sich leicht. Der Pollen des Bittersüßen Nachtschattens hingegen ist in röhrenförmigen Staubbeuteln enthalten, und die Hummel muß die Blüte mit ihren Mandibeln festhalten und den Blütenstaub losschütteln. Dies geschieht durch dröhnende Flügelvibration; der Pollen gelangt zum Venter (der Bauchseite des Abdomens) der Hummel, von dort wird er zu den Körbchen an den Hinterschienen gestreift.

Auch die Nektarsammlerinnen sind auf bestimmte Trachtpflanzen spezialisiert. Himbeerblüten, Astern und Goldruten mögen keine besonderen Anforderungen an die Besucherinnen stellen, doch um ins Innere der Blüte der Glatten Schildblume zu gelangen, muß eine Hummel die teilweise geschlossenen Lippen der Krone aufbrechen, nur so kommt sie an den Nektar, der tief im Innern verborgen ist, heran (Abb. 9.2). Um Schwertlilien erfolgreich auszubeuten, muß sich die Hummel auf einem der großen Blütenblätter niederlassen und unter den darüberstehenden Griffelast ins Innere der Blüte zwängen. An Springkraut kann die Hummel entweder auf normalem, »legitimem« Weg Nektar gewinnen, indem sie durch den Haupteingang über die Geschlechtsorgane der Blume zum Nektar vordringt (Abb. 9.3), oder »illegitim«, indem sie den zarten Sporn der Blüte aufbeißt und ihren Nektar raubt, ohne sie zu bestäuben (Abb. 9.4). Hummeln sammeln an Schwertlilien und Springkraut nur Nektar, an vielen anderen Trachtpflanzen gewinnen sie sowohl Nektar wie Pollen.

Über die Bedeutung der Spezialisierung bei der Optimierung des Sammelns und über den Mißerfolg unspezialisierter Individuen bei ihrer Arbeit kann man einiges lernen, wenn man Hummeln an Eisenhutblüten beobachtet. Der Nektar ist in diesen morphologisch komplexen Blüten in den Spitzen zweier modifizierter Blütenblätter unter einem Helm verborgen. Als ich zum erstenmal Hummeln am Eisenhut beobachtete, bemerkte ich, daß sie Schwierigkeiten mit diesen Blüten hatten, obwohl diese Blume zu den klassischen Hummelpflanzen gehört. Wo sie wild vorkommt, wird sie einzig von Hummeln bestäubt. Viele Hummeln, die die Blüten ohne Erfahrung besuchten, erreichten den Nektar nicht, und manchmal beflogen sie nicht nur Blüten, sondern auch Knospen. Manchmal krochen sie von oben in die Blüte hinein, statt von unten, wo sich die Staubgefäße befinden (wie es üblicherweise geschieht). Die Eisenhutspezialisten hingegen bewegten sich rasch von Blüte zu Blüte, gelangten stets auf die leichteste Weise (über die Staubgefäße) ins Innere und gewannen den Nektar mühelos (Abb. 9.5).

Im Vorfrühling habe ich schon viele frisch geschlüpfte Hummelköniginnen gesehen, die versuchten, Nektar an den Kätzchen der Verschiedenfarbigen Weide zu gewinnen, wo es keinen Nektar gab. Auch an Fingerkrautblüten – die ebenfalls nur Pollen, keinen Nektar enthalten – sah ich Hummeln, die versuchten, Nektar zu saugen. Die Fingerkrautspezialisten hingegen erhielten den Pollen durch Vibration und machten keine Anstalten, Nektar zu gewinnen. Alle Zwischenstufen des Verhaltens, von null bis hundert Prozent Sammelerfolg, konnten beobachtet werden. Es gibt wahrscheinlich im Lauf der Zeit keine Verbesserung des Verhaltens, da jeden Tag neue Tiere schlüpfen. Offenbar ist Spezialisierung auf eine Trachtpflanzenart die beste Sammelstrategie für jede Hummel zu jeder Zeit – vorausgesetzt, die Spezialisierung betrifft die ertragreichsten Blumen. Könnte es für eine Hummel von Vorteil sein, sich sowohl auf Hauptsammelpflanzen wie auf andere Arten zu spezialisieren? Ist das Abweichen von der strengen Spezialisierung bei einmal gelernter Identifikation der besten Futterpflanzen nachteilig?

Einfache Experimente zeigten, daß das Sammeln an minder ertragreichen Trachtpflanzen (»minors«) manchmal die beste Weise darstellte, sich gegebenen Verhältnissen anzupassen. Wenn diese Pflanzen künstlich ertragreicher gemacht wurden, machten Hummeln aus ihren Nebenquellen ihre Hauptquellen (»majors«). Für eine Hummel mit der Hauptspezialisierung Goldrute reicherte ich zum Beispiel eine ihrer Nebenquellen – die Aster – mit Zuckersirup an. Darauf machte die Hummel die Aster zu ihrer Hauptquelle (Abb. 9.6). (Allerdings: je länger eine Hummel auf eine Hauptsammelpflanze spezialisiert ist, desto schwerer fällt ihr der Wechsel.) Das Sammeln an minder ertragreichen Futterquellen stellt demnach ein Kompromißverhalten dar, das bei wechselnder Verfügbarkeit von Tracht-

Abb. 9.2 Eine Bombus-vagans-*Arbeiterin bricht die Blüte der Glatten Schildblume auf und kriecht in sie hinein. Der Bau der Blüte läßt die meisten anderen »Sammler« vor der Tür stehen.*

pflanzen von Vorteil ist. Es erlaubt den Hummeln, sich auf fluktuierende Ressourcen und Bedürfnisse einzustellen. Der Vergleich mit einer Börse bietet sich an. Man weiß im vorhinein nicht, welche Güter (Blumen) im Wert steigen; die beste Strategie besteht darin, hauptsächlich in solche zu investieren, die den höchsten Ertrag versprechen, ohne die anderen darüber zu vernachlässigen. Wenn diese im Wert steigen, kann man den Investitionsplan entsprechend ändern. Hummeln verfügen jederzeit und an jedem Ort über eine Vielzahl von Sammelfertigkeiten, wodurch sie in der Lage sind, fast das gesamte Angebot an Trachtpflanzen je nach Marktlage flexibel zu nutzen.

Der Erfolg im Wettbewerb um die Rohstoffe hängt bei Hummeln von der richtigen Blütenwahl und den geeigneten Sammelfertigkeiten ab, die durch Lernen und Spezialisierung individuell erworben werden. Genetisch fixierte Spezialisierungen, die man bei vielen Solitärbienen feststellen kann, wären für Hummeln und andere soziale Bienen nutzlos, da bei ihnen zur Aufrechterhaltung des Energiehaushalts im Stock ein kontinuierlicher Futterstrom nötig ist. Soziale Bienen ziehen im Lauf einer Wachstumsperiode sukzessiv Arbeiterinnengenerationen auf, in dieser Zeit blühen mehrere Futterpflanzen nacheinander; sich auf eine einzige von ihnen zu spezialisieren würde zum Zusammenbruch der Stockversorgung führen.

Ist das Lernen eine entscheidende Komponente des Sammelverhaltens? Wie entscheiden sich Hummeln für eine Spezialisierung am Beginn ihrer Sammelkarriere? Beruht die Spezialisierung auf Zufall, auf erhaltenen Botschaften, also Kommunikation im Stock, oder auf individueller Initiative? Um das herauszufinden, war es notwendig, Sammlerinnen auf ihren ersten und den nachfolgenden Sammelflügen zu beobachten. Ein unmögliches Unterfangen, wenn sich die

Abb. 9.3 Eine Hummel (B. fervidus) an einer Springkrautblüte wird mit großen Mengen Pollen eingepudert. Dieser offenbar ungenießbare Pollen wird abgestoßen. Das Tier reinigt seinen Rücken mit Hilfe des mittleren Beinpaars.

Hummeln unbeschränkt auf einem Gelände bewegen können. Ich überbaute deshalb ein großes Stück Wiese mit einer Abschirmvorrichtung. Viele verschiedene Pflanzen standen in Blüte, zusätzlich wurden weitere angepflanzt, um diesen Hummel-Supermarkt möglichst attraktiv zu machen. Auf die Wiese setzte ich eine kleine Hummelkolonie in einem Hummelkasten, der mittels einer Absperrung verschlossen werden konnte. Ich ließ immer nur eine Hummel ins Freie und beobachtete ihren Flug und alle Blütenbesuche, bis sie zurückkehrte und wieder eingelassen wurde. Danach kam die nächste Hummel und die übernächste, und irgendwann kam die erste wieder an die Reihe. Nachdem ich diese Hummeln auf der abgeschirmten Wiese einen Sommer lang beobachtet und mehrere Sommer lang einzelne Hummeln von morgens bis abends außerhalb der Abschirmung im Feld verfolgt hatte, wurden mir einige Verhaltensmuster der Sammlerinnen allmählich deutlich.

Die Arbeiterinnen begannen ihre Sammellaufbahn manchmal schon zwei Tage nach dem Schlupf. Unabhängig von ihrem Alter wählten aber alle neuen Sammlerinnen auf ihrem ersten Sammelflug die Blumen mehr oder weniger wahllos. Sie besuchten Blüten, die keinen Nektar oder keinen Pollen enthielten oder nur sehr kleine Mengen von beidem, aber auch Blüten mit reichlichem Ertrag. Manchmal versuchten sie, von Blüten, die nur Pollen enthielten, Nektar zu ernten, und umgekehrt. Gewöhnlich waren sie auf dem ersten Flug auch nicht fähig, an kompliziert gebauten Blüten die verborgenen Nektarreserven zu erreichen.

Unerfahrene Tiere waren ineffiziente Sammlerinnen aus mindestens zwei Gründen. Erstens: Sie sammelten Nektar an wenig ertragreichen Nektarlieferanten wie Goldrute und Aster, als

Abb. 9.4 Eine kurzrüsselige Hummel beim Nektarraub an einer Springkrautblüte. Da es dieser Spezies (B. terricola) hier nicht möglich ist, Nektar auf legitime Weise zu gewinnen, wird der nektargefüllte Sporn der Blüte aufgebissen.

Abb. 9.5   Hummeln an Eisenhutblüten. Oben versucht eine unerfahrene Hummel, von oben in die Blüte einzudringen (links) und zwischen den Staubgefäßen Nektar zu saugen (Mitte). Rechts oben eine Hummel, die durch Vibration der Staubgefäße Pollen gewinnt. Die untere Reihe zeigt, wie kleinere und große Hummeln den Nektar im Blüteninneren erreichen. Rechts unten die illegitime Methode, bei der die Staubgefäße umgangen werden. (Nach Heinrich, 1976 b.)

hochwertige Nektarwirte wie Springkraut und Glatte Schildblume zur Verfügung standen. Es gab allerdings einen Vorteil für die unerfahrenen Hummeln, an Goldruten und Astern zu sammeln, da diese Blüten einfach gebaut sind und ihre Ausbeutung keine besonderen Fähigkeiten erfordert. Trotzdem brauchten die unerfahrenen Hummeln etwa eine Stunde, um eine Ladung Nektar heimzubringen, während andere, die Glatte Schildblume und Springkraut identifizieren und auf die richtige Weise ausbeuten konnten, ihre Ladung in etwa sechs Minuten sammelten. Zweitens: Sie waren nicht in der Lage, bestimmten Routen oder Pfaden zu folgen, um die Flugzeiten zwischen ertragreichen Blumen zu minimieren. Drittens: Morphologisch komplexe Blüten wie die der Glatten Schildblume oder des Springkrauts wurden oft auf unangemessene Weise ausgebeutet; auch wenn diese Blüten besucht wurden, konnten die Tiere den Nektar nicht erreichen. Hummeln, die im Lauf der Zeit den richtigen Umgang mit diesen Blüten lernten, sammelten in sechs bis sieben Minuten volle Nektarladungen. Nachdem sie die richtige Methode des Eintritts in die Blüte beherrschten, versuchten sie sich auch auf gewaltsame Weise in noch geschlossene Blüten Einlaß zu verschaffen. Nicht immer hatten sie damit Erfolg; und ihr Verhalten sah dem der unerfahrenen Tiere ähnlich. Der Unterschied war, daß sie sich nur an der Stelle Zutritt zu verschaffen suchten, wo die Blüte sich auch wirklich öffnet.

Nach zwei bis sechs Sammelflügen waren die meisten Hummeln auf der abgeschirmten Wiese sachverständige Einkäufer geworden. Sie fanden die besten Angebote – Springkraut – und lernten, diese Blüten auf die richtige Weise auszubeuten, um Nektar zu gewinnen (Abb. 9.7). Zu dieser Zeit enthielt der Stock in meinem Hummelkasten einen Überschuß an Pollenvorräten und keine Larven, so daß Pollenwirte nicht besucht werden mußten. Die Hummeln spezialisierten sich auf die Nektarquelle Springkraut, wobei sie in kürzester Zeit auf höchste Gewinne kamen, eine Honigblase voll Nektar in sechs Minuten (Abb. 9.8). Wie schon G. A. Hobbs (1962) aus seinen

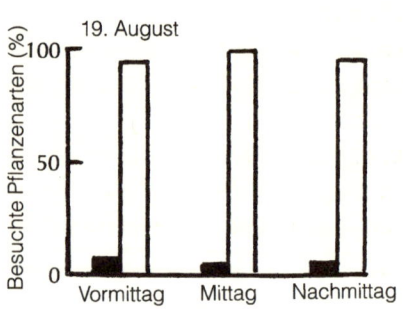

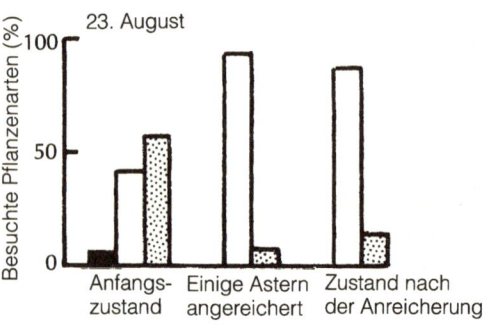

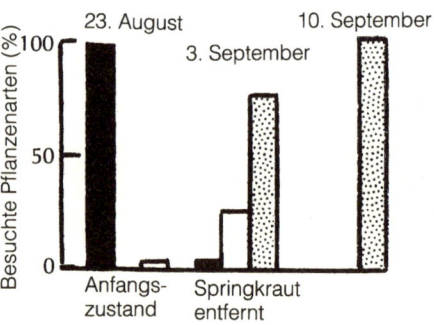

Springkraut

Aster

Goldrute

176

Beobachtungen schloß, kam wahrscheinlich jede Hummel unabhängig von ihren Stockgeschwistern zu ihrer Pflanzenwahl. Hätten sich die Hummeln über die Ergebnisse ihrer Sammelflüge verständigt, hätten sie mehr oder weniger gleichzeitig die gleichen Blumen besuchen und ausbeuten müssen; hier war es jedoch so, daß verschiedene Individuen sich zu verschiedenen Zeiten auf Springkraut spezialisierten. Der Zeitpunkt der Spezialisierung hing von dem zufälligen Zeitpunkt der Entdeckung dieser Blumen durch die Individuen ab. Hummeln, die bei ihrer ursprünglichen Wahl blieben – Goldrute und Aster –, hatten am wenigsten Aussichten auf Entdeckung der ertragreicheren Futterquellen.

Überraschend war, daß die Springkrautspezialistinnen nicht an anderen Trachtpflanzen (»minors«) sammelten. Das stimmte mit einem bestehenden mathematischen Modell optimaler Sammeleffizienz (Oster und Heinrich, 1976) nicht überein. Dieses Modell, das auf früheren Feldbeobachtungen an unsystematisch ausgewählten Hummeln basierte, die Haupt- und Nebenquellen besuchten, machte deutlich, daß der Besuch der Nebenquellen ein notwendiges Kompromißverhalten bei schwankender Verfügbarkeit von Ressourcen darstellte. Offensichtlich ist es jedoch so, daß Hummeln die sofort erhältlichen Gewinne maximieren, wenn Hauptsammelpflanzen, auf die sie

Abb. 9.6 Individuelle Sammelpräferenzen und Änderungen der Spezialisierung dreier Bombus-fervidus-*Arbeiterinnen in einem Gebiet mit blühenden Astern, Goldruten und Springkraut. Die obere Graphik zeigt in Abschnitten drei Sammelflüge einer Hummel zu verschiedenen Tageszeiten und beweist ihre Blütenstetigkeit. Die mittlere Graphik zeigt drei aufeinanderfolgende Sammelflüge eines anderen Individuums in ihrem Verlauf, vor, während und nach der Anreicherung der Nebenquellen (»minors«) mit Zucker. Die Spezialisierung wechselt. Nach dem letzten Besuch an den nun nicht mehr angereicherten Asternblüten verließ die Hummel das Gebiet. Die Graphik unten zeigt in Abschnitten drei Sammelflüge, bevor und nachdem die Hauptsammelpflanzen (»majors«), Springkraut, durch mich aus dem Gebiet entfernt worden waren. Die Hummel probierte verschiedene Blumen aus und spezialisierte sich dann auf Goldrute. (Aus Heinrich, 1976 b.)*

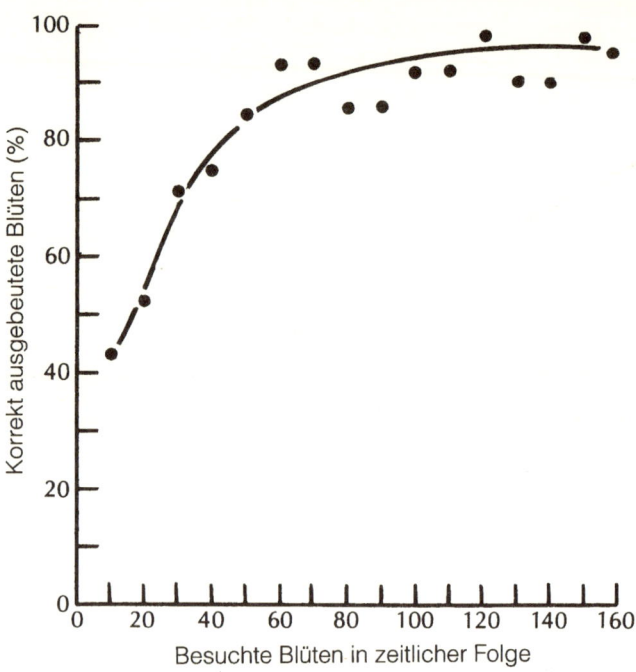

Abb. *9.7* Bombus-vagans-*Arbeiterinnen verbessern ihre Fertigkeit im Ausbeuten von Springkrautblüten. Die Graphik beginnt bei der ersten Blüte, die auf dem ersten Sammelflug entdeckt wird, und endet bei der 150. Blüte. (Nach Heinrich, 1978.)*

spezialisiert sind, über eine bestimmte Höhe hinaus Ertrag bringen.

Auch der Einkäufer im Supermarkt kann sich daran gewöhnen, nur bestimmte Artikel aus den Regalen zu holen, aber anders als die Hummel ist ihm an einer abwechslungsreichen Kost gelegen. Die Hummel braucht nur zweierlei, Nektar und Pollen. Verschiedene Blumen unterscheiden sich hauptsächlich darin, daß sie diese beiden Stoffe unterschiedlich verpacken, so daß Hummeln durch Abwechslung der Blumen wenig an Nährwert gewinnen. Und auch wenn die Individuen in ihrem Sammelverhalten hochspezialisiert sind, kann Abwechslung in

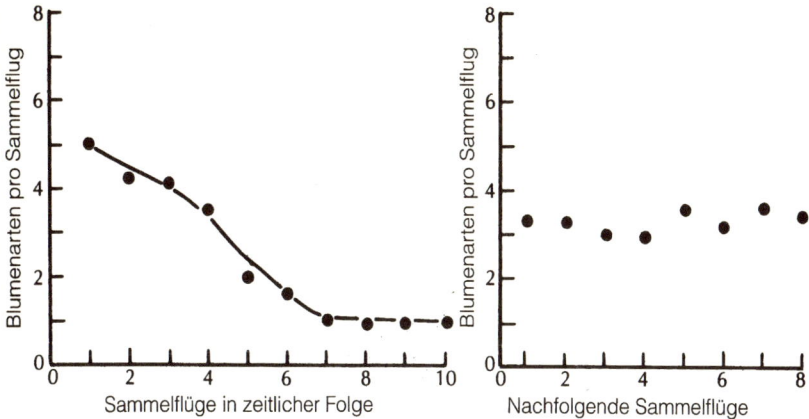

Abb. 9.8 Die Zahl der verschiedenen Blumen, die von Bombus-vagans-Arbeiterinnen besucht wurden, als Funktion der Zahl der aufeinanderfolgenden Sammelflüge (links), beginnend mit der ersten je besuchten Blume. Die Konkurrenz war auf ein Minimum beschränkt (das abgeschirmte Gelände konnte immer nur von je einer Hummel besucht werden). Als alle Spezialistinnen der Kolonie auf einmal sammelten (rechts), beuteten sie zunächst das Springkraut aus und besuchten auf nachfolgenden Flügen mehrere andere Sammelpflanzen. (Nach Heinrich, 1978.)

der Kost durch entsprechende Verteilung im Nest erreicht werden. Die Individuen können sich auf das Sammeln des einen oder des anderen Stoffes spezialisieren, aber gewöhnlich sammeln sie an Blüten, die Nektar bieten, ohne viel zusätzlichen Aufwand auch Pollen, und umgekehrt.

Auf dem freien Markt oder im Feld sind gute Angebote nur begrenzt verfügbar. Unsere einkaufende Hummel hat es mit einer ganz anderen Situation zu tun, wenn sie mit unzähligen Konkurrenten um Pollen und Nektar im Wettbewerb steht. Mit zunehmender Erschöpfung nähert sich der Wert der besten Futterquellen immer mehr dem der weniger begehrten an (Abb. 9.9). Die Zeit, die zur Gewinnung einer gegebenen Menge Zucker an diesen Quellen gebraucht wird, steigt deutlich an. Zum Beispiel brauchten Hummeln auf der abgeschirmten

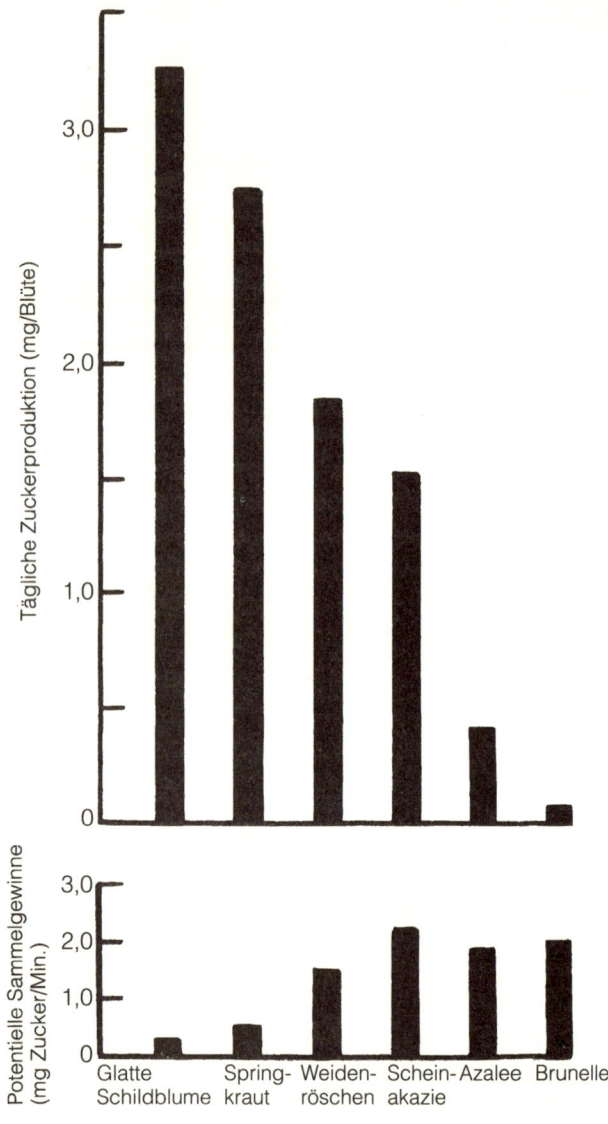

Wiese zunächst etwa sechs Minuten, um an noch nicht besuchtem Springkraut eine volle Nektarladung zu sammeln, sechzig Minuten an Goldruten. Aber nachdem ich alle Springkrautspezialistinnen gleichzeitig zum Sammeln ausfliegen ließ, stieg die Sammelzeit an Springkraut bis auf dreißig und vierzig Minuten, während die Sammelzeit für eine Nektarladung an den wenig besuchten Goldrutenblüten sich wenig oder gar nicht änderte. Als aufgrund der Konkurrenz der Stockgeschwister die Nektarwerte des Springkrauts sanken, verloren erfahrene Hummeln ihre bisherige Blütenstetigkeit und sammelten an Springkraut, wie vorher an den wenig ertragreichen Quellen, nur noch sporadisch. Wiederum erweiterte sich ihre Sammelpalette (Abb. 9.8). Obwohl sie tendenziell ihre individuellen Hauptsammelpflanzen beibehielten, besuchten sie nun viele verschiedene Blumen und bildeten kleinere Spezialitäten aus. Die von ihnen ausgewählten Blumen hatten vielleicht einen ähnlichen Nektargehalt, doch es ist möglich, daß die Hummeln sie hauptsächlich in ihrer Unterschiedlichkeit wahrnahmen, denn die unterschiedlichen Fertigkeiten der Blütenbearbeitung einzelner Tiere erbringen an verschiedenen Blütenarten verschiedene Nektarmengen.

Die konkurrierenden Hummeln im abgeschirmten Gelände besuchten mehr Blumenarten pro Sammelflug (oder pro Zahl der insgesamt besuchten Blumen) als die Hummeln außerhalb der Abschirmung, die unter mindestens demselben Konkurrenzdruck standen. Grund dafür könnte die Zahl und die Größe der verschiedenen Pflanzenstandorte gewesen sein. Innerhalb wie außerhalb der Abschirmung besuchten die Hum-

Abb. 9.9 Tägliche Zuckerproduktion einzelner Blüten (oben) und potentieller Reinertrag an Zucker pro Minute Sammelzeit (berechnet aus der Zahl der besuchten Blüten pro Minute und der Nektarmenge, die nach den Besuchen pro Blüte übrigblieb) an nicht abgeschirmten, hauptsächlich von Hummeln besuchten Blüten. Teilweise aufgrund der Erschöpfung der hochergiebigen Nektarquellen boten viele Blumen am Ende im großen und ganzen ähnliche Erträge. (Aus Heinrich, 1976 b.)

meln auf mehreren hintereinander folgenden Sammelflügen oft die gleichen Blumengruppen und die gleichen Einzelblumen (allerdings nicht unbedingt zielbewußt). Aber sie blieben nicht für unbegrenzte Zeit an einem Standort. Es gab die Tendenz, von einer Gruppe zur nächsten zu fliegen, und wenn es keine Stellen mehr gab, wo eine bestimmte Blumenart in Gruppen zusammenstand, gingen die Hummeln dazu über, andere Blumenarten zu besuchen. Außerhalb der Abschirmung gab es gewöhnlich eine unbeschränkte Zahl von Stellen mit dicht zusammenstehenden Blumen einer Art, und sobald sie sich spezialisiert hatten, suchten die Hummeln lieber weitere Standorte ihrer bevorzugten Art – solange sie blühte –, als daß sie zu anderen Blumen wechselten.

Wir kamen zu dem Schluß, daß es Spaß machen würde, das Sammelverhalten der Hummeln nicht nur im Feld, sondern auch im Labor zu untersuchen. Wichtig war dabei, daß wir künstliche Blüten für unsere Experimente benutzten, denn wir wollten die Reize, auf die die Hummeln reagieren, isolieren, zumindest aber unter Kontrolle haben. Natürliche Blüten besitzen verschiedene Düfte, Farben und eine bestimmte geometrische Anordnung ihrer Einzelteile. Es ist schwierig oder sogar unmöglich, diese potentiellen Reizelemente der Blüte im Feld unabhängig voneinander zu benutzen und abzuwandeln. Außerdem sind natürliche Blüten zu kurzlebig, als daß man sie für Sammelexperimente benutzen könnte. Einfache Blüten aus Buntpapier oder Klebeband herzustellen war leicht, aber ein System zu basteln, wodurch präzise Nektarmengen nach einem bestimmten Futterplan in die Blüten gelangten, erwies sich als weitaus schwieriger. Wir bestimmten eine Fläche von etwa einem halben Quadratmeter zum Sammelgebiet, in dem die Hummeln auf die gewöhnliche Weise sammeln konnten. Kleine Löcher im Boden dienten als Sirupquellen, sie waren durch darüber gesetzte künstliche Blüten (Sterne oder andere Muster in verschiedenen Farben) identifizierbar. Die Hummeln gelangten mit ihrem Saugrüssel durch eine Öffnung der künstlichen Blüte zu der Nektarquelle darunter. Der Nektar wurde manuell nachgefüllt; winzige, aber präzise dosierte Mengen von Sirup wurden von einem Apparat, der auf Knopfdruck reagierte, bis auf 0,5 Mikroliter genau durch eine kleine Kunststoffröhre abgegeben.

Nachdem wir einen ganzen Sommer, von morgens bis abends, manchmal sieben Tage in der Woche, damit verbracht hatten, Hummeln zu dressieren, indem wir ihnen immer nur 5 Mikroliter Sirup auf einmal verabreichten, kamen wir zu dem Ergebnis, daß die Hummeln bestimmte angeborene Präferenzen hatten, die ihre Lern- und Verlerngeschwindigkeit und ihre Fähigkeit, von weniger ertragreichen zu hochertragreichen Blumen überzuwechseln, entscheidend beeinflußten (Heinrich, Mudge und Deringis, 1977). Vor die Wahl gestellt zwischen zwei ertragreichen Blüten einer Farbe und zwei leeren Blüten der anderen Farbe, lernten sie allmählich, sich auf die ertragreichen Blüten zu beschränken. Nach etwa zweihundert Besuchen an weißen Blüten, die 1,0 Mikroliter einer fünfzigprozentigen Saccharoselösung pro Blüte enthielten, beschränkten sich die Hummeln auf weiße Blüten, während sie an blauen Blüten meistens schon nach weniger als fünfzig Blütenbesuchen blütenstetig wurden. Wenn sowohl weiße wie blaue Blüten Nektar enthielten, blaue aber sechsmal weniger als weiße, besuchten die Hummeln normalerweise die Blüten beider Farben, obwohl es einige Individuen gab, die den wenig ertragreichen blauen Blüten treu blieben (Abb. 9.10). Als die Hummeln auf eine einzige Farbe abgerichtet wurden, blieben sie dabei, auch als wir die gegensätzlich gefärbten Blüten mit Nektar füllten. Wir gingen dann dazu über, den Ertrag jener Blüten, auf die wir die Hummeln anfänglich abgerichtet hatten, mehr und mehr zu mindern – so versuchten wir, die Blütenfolge im Feld zu simulieren. Dabei fanden wir heraus, daß die auf Weiß abgerichteten Tiere sehr schnell auf Blau wechselten, die umgekehrte Folge konnten wir so gut wie nicht beobachten.

Wir folgerten daraus, daß Hummeln Blau eher als Weiß zu identifizieren lernen. Vielleicht, weil viele Hummeltracht-

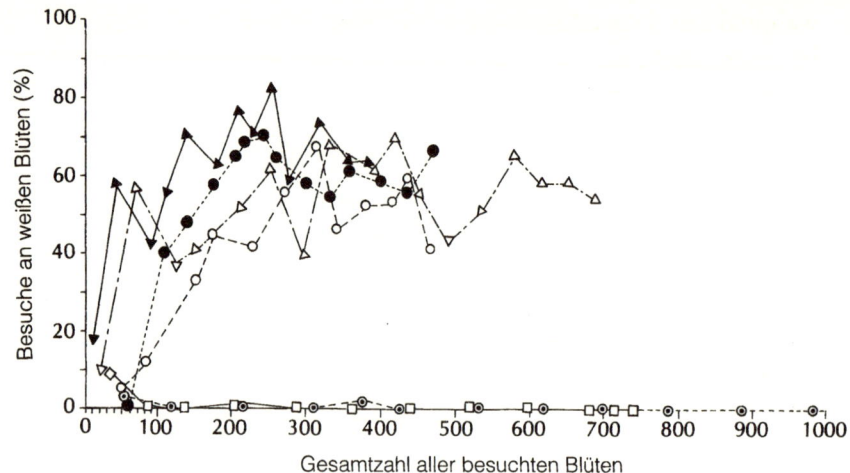

Abb. 9.10 Prozentsatz von Besuchen einer Bombus-terricola-Arbeiterin an künstlichen weißen Blüten als Alternative zu blauen Blüten. Jeder Besuch an Weiß wurde mit 3,0 µl einer 50prozentigen Saccharoselösung belohnt, der Besuch an Blau mit 0,5 µl derselben Lösung. Verschiedene Symbole bezeichnen verschiedene Individuen. Man beachte, daß trotz des spärlichen Lohns an Blau zwei Individuen einzig Blau beflogen, während die anderen Hummeln sporadisch zu Blau zurückkehrten. (Nach Heinrich, Mudge und Deringis, 1977).

pflanzen blau sind und weil diese Blüten sich in der Evolution als geeignete Futterquellen bewährt haben. Dazu kommt, daß an weißen Blüten Vorsicht geraten ist, weil viele von ihnen, von Fliegen bestäubt, nur sehr wenig Futter enthalten. Sogar als wir die weißen Blüten ergiebiger machten als die blauen, die sich allmählich völlig leerten, wurden letztere noch immer sporadisch von unseren Hummeln beflogen. Diese Vorsicht im Umgang mit weißen Blüten, die man auch in Experimenten mit Honigbienen beobachten konnte (Menzel, Erber und Masuhr, 1974), mag einfach Ergebnis der Tatsache sein, daß Bienen unfähig sind, sich Weiß ebensogut wie Blau zu merken. Die Dressurleistung an Weiß steigerte sich von einem Sammelflug zum nächsten über drei bis vier Stunden desselben Tages, aber während der folgenden zwanzig bis einundzwanzig Stunden bis zum nächsten Tag nahm sie ab. Der Prozentsatz der besuchten weißen Blüten stabilisierte sich erst, als sich die Dressurleistung am Tag in einem Maß steigerte, daß die negative Leistung der Nacht ausgeglichen werden konnte. Die Hummeln wechselten zu einer neuen Blütenfarbe, zum Beispiel Blau, als die Merkfähigkeit für Weiß nachgelassen hatte. Da aber die Identifikation von Blau zum Teil genetisch fixiert ist, vergaßen die Hummeln diese Farbe nicht, und nach der Dressur auf Blau schien es kaum noch möglich, auf Weiß zu wechseln.

Ich möchte nun die Sammelstrategie der Hummeln, wie sie sich nach diesen Untersuchungen darstellt, noch einmal zusammenfassen, bevor ich versuche, dieses Verhalten von einer ganz anderen Perspektive aus zu beleuchten: Hummeln können keine Hilfsmannschaften ausheben, und sie können andere Bienen nicht überwältigen und ihre Nester ausrauben; sie können auch keine Nahrungsterritorien erobern und verteidigen, wie es Stachellose Bienen tun, und sie werden nicht durch Stockgeschwister zu ergiebigen Trachtpflanzen geführt wie Honigbienen. Soweit wir wissen, muß jede Sammlerin für sich entscheiden, welche Blumen zu einer gegebenen Zeit den besten Ertrag bringen. Zu Beginn ihrer Sammelkarriere versuchen sich die einzelnen Hummeln an vielen Blüten auf einem ausgedehnten Gelände. Zu diesen Zeiten ist es nahezu unmöglich, ihnen zu folgen, weil sie schnell fliegen und nicht lange an einer Stelle bleiben. Allmählich lernen sie dann, morphologisch komplexe Blüten auf die richtige Weise auszubeuten und unergiebige Blüten zu meiden. Sie spezialisieren sich auf Standorte und Blumen und etablieren feste Routen zwischen ertragreichen Trachtpflanzengruppen. Maximale Sammelgewinne sind nur dann möglich, wenn sie die richtige Blume auswählen und die Blüten dieser Pflanzen auf die richtige Weise bearbeiten, so daß sie die vorhandenen Nahrungsreserven zur Gänze gewinnen. Wenn die meisten der hochergiebigen Nektarquellen erschöpft sind und alle Blumen nur wenig und kaum unterschiedliche Erträge bieten, ist die Wahl der Spezialisierung minder wichtig. Ob Gewinn gemacht wird oder nicht, hängt dann noch mehr von den Sammelfertigkeiten ab, besonders wenn die Blüten, die zur Verfügung stehen, kompliziert gebaut sind und präzise Handhabung verlangen.

Bei den Hummeln einer Kolonie gibt es Arbeitsteilung. Das Sammeln an den verschiedenen Futterquellen, die unterschiedliche Sammelfertigkeiten erfordern, wird aufgeteilt. Diese Arbeitsteilung folgt keinem Plan. Die Hummeln stellen sich einfach auf die wechselnden Arbeitsanforderungen ein. Sie übernehmen die Aufgaben, die sich anbieten. So kommt es, daß die Blumen, die den größten Gewinn erbringen, die meisten Hummeln anziehen, während die weniger ergiebigen Pflanzen weniger besucht werden. Das Ergebnis ist ein Muster der Arbeitsaufteilung in der Gruppe, das sich vom individuellen Arbeitsmuster ableitet. Obwohl die Hummeln auf eigene Faust arbeiten, ist in ihrem Zusammenwirken eine Ordnung erkennbar; manchmal scheint es, als ob die Individuen von einer unsichtbaren Hand geleitet würden.

Ist das individuelle Sammelmuster, das ausgebildet wird, um den Individuen die beste Ernte einzutragen, wirklich das beste für die Kolonie? Es wäre möglich, daß einige Arbeiterinnen die Nestvorräte eher mehren, wenn sie an weniger einträglichen Trachtpflanzen sammeln, als wenn sie das individuelle Sammeloptimum zu erreichen suchten. Wenn beispielsweise die Arbeiterin Nr. 1 die Blume A besucht und daran 1,0 Energieeinheiten gewinnt, während die Arbeiterin Nr. 2 die Blume B besucht und 0,4 Einheiten gewinnt, dann beträgt der Reingewinn der Kolonie 1,4 Energieeinheiten. Wenn die Arbeiterin Nr. 2 nur danach strebte, ihren individuellen Gewinn zu maximieren, müßte sie, wie jene Exemplare, die sich auf die angereicherten Blüten spezialisierten, eher an Blume A als an B sammeln. Wenn sie an denselben Blumen sammelte, die schon von Arbeiterin Nr. 1 beflogen werden, würde sie mit ihrer Stockschwester konkurrieren und deren Gewinn eventuell von

1,0 auf 0,5 Einheiten drücken, während ihr eigener Gewinn von 0,4 nur auf 0,5 Einheiten stiege. Resultat der individuellen Sammeloptimierungsstrategie wäre, daß die beiden Arbeiterinnen nur 1,0 Energieeinheiten als Reingewinn zum Stock bringen würden, während sie bei Kooperation auf 1,4 Einheiten kommen.

Tatsächlich ist die Kooperation beim Sammeln nur zeitweilig von Vorteil und nur in dem speziellen Fall, wenn alle Hummeln in einem einzigen kleinen Gebiet mit wenigen Blumen und unter Ausschluß von Konkurrenten anderer Kolonien sammeln. Wenn die Arbeiterin Nr. 2 den Sammelgewinn von Arbeiterin Nr. 1 von 1,0 auf 0,5 Einheiten drücken kann, bedeutet dies, daß nur wenige Trachtpflanzen zur Verfügung stehen. Beide Hummeln werden in jedem Fall Blume A befliegen müssen, um zu ernten, was noch zu ernten ist, und die 0,5 Restenergieeinheiten unter sich aufzuteilen.

Hummeln haben kein Monopol auf Futterterritorien, und es kommt vor, daß sie viele Kilometer von ihrem Nest entfernt sammeln, wie man es von Honigbienen kennt. Es konnte durch ein Experiment nachgewiesen werden, daß fünfundzwanzig Kolonien, die in unmittelbarer Nachbarschaft einer ersten, gekennzeichneten Kolonie angesiedelt wurden, deren Sammelerfolg kaum beeinträchtigten (persönliche Mitteilung von Sydney Cameron). Ich selbst habe auf einem Berggipfel in Maine Hummeln mit Distelpollen an den Beinen gesehen, obwohl der ganze Berg dicht bewaldet war und nirgends Disteln wuchsen. Hummeln in Maine fliegen regelmäßig über die offene See, um auf den vor der Küste liegenden Inseln zu sammeln.

Da die Sammelgebiete der Hummeln also oft weit vom Stock entfernt sind, ist es unwahrscheinlich, daß eine Kolonie allein in der Lage ist, die Ressourcen ihrer Sammelgebiete wesentlich zu dezimieren. Die einer Kolonie zur Verfügung stehenden Blumen werden hauptsächlich von Hummeln und Bienen anderer Kolonien ausgebeutet. Hummeln, die in einer Entfernung von nur 91 Metern vom Nest sammeln, stehen 6,5 Morgen zur

Verfügung, und bei einer minimalen Dichte von einer Blume pro Quadratmeter bedeutet dies immer noch 26000 ausbeutbare Futterquellen. Bei einer Entfernung von 1608 Metern vom Nest sind 2011 Morgen Sammelgebiet, mit einer Menge von 8 Millionen Blumen. 4824 Meter Nestentfernung ergeben 18103 Morgen und 73 Millionen Blumen. Eine Hummel, die 20 Blumen pro Minute besucht, würde die zukünftigen Sammelerfolge einer Stockschwester nicht wesentlich beeinträchtigen, es sei denn, sie sammelten zufällig an genau denselben Blüten. Für die Kolonie ist durch Kooperation beim Sammeln – Selbstbeschränkung einiger Individuen auf minder ergiebige Trachtpflanzen – nichts zu gewinnen, da jegliche Gewinne, die sich in den hochergiebigen Trachtpflanzen ansammeln könnten, mit größerer Wahrscheinlichkeit von Konkurrenten anderer Kolonien eingeheimst werden als von den Stockgeschwistern.

Honigbienen, die sich in den tropischen Gebieten der Alten Welt entwickelten – bezüglich der Nahrungsquellen ein völlig anders gearteter Lebensraum als der der Hummeln –, zeigen sich in ihrem kollektiven Sammelverhalten ganz anders. In den Tropen finden sich reiche Futtervorkommen gewöhnlich in konzentrierter Form an üppig blühenden Bäumen, während sich die Futterquellen in den Tundren und gemäßigten Gebieten, den Lebensräumen der Hummeln, auf einzelne Blumen verteilen, die über große Gebiete verstreut sind. Reiche und konzentrierte Ressourcen, die in solchen Mengen zur Verfügung stehen, daß eine einzige Arbeiterin nicht fähig ist, sie einzutragen, werden am zweckmäßigsten von kommunizierenden Bienen ausgebeutet: Die Entdeckerin der Quelle, die ihren Stockgenossen den Standort der Futterquelle mitteilt, wird auch bei großen Sammelerfolgen der anderen ihren eigenen Gewinn nicht beeinträchtigt sehen.

Anders als bei Hummeln ist bei Honigbienen die Kommunikation ein wesentlicher Bestandteil des Sammelverhaltens. Nachdem eine ergiebige Quelle entdeckt ist (die nicht unbedingt die am besten erreichbare Quelle ist), geben die

Kundschafterinnen dies dem Stock durch Tänze zu verstehen. Der Tanz ist eine symbolische Sprache, die den Neulingen die Anweisung gibt, auszufliegen und nach Futter zu suchen, und zwar nach solchem Futter, das denselben Duft trägt wie der an der Tänzerin haftende. Wenn es sich um eine weit entfernte Futterquelle handelt, beinhaltet der Tanz auch Informationen über die einzuschlagende Richtung – relativ zum Stand der Sonne – und über die Distanz. Die Neulinge folgen den Tänzerinnen, »lesen« ihre Botschaft und fliegen aus, um dort nach Futter zu suchen, wohin sie geschickt wurden. (Karl von Frisch hat sein ganzes Leben der Erforschung der Tanzsprache der Bienen in all ihren Einzelheiten gewidmet, die Ergebnisse seiner Arbeit sind in vielen seiner Werke nachzulesen, eines der wichtigsten ist: *Tanzsprache und Orientierung der Bienen.*)

Viele Honigbienen können gleichzeitig eine Vielzahl von Futterquellen in vielen Gebieten entdecken. Verwirrung im Stock durch ein Übermaß von Informationen wird durch eine Reihe von Verhaltensmechanismen vermieden, die zusammenwirken, um unter allen Angeboten die beste Quelle auszuwählen. Zunächst gibt es nur wenige Kundschafterbienen, und nur ein kleiner Prozentsatz der Sammlerinnen tanzt. Zweitens werden erst nach mehreren weiteren Testsammelflügen der Kundschafterinnen die Neulinge zu der Quelle geschickt, es sei denn, die hohe Güte und Ergiebigkeit der Trachtpflanze ist sofort feststellbar. Drittens zeigen die Tänze selbst durch ihre größere oder geringere Intensität, wie profitabel die Quelle ist, die entdeckt wurde; je nachdem, ob der Tanz matter oder lebhafter ist, erhält die Sammlerin mehr oder weniger Unterstützung aus dem Stock. Viertens erhalten die Neulinge Proben des entdeckten Futters von der Tänzerin; sie lernen dadurch nicht nur die Art der Quelle kennen, sondern auch ihren Duft und ihre Qualität, das heißt ihre Zuckerkonzentration. Fünftens geben die Sammlerinnen ihren Nektar (nicht jedoch Pollen) im Stock an andere Bienen ab, sie tanzen nicht, wenn sie ihren Sammelertrag nicht loswerden können. Somit hängt die Tanzlust von der Nachfrage ab, das heißt vom Bedarf des Stocks an dem Produkt, für das die Sammlerin Reklame macht. Die Bienen im Stock zeigen den Bedarf an, indem sie den konzentrierten Nektar, der von Sammlerinnen ausgewürgt wird, eher entgegennehmen als den wäßrigen (es sei denn, die Kolonie braucht bei hohen Lufttemperaturen Wasser, um Überhitzung zu verhindern). Wenn heimkehrende Sammlerinnen für den von ihnen gesammelten Nektar keine Abnehmer finden, hören sie auf zu sammeln und zu tanzen. An diesem viele Einzelentscheidungen umfassenden Kommunikationsprozeß nimmt der ganze Stock teil, so daß er als Ganzes zur Ausbeutung der besten aller verfügbaren Futterquellen hingeführt wird.

Es sind mehrfach Versuche unternommen worden, die Fähigkeiten und Verhaltensweisen der Honigbienen praktisch zu nutzen, indem man sie auf ausgewählte Trachtpflanzen dressierte (Free, 1958). Die Methode bestand gewöhnlich darin, daß man alle heimkehrenden Sammlerinnen über ein Beet jener Blumen laufen ließ, zu denen man den Stock zu führen wünschte. An den erfolgreichen Sammlerinnen, die alle möglichen Blumen besucht hatten, haftete nun immer derselbe Duft – Duft von Blumen, die sie nicht einmal ausgebeutet haben mußten. Gewissermaßen brachte man die Tiere dazu, dem Stock Lügen zu erzählen. Eindeutige Ergebnisse konnten mit dieser Methode nicht erzielt werden, wahrscheinlich deshalb, weil Bienen nicht lang an der Nase herumgeführt werden können, wenn sie an den Trachtpflanzen, zu denen sie geschickt werden, keine ausreichenden Erträge gewinnen.

Während also ein Honigbienenstock auf Kooperation und Kommunikation angewiesen ist, um erfolgreich zu sammeln, baut die Hummelkolonie auf individuelle Initiative. Jedes Tier handelt nach einer spezifischen lebensgeschichtlichen Strategie in seinem spezifischen Lebensraum. Eine Kolonie von Honigbienen gleicht einer großen Handelsgesellschaft, die sich nach den großen Märkten richtet. Aufgrund ihrer ausgeklügelten Struktur und ihrer riesigen gemeinschaftlichen Speicheranlagen ist sie in der Lage, Perioden mit magerem Nahrungsangebot gut durchzustehen und sich Glücksumstände schnell zunutze zu machen. Im Gegensatz dazu ist die Hummelkolonie individualistischer aufgebaut, sie gleicht eher einer Manufaktur. Sie lebt von der Hand in den Mund, beutet kleine, zerstreute Energiequellen aus, die in den meisten Fällen von individuell operierenden Arbeiterinnen entdeckt und bearbeitet werden, und gedeiht dabei aufs beste. Überraschende Glücksfälle wie blühende Bananenstauden mit sehr vielen nektarreichen Blüten kommen in den Lebensräumen von Hummeln selten vor, während Honigbienen, die ihren Ursprung in tropischen Regionen haben, eher damit rechnen können. Hummeln brauchen kein ausgeklügeltes Kommunikationssystem. Es könnte sogar von Nachteil sein, da es einzelne Tiere, die besser damit beschäftigt wären, auf eigene Faust Nahrung zu suchen, auf falsche Wege brächte. Statt untätig im Stock darauf zu warten, daß eine Sammlerin ankommt und mit ihrem Tanz die Richtung angibt, sind Hummeln in Gebieten mit ständig wechselndem Blütenbestand immer auf der Suche nach neuen Futterquellen, die sie selbständig entdecken.

Die unterschiedlichen Sammelstrategien von Bienen und Hummeln weisen interessante Analogien zu menschlichen Systemen auf. Menschen neigen dazu, menschliche Ideen und Traditionen in der Natur zu entdecken, sie versuchen, in der »natürlichen« Ordnung die Bestätigung für ihre eigenen Ordnungen zu finden. Aber man sollte nicht vergessen, daß keine Arbeitsbiene, die etwas auf sich hält, den Rat einer Wanze annehmen würde, wenn es ums Geschäft geht, wie der Schriftsteller Elbert Hubbard sich ausgedrückt hat. Insekten können uns bei der Lösung unserer menschlichen Probleme nicht weiterhelfen, und wir sollten nicht versuchen, bei Bienen oder Wanzen Rat einzuholen. Wir sind vernunftbegabte Wesen, und es wäre verrückt, wenn wir uns der Umwelt anpassen wollten, indem wir wie Automaten agieren und unseren Verstand ausschalten. Ebenso verrückt ist es, Bienen und Hummeln vernünftiges Verhalten zu attestieren. Und doch sind Bienen seit den Zeiten der Bibel immer wieder als Beispiele einer »natürlichen« Ordnung herangezogen worden. Bienenstöcke wurden als Monarchien gesehen, mit der Königin und ihren gehorsamen Dienern, oder als eine kommunistische Organisation, wo jeder nach den eigenen Fähigkeiten arbeitet und jeder das erhält, was er braucht. Die Wirtschaft einer Hummelkolonie bietet, besonders wenn man das Sammelverhalten studiert, ein anschauliches Beispiel für die Wirkungsweise der individuellen Initiative. Jedes Individuum strebt nach einem Höchstmaß an Sammelerfolg, und alle Erfolge nützen der ganzen Kolonie. Dies scheint dem ökonomischen Modell, wie es von Adam Smith in seiner *Untersuchung über Natur und Wesen des Volkswohlstandes* formuliert worden ist, auf frappante Weise zu entsprechen. Smith glaubte, daß das Individuum nur durch Arbeit im eigenen Interesse, mit dem Ziel der Verbesserung der eigenen Lebensumstände, zum allgemeinen Wohlstand beitrage: »Nicht von dem Wohlwollen des Fleischers, Brauers oder Bäckers erwarten wir unsere Mahlzeit«, schrieb er, »sondern von ihrer Bedachtnahme auf ihr eigenes Interesse. Wir wenden uns nicht an ihre Humanität, sondern an ihre Eigenliebe, und sprechen ihnen nie von unseren Bedürfnissen, sondern von ihren Vorteilen.« Individuelle Initiative war für ihn der beste Garant für das Wohl des Staates. Bei den Hummeln sind es jene Kolonien, deren Sammlerinnen unter sonst gleichen Umständen die individuelle Initiative am besten entwickeln und die ertragreichsten Blüten zu entdecken und auszubeuten wissen, die die meisten neuen Königinnen und Drohnen produzieren.

Die Aufteilung der Sammelspezialisierungen bei Hummeln, die Entstehung von Spezialistinnen, die mit ihren jeweiligen Trachtpflanzen dem Wohl des Stocks dienen, entspricht Adam Smith' Gedanken der Spezialisierung in menschlichen Gesellschaften. Smith sagte, daß Individuen sich nur dann spezialisieren, wenn ihre Arbeit Gewinn verspricht; die Gewinne werden dann ausgetauscht (mittels Geld oder Kapital) zum Nutzen anderer Individuen mit anderen Fertigkeiten. Somit verbessert die Spezialisierung die Produktivität, da kein einzelner Mensch alle Fertigkeiten beherrschen muß, die zur Befriedigung der menschlichen Bedürfnisse erforderlich sind. Jeder profitiert durch den Austausch der Güter und Dienstleistungen in der Gesellschaft. Die Individuen, die ihren eigenen Vorteil im Auge haben, werden dort beschäftigt (an ihren jeweiligen Spezialblumen, im Fall der Hummeln), wo sie der Gesellschaft am meisten nützen. Im Lauf der Zeit wird die Arbeit auf solche Weise aufgeteilt, wie es den Erfordernissen und Bedürfnissen der Gesellschaft entspricht. Bei Hummeln ernten unspezialisierte Individuen die ertragreichsten Blumen nicht mit gleicher Geschwindigkeit wie spezialisierte, und keine Sammlerin spezialisiert sich auf minder ertragreiche Blumen, wenn bessere zu finden sind.

Adam Smith zufolge mündet die gesellschaftliche Spezialisierung notwendigerweise in wechselseitige Abhängigkeit, Interdependenz. Interdependenz (und Spezialisierung) kann nur erreicht werden durch Austausch akkumulierten Kapitals (was die Arbeitskraft vertritt). Auch das stimmt für Hummeln, außer daß die gesammelten Rohstoffe sofort allen Mitgliedern des Stocks zugänglich sind, statt an einzelne verteilt zu werden, die es weitergeben an die Gesellschaft. Zum Beispiel nähren sich jene Individuen, die Pollen sammeln, von dem von anderen Individuen gesammelten Honig, und Sammelspezialistinnen überlassen die Dienste im Stock und die Brutpflege anderen und widmen sich ganz dem Sammeln. Bei allen sozialen Bienen ist das Kapital, das zwischen den diversen Spezialisten ausgetauscht wird, natürlich Honig und Pollen.

Kapital bezieht seinen Wert aus Arbeit. Bei Bienen und Hummeln kann der exakte Wert ihres Kapitals, Honig, leicht aus der Arbeitskraft, die zum Sammeln erforderlich war, errechnet werden. Zum Beispiel beobachtete ich einige *Bombus-fervidus*-Exemplare, die 44 Rotkleeblüten pro Minute besuchten; da die Blüten im Durchschnitt 0,05 mg Zucker enthielten (bei

Abschirmung gegen konkurrierende Insekten), erhielten die Hummeln bis zu 2,2 mg Zucker pro Minute. Was sie zum Sammeln investiert hatten, waren durchschnittlich 0,1 mg Zucker pro Minute (siehe Kapitel 7), so daß ein typisches Individuum dieser Spezies 2,1 mg Zucker pro Sammelminute akkumulierte. Hummelhonig besteht zu neunzig Prozent aus Zucker wie der Honig der Honigbienen. 0,45 kg Honig enthalten 408 000 mg Zucker. Folglich stellt ein Pfund Rotkleehonig für *Bombus fervidus* etwa ein Hummeljahr Sammelarbeit dar, wenn man einen Arbeitstag von zehn Stunden zugrunde legt ($1/408 \times 10^3$ mg $\times$ 2,1 mg/Min. $\times$ 600 Min./Tag $\times$ 365 Tage/Jahr = 1,13 Hummeljahre); in dieser Zeit sind von den Hummeln 9,6 Millionen Rotkleeblüten besucht und wahrscheinlich bestäubt worden. Auf dem freien Markt der Felder, wo es keine Abschirmung gegen Konkurrenten gibt, enthalten die Blüten allerdings nur durchschnittlich 0,005 mg Zucker, und der Wert der gleichen Menge Kapitals steigert sich auf 11,3 Jahre Sammelarbeit (statt 1,13). Kurzrüsselige Hummeln und Honigbienen besuchen weniger als halb soviel Kleeblüten pro Minute wie *Bombus fervidus.* Die Kosten ihrer Arbeit sind auf dem freien Markt so unerschwinglich hoch, daß jene Spezies von den schnelleren Arbeiterinnen von *Bombus fervidus* und anderen ausgestochen und ersetzt werden. Umgekehrt können die kurzrüsseligen Hummeln die *Bombus-fervidus*-Konkurrenten an anderen Blüten, besonders solchen mit kurzen Kronröhren, übertreffen.

Wie bei dem von Adam Smith beschriebenen ökonomischen System gibt es auch bei Hummeln selten eine Inflation – eine gegebene Menge Honig (Kapital) repräsentiert immer eine mehr oder weniger konstante Menge Arbeit. Streiks, die in menschlichen Systemen dazu dienen, den Wert der Arbeit gewaltsam zu steigern, kommen nicht vor. In der Welt der Bienen und Hummeln sind Streikbrecher Legion, und der Wert der Arbeit kann nicht künstlich (das heißt in bezug zu der tatsächlichen Arbeitsleistung zur Herstellung des Produkts) gesteigert werden, weil es keine organisierte

Macht gibt, die die Konkurrenz der Arbeitenden untereinander eliminiert.

Aber es herrscht auch keine Tyrannei. Es gibt keine Monopole, die die Rohstoffversorgung kontrollieren. Alle Bienen und Hummeln haben Zugang zu allen Blumen.

Wo die Bien', saug' ich mich ein,
Bette mich in Maiglöcklein,
Lause da, wenn Eulen schrein,
Fliege mit der Schwalben Reihn
Lustig hinterm Sommer drein.

Shakespeare: *Der Sturm*

Zehntes Kapitel
Interspezifische Konkurrenz

Im Moor oder auf einer Wiese sieht man Dutzende von Hummeln, die auf scheinbar zufälligen Wegen von Blume zu Blume fliegen. Bei näherem Hinsehen kann man erkennen, daß es sich um Vertreter verschiedener Spezies handelt und daß die Exemplare einer Spezies aus verschiedenen Nestern stammen. Wenn man das weiß, wird einem auffallen, daß die Bewegungen der Individuen gar nicht so zufällig sind, wie man zunächst dachte. Alle Hummeln suchen im Supermarkt der Natur nach lohnenden Angeboten. Einige finden sie. Je nach der Spezies favorisiert man unterschiedliche Blüten. Die Individuen eines Volkes können unterschiedliche Sammelgebiete befliegen und unterschiedliche Blumen ausbeuten. Einige Tiere verlassen die Trachtblume, sobald eine andere Hummel ankommt, andere verzichten auf den Besuch einer Trachtblume, die vor kurzem ausgebeutet wurde. Ein erster Blick über das Moor, die Wiese zeigt das Offensichtliche: Viele Arten nähren sich von den gleichen Rohstoffen. Weniger offensichtlich ist, daß es einen harten Wettbewerb um die wenigen vergänglichen Angebote gibt und eine Vielzahl von Strategien, sich in diesem Wettbewerb zu behaupten.

Die Pflanzen eines Gebiets sind nie nur einer einzigen Hummel zugänglich. Viele sind auf die gleichen Ressourcen aus, und um die beste Methode kennenzulernen, sich diese Ressourcen anzueignen, bedarf es einer Reihe von Entscheidungen. Eine der entscheidenden Fragen lautet: Soll man sich mit ganzer Kraft dem Sammeln widmen, oder soll man Zeit und Energie aufwenden, um das Gebiet abzufliegen und zu versuchen, Konkurrenten aus dem Feld zu schlagen? Die letztere Art der Konkurrenz, genannt Konkurrenz durch Interferenz, ist von vielen Tieren bekannt, die Reviere mit reichen und konzentrierten Nahrungsvorkommen verteidigen, zum Beispiel von den Stachellosen Bienen Zentralamerikas.

Haufen von Kadavern bleiben nach den Kämpfen zwischen konkurrierenden Kolonien der Stachellosen Bienen an Orten mit üppigen Futterquellen, etwa blühenden Bananenstauden, zurück (Johnson und Hubbel, 1974). Die Kolonien mit den aggressivsten und zahlreichsten Mitgliedern verdrängen die schwächeren Konkurrenten gewaltsam aus den bevorzugten Sammelgebieten.

Wie Honigbienen und Hummeln gehören die Stachellosen Bienen zur Familie der Apidae. Jahrhundertelang haben die Eingeborenen des tropischen Amerika Honig und Wachs von ihnen gewonnen. Die meisten Spezies der Stachellosen Bienen können wenn nötig ihre Nestgenossen alarmieren und erreichen in dichten Trauben von Hunderten von Individuen die besten Futterquellen, gezuckerte Köder oder die Blütenstände tropischer Pflanzen, die große Mengen Pollen und Nektar enthalten. Diese Weise der Nahrungsgewinnung ist für diese Spezies auf zweifache Weise von Vorteil. Zunächst kann die hochergiebige Futterquelle von einer Kolonie sehr schnell ausgebeutet werden; wäre dies nicht der Fall, könnten ihr Konkurrenten zuvorkommen. Die große Masse der Tiere ist aber auch in der Lage, eine gute Futterquelle gegen Eindringlinge, besonders Spurbienen anderer Kolonien, zu verteidigen. Es ist wichtig, diese Kundschafter daran zu hindern, die Quelle zu entdecken, denn wenn sie sie erst einmal entdeckt haben, können auch sie mit einer Menge alarmierter Stockgenossen ankommen und die Konkurrenten zu vertreiben versuchen.

Die aggressive Strategie einer Spezies der Stachellosen Bienen ist von Vorteil, wenn es sich um reiche und konzentrierte Futtervorkommen handelt. Doch bleibt diese Strategie auf solche Arten beschränkt, die in effizienter Weise Stockgenossen alarmieren und ihren Konkurrenten wesentlichen Schaden zufügen können. Einige dieser Arten attackieren an ergiebigen Trachtpflanzen unweigerlich Konkurrenten – aber nur, wenn sie sich selbst dadurch nicht in Gefahr bringen. Sie handeln stets nur im eigenen Interesse.

Es gibt kein Rezept für das beste Sammelverhalten. Eine einmal gefundene optimale Strategie kann sich drastisch verändern, wenn die Futterquellen nicht mehr an einem einzigen bisher beflogenen Sammelort massenhaft zur Verfügung stehen. Je weiter die Trachtpflanzen zerstreut sind, desto weniger lohnt es sich, zu ihrer Ausbeutung und Verteidigung Nestgenossen herbeizurufen, und desto schwieriger ist es, ein Gebiet zu kontrollieren und zu verteidigen. Im Fall zerstreuter Trachtpflanzen sammeln Konkurrenten friedlich (ohne Kontakt miteinander) Seite an Seite; allerdings kann der Wettbewerb auf andere Weise unerbittlich fortgeführt werden, indem nämlich versucht wird, die Rohstoffe schneller als der Mitbewerber zu ernten. Kämpfe wären unter diesen Umständen nur eine Belastung, denn auch die Gewinner würden verlieren – jede Aggression verschlingt Zeit und Energie, die man zum Sammeln nutzbringender anlegen kann. Die nichtaggressiven sozialen Wildbienen, die das Sammeln nicht unterbrechen, tragen mehr Futterenergie ein und sind im Wettbewerb die Überlegenen. Diese Art der Konkurrenz, genannt Konkurrenz durch Ausbeutung, führt gewöhnlich zur Erschöpfung der Ressourcen bis zu einem Punkt, wo die Ausbeutung sich ökonomisch kaum noch lohnt. Voraussetzung für die Konkurrenz durch Ausbeutung sind energetische Sparsamkeit und effiziente Sammelmethoden.

Hummeln haben es normalerweise nicht mit hochergiebigen, massenhaft verfügbaren Trachtpflanzen zu tun. Die meisten Blumen in gemäßigten und arktischen Zonen enthalten Nektar nur in winzigen Mengen, und sie sind über weite Gebiete verstreut. Bei jedem Sammelflug müssen Hummeln Hunderte von Blumen besuchen. Es wäre wahrscheinlich kaum vorteilhaft für Individuen, ihre Nahrungsterritorien zu verteidigen, da auf jedem Sammelflug weiträumige Suchbewegungen auf Flächen von fünfhundert Quadratmetern oder mehr vollzogen werden. Zudem können Hummeln, anders als Honigbienen und Stachellose Bienen, ihre Nestgenossen nicht zu bestimmten Standorten mit reichen Futtervorkommen führen. Offenbar bedeutet es unter diesen Umständen keinen Vorteil für sie, Territorien in Besitz zu nehmen und zu verteidigen, weder als Individuen noch als Kolonien, und die dafür notwendigen Fähigkeiten – Kampf und Kommunikation – haben sich folglich bei ihnen nicht ausgebildet.

Hummeln verschiedener Spezies sammeln routinemäßig Seite an Seite, manchmal nähern sie sich einander bis auf Millimeter. Außer wenn sie dauernd auf engstem Raum zusammen sind, lassen sie unter natürlichen Sammelbedingungen kein Zeichen von Unduldsamkeit erkennen. Viele Hunderte von Individuen vieler Spezies und vieler Kolonien teilen sich die Trachtpflanzen in ihren gemeinsamen Sammelgebieten. Die Konkurrenz zwischen Hummeln ist somit hauptsächlich Konkurrenz durch Ausbeutung, das heißt, die Individuen sammeln an Blüten, wo unmittelbar der größte Gewinn zu erwarten ist, und hinterlassen ihren Konkurrenten dort den geminderten Ertrag.

Douglass H. Morse, ein Ökologe, der vom Studium der Waldvögel in hohen Bäumen und dichten Büschen zu dem der zugänglicheren Hummeln auf den Wiesen von Maine übergegangen ist, hat über die Konkurrenz zwischen Hummeln berichtet, die an gleichen Trachtpflanzen sammeln (Morse, 1977). Die Beobachtung, daß kleine Hummeln, etwa *Bombus ternarius*, an den Spitzen von Goldruten sammeln, führte ihn zu der Hypothese, daß die kleinere Spezies der größeren – *Bombus terricola*, die in der Mitte der Goldrutenblütenstände sammeln – ausweiche. Allerdings ist noch nicht erwiesen, daß Sammlerinnen ihre Konkurrenz nach den Merkmalen der Spezies unterscheiden oder daß sie ihre eigene Größe im Verhältnis zu der anderer Sammlerinnen messen können. Was nützte ihnen ein solches Verhalten? Es gibt zwischen Sammlerinnen keinen körperlichen Wettbewerb, daher kann die präzise Einschätzung der Größe der Konkurrenten kaum von Vorteil sein. Möglicherweise sind die kleineren Hummeln (*Bombus ternarius*) eher in der Lage, sich auf den dünnen, hängenden Rispenenden der Goldruten zu bewegen, als die schwereren *Bombus-terricola*-Arbeiterinnen. Die Tendenz von *Bombus ternarius*, bei gleichzeitiger Anwesenheit von *Bombus terricola* an weiter entfernten Blüten zu sammeln, könnte mindestens teilweise darin ihren Grund haben, daß diese Blüten von den schwereren *Bombus terricola* noch nicht ausgebeutet wurden. Weniger wahrscheinlich scheint mir das aktive Vermeiden einer Begegnung.

Im Spätsommer, wenn es zahlreiche Hummeln gibt, fallen die Futtererträge an den, der zuerst kommt. Hummeln arbeiten manchmal vom Morgengrauen bis kurz nach Einfall der Dunkelheit, sie besuchen dauernd isoliert stehende Pflanzen, zwanzig bis vierzig in einer Minute, im allgemeinen ohne Pause. Ich folgte einer Arbeiterin zwei Stunden und zwei Minuten lang (was mich erschöpfte, insbesondere meine Augen) auf einem einzigen Sammelflug, bei dem sie 454 Goldrutenrispen (jede Rispe besteht aus vielen Hunderten winziger Blütenstände, jeder Blütenstand aus Dutzenden mikroskopisch kleiner Einzelblüten), 329 Astern und 19 Springkrautblüten besuchte. Es war mir unmöglich, sie bei der Ausbeutung jeder einzelnen dieser Blüten im Auge zu behalten. Eine andere Hummel besuchte mindestens 800 Springkrautblüten auf einem Sammelflug von etwa zwei Stunden. Offensichtlich war es nicht leicht für diese Hummeln, hier auf einen schnellen Energiegewinn zu kommen, weil die Blüten auch von Konkurrenten beflogen und ihres Nektars rasch entledigt wurden. Nektarüberfluß gab es nur im Frühsommer, als die meisten Sammelflüge weniger als zwanzig Minuten dauerten.

Chris Plowright und Bruce A. Pendrel haben vor nicht langer Zeit den Wettbewerb um Pollen zwischen Hummeln in New

Brunswick, Kanada, untersucht. Nachdem sie die von den einzelnen Arbeiterinnen der untersuchten *Bombus-terricola*-Kolonien eingebrachten Pollenmengen untersucht hatten, erkannten sie, daß der Pollenertrag im Lauf des Hummelsommers mit zunehmenden Hummelpopulationen stetig abnahm. Ein weiterer Beweis für die Konkurrenz (wenn auch hier nur wenige Kolonien untersucht wurden) stammt von einem großen, ungeplanten ökologischen Experiment, das 1949 damit anfing, daß über Millionen von Morgen Land in Maine und New Brunswick DDT gesprüht wurde, um eine Wicklerlarve (*Choristoneura fumifera*), die sich explosionsartig vermehrt hatte, zu vernichten. Nadelbäume, die der Papiererzeugung dienen, sterben durch den Befall dieser Raupe ab. Normalerweise entwickeln sich die Populationen in solch explosionsartiger Form nur alle sechsunddreißig Jahre. Zählungen ergaben, daß das DDT Millionen Raupen getötet hatte. Doch gleichzeitig hielt das DDT die Raupenplage endlos aufrecht, denn es verhinderte, daß der Populationszyklus zum Abschluß kam, indem es alle natürlichen Feinde der Raupen – Krankheiten, Parasiten und Räuber – ebenfalls vernichtete. Noch 1968 gab es viel zu viele Wicklerraupen, aber man verzichtete nun auf den Einsatz von DDT (weil bekannt geworden war, daß DDT den massenhaften Tod vieler Vögel und Fische nach sich zieht). 1970 wurde das DDT durch ein biologisch abbaubares Organophosphat-Nervengas, Fenitrothion, ersetzt. Auch diese Substanz wurde über Millionen Morgen Land versprüht. Fenitrothion ist für Bienen hochgiftig (DDT ist weniger gefährlich für sie). Fast unmittelbar, nachdem das neue Gift in den Wäldern zur Anwendung gekommen war, hielten die Besitzer von Blaubeerkulturen vergeblich nach Bienen und Hummeln Ausschau; in der Nähe der besprühten Flächen konnten in diesem Jahr keine Beeren geerntet werden. Zweifellos wurden die Waldinsekten nicht weniger geschädigt, so daß die Samenproduktion der von ihnen bestäubten Pflanzen ebenfalls schwere Beeinträchtigungen erfuhr und die Nahrungskette des Waldes in Gefahr geriet (Kevan, 1975).

In den Blaubeerkulturen und auf Millionen Morgen Waldfläche war der Wettbewerb um Pollen und Nektar unter den wenigen überlebenden Bestäubern nun auf ein Minimum beschränkt – ideale Bedingungen für ein ökologisches Experiment, das normalerweise nicht durchführbar ist. Die beiden Forscher Plowright und Pendrel setzten *Bombus-terricola*-Kolonien in den besprühten Gegenden aus, und sie verglichen den Sammelerfolg dieser Kolonien mit dem der Vergleichskolonien in nicht besprühten Gegenden mit normaler Populationsdichte von Bienen und Hummeln. Sie fanden heraus, daß die Pollenausbeute einer Kolonie pro Minute Sammelzeit in den besprühten Gebieten fünfmal so hoch war wie in den nicht besprühten. Allerdings werden die Ergebnisse solcher und ähnlicher Experimente sich je nach Jahr und Jahreszeit und je nachdem, wo man sie durchführt, stark verändern; Nahrung ist nie auf dieselbe Weise knapp.

Niedrige Futtererträge wegen zu großer Sammelkonkurrenz bei knappem Nahrungsangebot tragen zweifellos dazu bei, daß die Kolonie langsamer wächst, als es physiologisch möglich wäre, daß ihre Entwicklung fehlerhaft oder verzögert verläuft oder daß keine neuen Drohnen und Königinnen am Ende ihres Lebenszyklus erscheinen. Die Wirkung muß allerdings nicht direkt erfolgen. Bis zu einem gewissen Grad gibt es Möglichkeiten der Kompensation. Oft halten die Kolonien Sammelkräfte in Reserve. Bei niedrigem Eintrag von Pollen und Nektar werden aus einigen Tieren, die sonst zur Brutpflege eingesetzt worden wären, Sammlerinnen, und die einzelnen Sammlerinnen können ihre Sammelerträge steigern. Doch gehen diese Anstrengungen der Kolonie nicht ohne Kosten ab – das Ergebnis ist eine höhere Sterblichkeit der Arbeiterinnen, und es stehen weniger Tiere zur Verfügung, die den Stock bewachen und die Temperatur in seinem Inneren regulieren.

Bis jetzt habe ich von Hummeln gesprochen, als wären sie alle gleich. In Wirklichkeit gibt es die Unterschiede der Individuen und die Unterschiede der Spezies. Dadurch wird unser Modell noch komplizierter. Arbeiterinnen einer Kolonie sind unter-

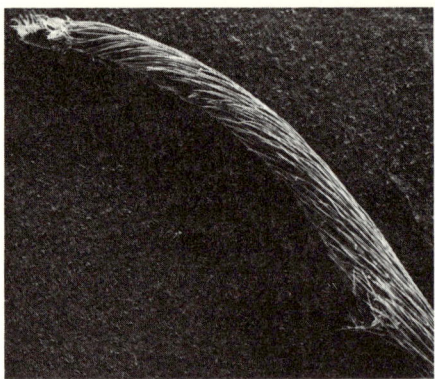

*Abb. 10.1   Zungenende (3 mm, rechts) und Zungenspitze (0,2 mm, links)
einer Hummelarbeiterin unter dem Raster-Elektronenmikroskop. (Mit frdl.
Genehmigung von David W. Stanley.)*

schiedlich groß, und größere Tiere haben längere Zungen. Zum
Teil aufgrund dieser morphologischen Unterschiede sind die
einzelnen unterschiedlichen Individuen in der Lage, verschiedenartige Blüten auszubeuten. Die Zunge ist das wichtigste
Sammelwerkzeug.

Die Zunge ist lang, schmal und an der Spitze behaart
(Abb. 10.1). Sie endet in einer kleinen Ausbuchtung, einem
Löffelchen; die Saugwirkung wird durch eine mächtige Pumpbewegung, initiiert durch Muskeln im Kopf, erzielt. Die
Härchen an der Zungenspitze sind auch dazu da, die winzigen
Nektarmengen, die sich in kleinsten Blüten finden, durch
Kapillarkräfte aufzunehmen. Die Länge der Zunge bestimmt,
welche Blüten mit welcher Geschwindigkeit ausgebeutet
werden können. Langrüsselige Hummeln verbringen an Blüten mit tiefen Kronröhren weniger Zeit als kurzrüsselige; sie
erreichen den Nektar, ohne daß sie es nötig haben, sich weit in
die Blüte hineinzuzwängen. Da sie sich an solchen Blüten
weniger lang aufhalten müssen, können sie pro Zeiteinheit
mehr Blüten besuchen (Abb. 10.2). An Blüten mit kurzen
Kronröhren gelingt ihnen die Nektarernte hingegen weit

weniger schnell, hier haben kurzrüsselige Tiere die besseren Chancen. Lang- und kurzrüsselige Hummeln können nebeneinander existieren, weil sie sich auf unterschiedliche Blüten spezialisieren.

Hummeln lernen wahrscheinlich aus Erfahrung, welche Blüten sich am besten für sie eignen (Hobbs, 1962). Langrüsselige Tiere sammeln gewöhnlich an Blüten mit tiefen Kronröhren, kurzrüsselige an Blüten mit kurzen Kronröhren (Abb. 10.3). Dieses Verhalten ist ein wichtiger Faktor nicht nur bei der Aufteilung der Ressourcen zwischen den verschiedenen Spezies (siehe Brian, 1957), sondern auch bei der Arbeitsteilung innerhalb einer Kolonie. Die Hummeln einer Kolonie haben im Normal-

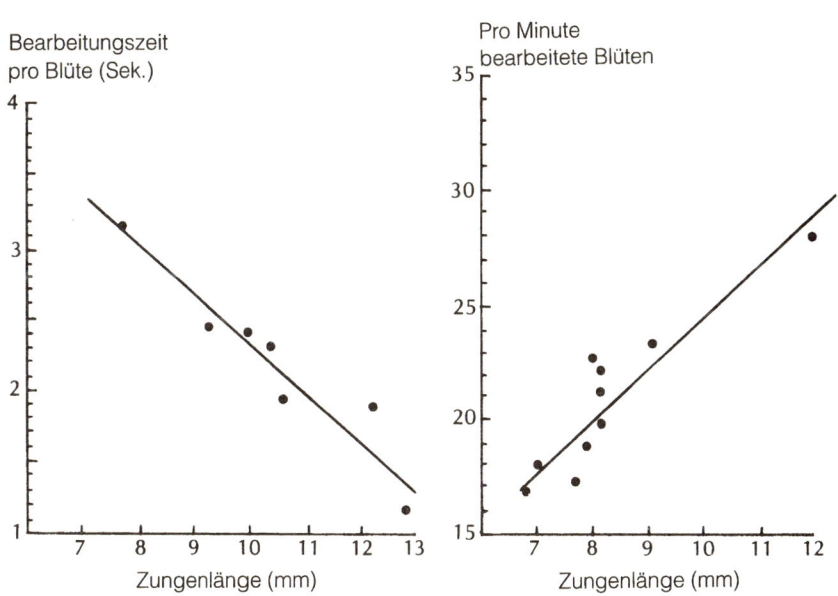

Abb. 10.2 Verhältnis von Zungenlängen verschiedener Hummelspezies und Arbeitsgeschwindigkeit an zwei verschiedenen Trachtpflanzen mit tiefen Kronröhren. Die Bearbeitungszeit pro Blüte ist an Delphinium barbeyi *(Rittersporn) beobachtet worden (Inouye, 1977). Die pro Minute gezählten besuchten Blüten waren Blüten des Rotklees. (Nach Holm, 1966.)*

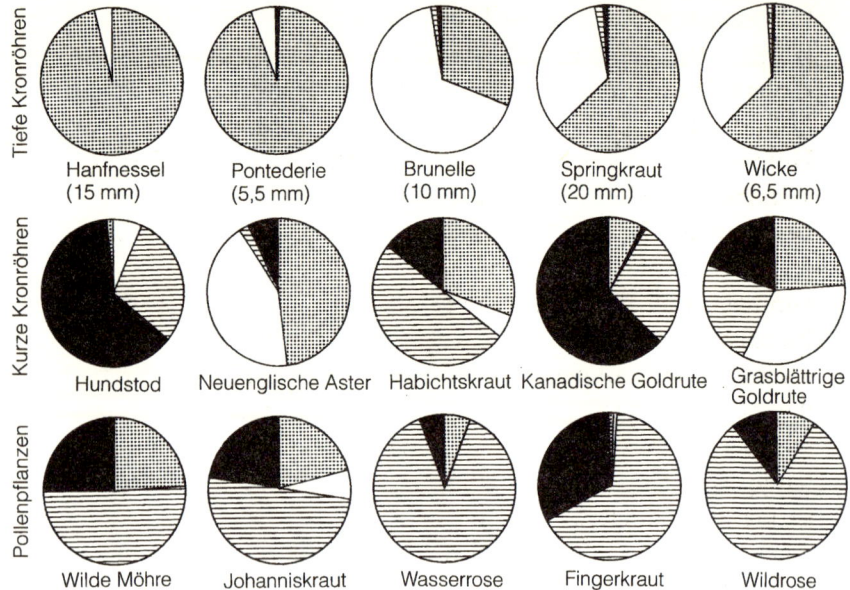

Abb. 10.3   Aufteilung von Blüten mit tiefen Kronröhren (oberste Reihe, Länge der Kronröhre in Klammern), Blüten mit kurzen Kronröhren (zweite Reihe, Kronröhren weniger als 3 mm tief) und Pollenpflanzen (unten) zwischen vier in Nordamerika häufigen Hummelspezies (punktiert = B. vagans, weiß = B. fervidus, schraffiert = B. terricola, schwarz = B. ternarius) in einem Gebiet bei Farmington, Maine, 1973. Alle diese Blumen wurden hauptsächlich von Hummeln besucht. Allgemeine Tendenzen sind aus dieser Darstellung deutlich ablesbar, doch Besuch und Ausbeutung der verschiedenen Trachtpflanzen variieren von Jahr zu Jahr und von Standort zu Standort entsprechend der Größe der lokalen Kolonien und der Menge der Sammlerinnen. (Nach Heinrich, 1976 c.)

fall Zungen von unterschiedlicher Länge, so sind sie in der Lage, eine Vielzahl von Trachtpflanzen mit unterschiedlichem Blütenbau zu besuchen und auszubeuten.

Daß es sehr viele Hummeln, aber nur eine kleine Zahl von Hummelspezies gibt, ist wahrscheinlich Ergebnis ihrer Fähigkeit, viele verschiedenartige Blumen zur Nahrungsgewinnung zu benutzen. Ist eine Spezies dazu in der Lage, an nur zwei unterschiedlichen Blütenarten von gleicher Ergiebigkeit zu sammeln, kann sie bis zur doppelten Menge Exemplare bzw. Biomasse aufbauen, als sie es bei Futtergewinnung an nur einem einzigen Blütentyp könnte. Die Alternative wäre, daß die beiden unterschiedlichen Futterquellen von zwei verschiedenen Spezies ausgebeutet würden, jede auf ihren Blütentyp spezialisiert. Die größte Anzahl von Spezies und die geringste produzierte Biomasse pro Spezies würde sich dann ergeben, wenn auf jede Pflanzenspezies eine auf sie spezialisierte sammelnde Spezies käme. In gewisser Hinsicht ist dieses Muster bei den Solitärbienen gegeben, die sich durch großen Artenreichtum auszeichnen. Allein im Osten der Vereinigten Staaten finden sich fast achthundert Spezies dieser Gruppe. Im Südwesten der USA, wo es viele kurzblühende Wüstenpflanzen gibt, ist die Anzahl der Solitärbienenspezies noch größer, und viele dieser Bienen sind morphologisch und verhaltensmäßig an wenige Pflanzen mit ihren speziellen Pollendarbietungen angepaßt (Linsley, 1958). Die Koexistenz vieler Solitärbienenspezies ist möglich, weil die Ressourcen auf diese Weise zwischen ihnen aufgeteilt werden. Lebensraum und Lebenszeit sind den Solitärbienen durch Wuchsbereich und Blütezeit ihrer speziellen Trachtpflanzen vorgeschrieben.

Im Gegensatz dazu sind die meisten Hummelspezies relativ weit verbreitet. Viele von ihnen findet man überall in Nordamerika. Die Spezies haben sich nicht auf besondere Trachtblumen beschränkt, daher kann man vermuten, daß ihr Wettbewerb untereinander, aber auch mit anderen Wildbienen mit aller Härte geführt wird. Es gibt nur sechzehn Spezies so-

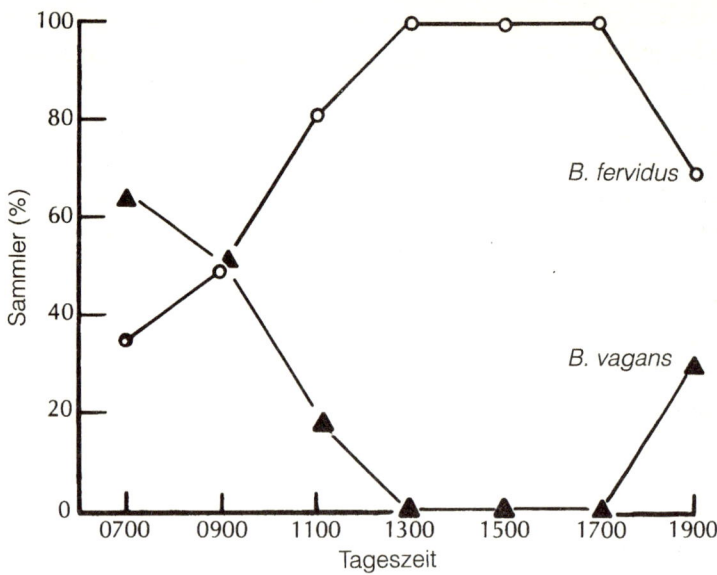

Abb. 10.4   Relative Häufigkeit zweier Spezies langrüsseliger Hummeln an Springkraut-Standort vom Morgen bis zum Abend eines Tages Ende August 1973. Es gab nur wenige Sammelkonkurrenten. Der gleiche Standort wurde auch im August 1974 beobachtet (siehe Abb. 10.5). (Aus Heinrich, 1976 c.)

zialer Hummeln im Osten der Vereinigten Staaten, fünfzig in ganz US-Amerika.

Als Charles Darwin die Evolution des *Geospiza*-Finken auf den Galapagosinseln studierte, staunte er über die Vielfalt der Morphologie der Schnäbel, und er führte die Entwicklung dieser Unterschiede auf Anpassungsvorgänge zurück. Die unterschiedlich angepaßten Schnäbel erlaubten die Nutzung unterschiedlichen Nahrungsangebots. Die Vögel hatten ihre Mundwerkzeuge im Lauf der Evolution zu immer spezielleren Zwecken entwickelt und dadurch die Nahrungsressourcen unter sich aufgeteilt. Das gleiche Phänomen ist bei Hummeln bekannt. Wie gesagt, variiert die Zungenlänge entsprechend der Körpergröße innerhalb einer Spezies und sogar innerhalb einer Kolonie. Diese Unterschiede determinieren zum Teil die Spezialisierung der Individuen. Die Unterschiede der Zungenlänge fallen jedoch zwischen Individuen weit weniger ins Gewicht als zwischen Spezies; dementsprechend gibt es verschiedene Pflanzengruppen, auf die sich verschiedene Spezies beim Sammeln beschränken. Die Unterschiede zwischen Spezies haben sich wahrscheinlich deshalb in der Evolution herausgebildet, um den Wettbewerb zwischen ihnen zu reduzieren. Im allgemeinen benutzen langrüsselige Spezies (Zungenlänge 75 bis 80 % der Körperlänge) Blüten mit tiefen Kronröhren als Futterquelle, während kurzrüsselige Hummeln (Zungenlänge 50 bis 60 % der Körperlänge) sich eher auf Blüten mit kurzen Kronröhren beschränken. Individuen von zwei oder mehr Spezies mit ähnlicher Zungenlänge sammeln oft an den gleichen Blumen. Wenn sie in großem Maß von diesen Blumen als Nahrungsquellen abhängen und folglich die Futtererträge drücken, ist es wahrscheinlich, daß als Ergebnis des Wettbewerbs die effizienteren Sammler die weniger effizienten verdrängen. Ein Beispiel solchen Wettbewerbs beobachtete ich in meinem Untersuchungsgebiet in Maine an einem von Springkraut bewachsenen Standort. 1973 wurden diese Blumen fast ausschließlich von zwei langrüsseligen Spezies, *Bombus fervidus* (Abb. 9.3) und *Bombus vagans* (Abb. 9.2) besucht. Zahlreiche Tiere ernteten den ganzen Nektar ihrer Blütenwirte. Die Spezies mit der kürzeren Zunge, *Bombus vagans* (8 mm), war hauptsächlich frühmorgens aktiv, bei noch kühlen Temperaturen (Abb. 10.4). Die Spezies mit der längeren Zunge, *Bombus fervidus,* begann später mit dem Sammeln, wenn es wärmer wurde und die Thermoregulation weniger kostspielig war. Möglich ist, daß *Bombus fervidus* es nicht nötig hatte, früh zu sammeln, weil nach der Ausbeutung der Blüten durch *Bombus vagans* immer noch Nektar gefunden werden konnte, den die Konkurrenz mit ihrer um drei Millimeter kürzeren Zunge nicht erreicht hatte. Mittags gab es *Bombus fervidus* sehr zahlreich, während *Bombus vagans* an Springkraut nicht mehr sammelte, vermutlich weil es nichts mehr zu ernten gab. In späteren Jahren, als *Bombus fervidus* weniger zahlreich vorhanden war, sammelten *Bombus-vagans*-Ar-

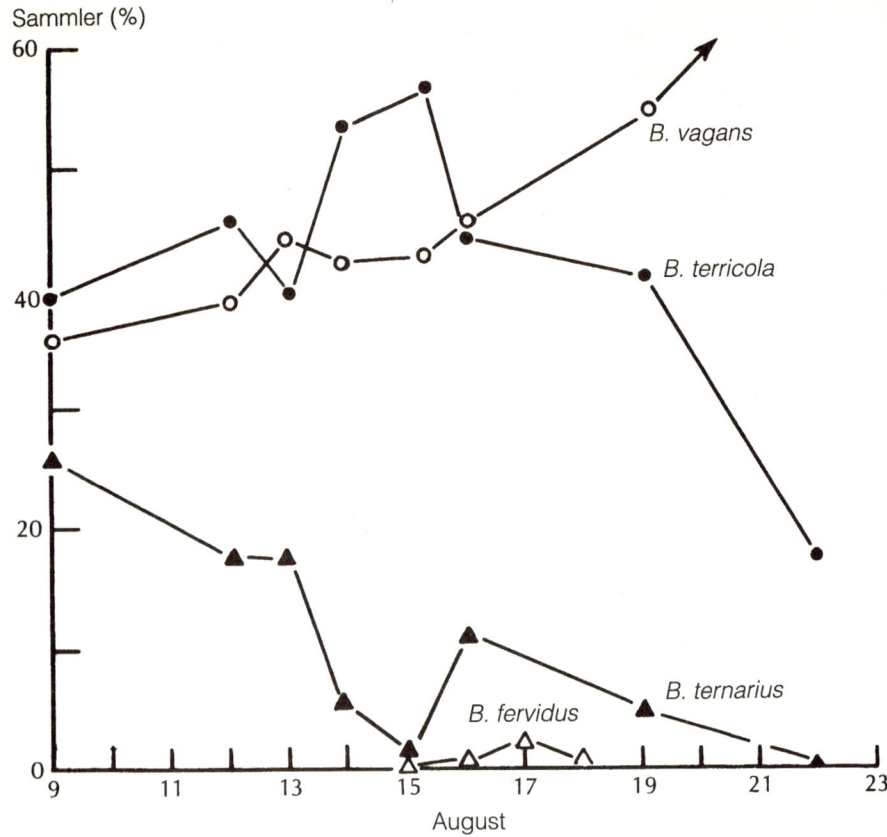

Sammler (%)

B. vagans

B. terricola

B. ternarius

B. fervidus

August

Abb. 10.5   Relative Häufigkeit diverser Hummelspezies an Springkraut-Standort in Maine, August 1974. Die Sammelkonkurrenz durch andere Insekten war gering. (Aus Heinrich, 1976 c.)

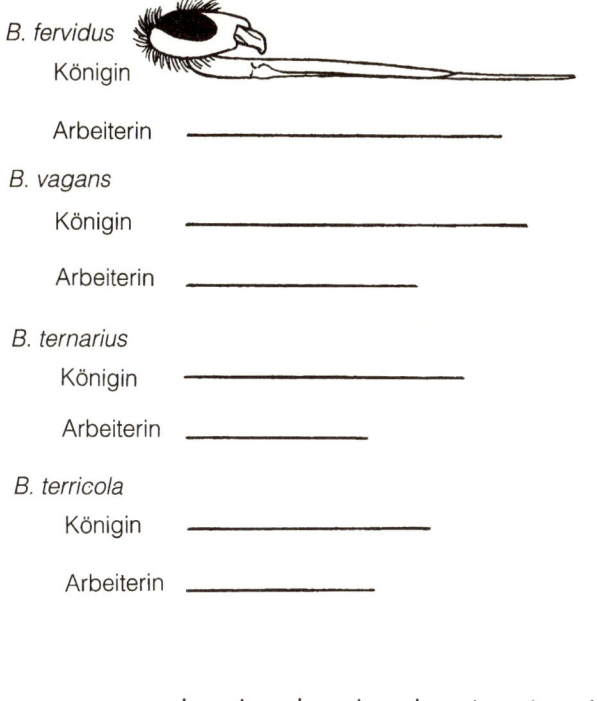

B. fervidus
Königin

Arbeiterin

B. vagans
Königin

Arbeiterin

B. ternarius
Königin

Arbeiterin

B. terricola
Königin

Arbeiterin

0   2   4   6   8   10   12   14
Zungenlänge (mm)

Abb. 10.6 Durchschnittliche Zungenlänge der Königinnen und Arbeiterinnen von vier kommunen Hummelspezies in Maine. (Nach Heinrich, 1976 c.)

beiterinnen den ganzen Tag über an Springkraut. (Es gab nach 1973 in diesem Gebiet viel weniger *Bombus fervidus*, die Ursache dafür ist unbekannt.) Die Abwesenheit von *Bombus fervidus* an den Springkrautblüten im Jahr 1974 wirkte sich möglicherweise auf die Sammeltätigkeit anderer Spezies aus (Abb. 10.5). Der von *Bombus vagans* in dem an der Spitze nach unten gekrümmten Sporn übriggelassene Nektar wurde von den kurzrüsseligen *Bombus terricola* und *Bombus ternarius* geerntet. Diese Hummeln bissen die Blüten auf und raubten, ohne sie zu bestäuben, den Nektar (Abb. 9.4).

An einem kleinen Standort, etwa einer Wiese, einem Sumpf, einem Berggipfel, gibt es meist nur drei oder vier Hummel-spezies, während man in dem umgebenden, größeren Gebiet ein Dutzend oder mehr finden kann. Gewöhnlich gibt es unter den häufig vorkommenden Spezies an einem Standort eine langrüsselige, eine kurzrüsselige und eine dritte Art mit mittlerer Zungenlänge (Abb. 10.6). Europäische *Bombus*-Spezies haben durchweg längere Zungen als die kurzrüsseligen nordamerikanischen Arten. Honigbienen allerdings, die in Europa heimisch sind, nicht in Nordamerika, weisen ebenso kurze Zungen auf wie die kurzrüsseligen nordamerikanischen Hummeln (Inouye, 1977).

Koexistierende Spezies müssen noch etwas anderes miteinander teilen, was lebenswichtig, manchmal lebensbeschränkend ist: Nistplätze. Einige Spezies nisten unterirdisch, andere ebenerdig, wieder andere in hohlen Bäumen. In Maine habe ich Nester von *Bombus perplexus* in Vogelhäusern und in den Wänden von Scheunen und Häusern gefunden. *Bombus-fervidus*-Nester finden sich normalerweise dicht über dem Boden, aber manchmal auch unterirdisch, in Höhlen. *Bombus terricola* nistet gewöhnlich unterirdisch, aber auch bei ihnen gibt es Ausnahmen – ich fand eine Kolonie in einem Vogelhaus.

Die Intensität der Konkurrenz zwischen Hummeln zeigt sich daran, daß jedes Jahr alle Ressourcen ausgenutzt werden, unabhängig davon, wie dünn gesät die Hummelpopulationen im Vorfrühling sein mögen. Während einiger Jahre überwintern extrem viele Königinnen. Im Mai ist das Summen der sammelnden Königinnen in den Blaubeerhügeln und den Zwerglorbeerbüschen im Moor unüberhörbar. Es gibt aber auch Jahre, in denen man im Feld nur wenige Königinnen findet; möglicherweise ist dann die Mehrzahl der überwinternden Tiere durch starken Frost im Winter oder durch Überflutung ihrer Höhlen während des Tauwetters vernichtet worden. Doch gleichgültig, wie viele Königinnen es im Frühjahr gegeben hat – im Spätsommer und Herbst erscheint gewöhnlich immer eine große Zahl Arbeiterinnen und Drohnen an den Standorten von Aster und Goldrute. Unabhängig von der anfänglichen Königinnenhäufigkeit nutzen die Hummeln im Spätsommer den größten Teil des verfügbaren Nektars. Es ist daher anzunehmen, daß bei geringem Überwinterungserfolg die überlebenden Königinnen sich bei der Etablierung großer Kolonien erfolgreich zeigen. Bei gutem Überwinterungserfolg beuten die neuen Königinnen – es können Hunderte sein, die von einer einzigen Kolonie überleben – die verfügbaren Futterquellen rasch aus und beschränken dadurch Zahl und Größe der Kolonien.

Der Nahrungswettbewerb wird natürlich dort am intensivsten geführt, wo es sich um die gleichen Spezies und um Spezies mit ähnlichen Bedürfnissen handelt. Aber Hummeln konkurrieren auch mit anderen Wildbienenarten sowie mit der Honigbiene. Die kleinen Wildbienen vermeiden unmittelbare Konkurrenz, indem sie bei höheren Lufttemperaturen sammeln und Blumen befliegen, die von Hummeln bereits besucht wurden. Es ist zu vermuten, daß sie aufgrund ihres relativ niedrigen Energiebedarfs in der Lage sind, mit diesen Resten auszukommen, was für Hummeln sammelökonomisch nicht mehr möglich wäre. Solitärbienen habe ich oft in großer Zahl gegen Mittag beim Sammeln beobachtet, lange nachdem Hummeln die Blüten so weit ausgesaugt hatten, daß sie keine mit bloßem Auge sichtbaren Nektarmengen mehr enthielten.

Die sozialen Honigbienen legen beim Sammeln wie Hummeln weite Strecken zurück. Hummeln besuchen alle Blumen, die von Honigbienen schon beflogen wurden, und Honigbienen meiden nur einige seltene Blumen (wie die Glatte Schildblume oder den nordamerikanischen Enzian, *Dasystephana andrewskii*), die von Hummeln ausgebeutet werden. Im allgemeinen sammeln beide zu den gleichen Zeiten. Da sich ihre Sammelinteressen fast vollständig decken, kann man von intensivem Wettbewerb ausgehen. In Maine habe ich relativ wenige Hummeln in jenen Gebieten beobachtet, in denen es viele Honigbienen gab. Bis zum Jahr 1975 gab es in den meisten meiner Untersuchungsgebiete kaum oder gar keine Honigbienen. Im Herbst 1977 jedoch hingen Honigbienen an allen Goldruten, einige Tiere an fast jeder Rispe, und es waren fast keine Hummeln weit und breit zu sehen – das Verhältnis zwischen Honigbienen und Hummeln hatte sich zum erstenmal genau ins Gegenteil verkehrt. Ich ging in der Gegend auf die Suche und fand heraus, daß die Imkerei als Hobby in Mode gekommen war. Fünfzehn bis zwanzig neue Bienenstöcke waren im Umkreis von ein paar Kilometern aufgestellt worden, jeder Stock brachte einen Ertrag von 22,7 Kilogramm Honig.

Die frühen Siedler hatten die Honigbiene – von Indianern die »Fliege des weißen Mannes« genannt – aus Europa mitgebracht und dafür gesorgt, daß sie in ihrer neuen Heimat genug Nahrung bekam, indem sie Land kultivierten, Felder bestellten und viele neue Pflanzen anbauten. Doch wenn Honigbienen in Gebieten mit ursprünglicher Vegetation sammeln, wirkt sich dies nachteilig auf die Populationen einheimischer Wildbienenarten, darunter auch Hummeln, aus, denn diese ernten unter normalen Umständen fast alle verfügbaren Pollen- und Nektarvorkommen. Die abnehmenden Bestände von Wildbienenpopulationen scheinen eine direkte Folge der Tatsache zu sein, daß diesen Tieren Pollen und Nektar von Honigbienen streitig gemacht werden, ihnen also in geringerem Maß zur Verfügung stehen. Im Augenblick gibt es jedoch noch keine wissenschaftlichen Untersuchungen, die diese Hypothese erhärten könnten. Die potentielle Wirkung des Konkurrenzdrucks kann aber durch eine Rechnung deutlich gemacht werden. Als Beispiel soll eine schon beschriebene *Bombus-vosnesenskii*-Kolonie dienen, die 239 Larven und 136 adulte Königinnen enthielt und pro Tag etwa 54 Gramm Honig und 25 Gramm Pollen umsetzte. Wenn dies dem täglichen Futterverbrauch von 375 aufzuziehenden Geschlechtstieren (239 + 136) entsprach, so brauchte jedes Tier direkt oder indirekt 0,14 Gramm Honig (54 : 375) und 0,7 Gramm Pollen (25 : 375) pro Tag. Die Entwicklung vom Ei zum adulten Tier braucht etwa einen Monat, und die jungen Königinnen bleiben mindestens weitere zwei Wochen im Nest; somit verbraucht jede neue Königin in der Entwicklungsphase etwa 6,3 Gramm Honig (45 × 0,14) und 3,15 Gramm Pollen (45 × 0,07). Zur Aufzucht von 375 Tieren werden also etwa 2360 Gramm Honig und 1181 Gramm Pollen gebraucht. Dies ist eine minimale Schätzung; noch nicht in Betracht gezogen sind dabei jene Futtermengen, die von den Arbeiterinnen verbraucht werden, um die Produktion der Nachkommen aufrechtzuerhalten. Wenn eine Hummelkolonie aber gerade diese minimale errechnete Futtermenge gegen Ende ihres Lebenszyklus – wenn der Konkurrenzkampf am stärksten ist – an Honigbienen verliert, so bedeutet dies, daß in einem für Hummeln geeigneten Sammelgebiet mit jedem Gramm Honig, den Honigbienen erzeugen, etwa 0,16 (1 : 6,3) weniger Hummelgeschlechtstiere erzeugt werden. Ein erfolgreicher amerikanischer Imker erntet etwa vierzig Kilogramm Honig, dem durchschnittlich etwa zweihundert Kilogramm von seinen Völkern zum Eigenbedarf gesammelten Honigs gegenüberstehen. Ein einziger Honigbienenstock ist damit in der Lage, die Population von Hummelgeschlechtstieren um 38 400 Individuen (240 000 g × 0,16) zu dezimieren.

Zu einer Prärie gehören ein Klee und eine Biene,
Ein Klee und eine Biene
Und Phantasie.

Emily Dickinson

Elftes Kapitel
Bestäubung und Energiehaushalt

Wie wertvoll die Hummel für das ökologische Gleichgewicht der Natur ist, haben Charles Darwin und seine Zeitgenossen erkannt. Darwin beobachtete, daß der Rotklee Hummeln zur Bestäubung braucht. Das veranlaßte die deutschen Biologen Karl Vogt und Ernst Haeckel zu der spöttischen Bemerkung, daß das britische Empire seine Macht und seinen Reichtum den Hummeln verdanke, denn seine Flotte, durch die es groß geworden sei, hänge von Rindfleisch ab, das von Vieh stammt, das sich von Rotklee nährt, der von Hummeln bestäubt wird.
Natürlich ist die Sache komplizierter. Das machte der berühmte englische Biologe Thomas N. Huxley deutlich, indem er sagte, der Erfolg des Empires verdanke sich den alten Jungfern: Sie halten Katzen, und Katzen fressen Mäuse; Mäuse aber zerstören Hummelnester, so daß, wenn die Zahl der Mäuse abnimmt, die Zahl der Hummeln zunimmt, wodurch letzten Endes wieder die Flotte profitiert. Um auch Verheiratete zu ihrem Recht kommen zu lassen, könnte man im gleichen Geist die folgende Hypothese aufstellen: Hummeln brauchen Mäusenester zur Etablierung ihrer Kolonien; ohne alte Jungfern und ohne Katzen hätten sie viel mehr Mäusenester zur Verfügung, wodurch sich überall die Hummelpopulationen vergrößern würden, was zur Bestäubung von mehr Rotklee, zu mehr Fleisch für die Flotte usw. usf. führen würde.

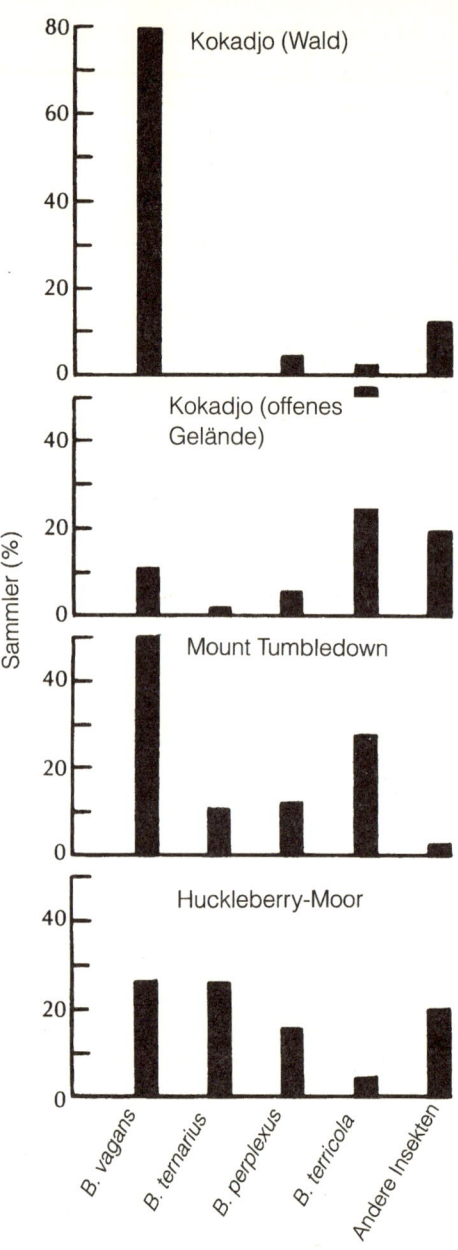

Sammler (%)

Kokadjo (Wald)

Kokadjo (offenes Gelände)

Mount Tumbledown

Huckleberry-Moor

B. vagans
B. ternarius
B. perplexus
B. terricola
Andere Insekten

Über den Nutzen der alten Jungfern für das Empire kann diskutiert werden, aber Hummeln bestäuben nicht nur den Rotklee, sondern Tausende von Pflanzenspezies, und ihre ökologische Bedeutung geht weit über ihre Bedeutung für die Erhaltung dieser Futterpflanze hinaus.

Hummeln besuchen fast alle ergiebigen und einige nichtergiebige Blumen in ihren Habitaten. Die meisten dieser Pflanzen werden von ihnen bestäubt, aber nur ein kleiner Teil braucht ausschließlich Hummeln, um sich fortzupflanzen. Die Mehrheit aller Pflanzenspezies wird von einer großen Zahl von Insektenarten bestäubt. Je nach Tageszeit, Jahreszeit und anderen Zeitrhythmen und je nach dem Wuchsbereich der Pflanze wechseln die Arten und Zahlen der bestäubenden Insekten. Zum Beispiel waren es auf dem Mount Tumbledown in Maine vom 11. bis 13. Juni 1972 fast ausschließlich Hummeln, die die vorhandenen Blaubeerblüten bestäubten, während die Blaubeerblüten an drei weiteren Wuchsbereichen von einer großen Zahl anderer Sammler, hauptsächlich Solitärbienen, bestäubt wurden (Abb. 11.1). Auch das Spektrum der Hummelspezies ändert sich mit der Lokalität. Im Wald, bei Kokadjo, ebenfalls in Maine, gehörten die weitaus meisten Blaubeerblütenbesucher zu *Bombus vagans*, während in einem nahegelegenen Feld Blaubeerblüten hauptsächlich von *Bombus terricola* besucht wurden. Im Huckleberry-Moor gab es relativ wenige *Bombus terricola*, dafür viele *Bombus-ternarius-* und *Bombus-perplexus-*Sammlerinnen. Auf dem Mount Tumbledown fanden sich sowohl *Bombus vagans* wie *Bombus terricola*. Blaubeerblüten können sowohl von kurzrüsseligen wie von langrüsseligen Hummelarten bestäubt werden, aber auch von Solitärbienen und wahrscheinlich noch weiteren Insekten. Eine Pflanze, die von so vielen Insekten bestäubt werden kann, ist gut abgesichert, sie kann an den verschiedensten Standorten Samen produzieren.

Abb. 11.1 Relative Häufigkeit von an Blaubeerblüten sammelnden Hummeln und anderen Insekten an vier Standorten in Maine vom 11. bis 13. Juni 1972.

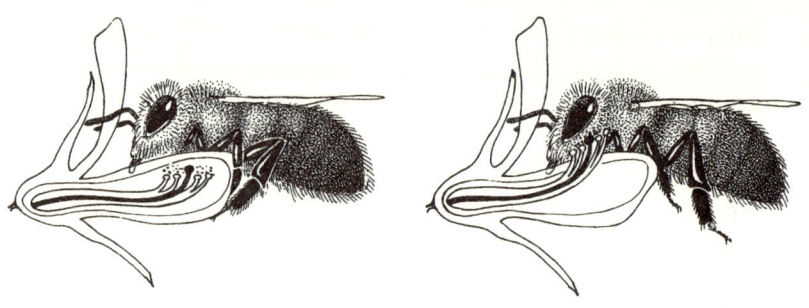

Abb. 11.2 Bestäubungsmechanismus der Luzerneblüte. Noch nicht ausgelöster Mechanismus (links), ausgelöster Mechanismus (rechts). Stempel und Staubgefäße sind wie zusammengepreßte Sprungfedern in der unteren Lippe der Blüte enthalten. Unter dem Gewicht der Hummel schnellen sie heraus und ermöglichen so die Bestäubung durch die Hummel.

Da die meisten Pflanzen sich gleichzeitig mit einer Gruppe von Bestäubern entwickelt haben, ist es nahezu unmöglich, die sehr große ökologische Bedeutung der Hummeln von der anderer Wildbienenarten und anderer Insektenbestäuber zu trennen. Wenn man sich auf jene wenigen Fälle beschränkt, in denen nur Hummeln als Bestäuber agieren, mindert man die Rolle, die sie bei der Pflanzenbestäubung tatsächlich spielen.

Alle Bienen sind von unschätzbarem Wert in der Landwirtschaft (Free, 1970). Schätzungen haben ergeben, daß in Nordamerika bis zu einem Drittel der menschlichen Nahrung von Pflanzen stammt, die Bienen als Bestäuber brauchen. Allein wegen der Rotkleebestäubung haben Hummeln für nordamerikanische Farmer einen Wert von Millionen Dollar. Alle Bienen bestäuben mehr als 2500 Nutzpflanzen, sie sichern die Fortpflanzung unzähliger einheimischer Pflanzenspezies, die den Boden bedecken, Erosion verhindern und Tieren als Nahrung dienen. Die Aktivität der Bienen ist also für uns lebensnotwendig, nicht nur der Nahrung wegen, sondern auch zum Schutz von Land und Wasser und zum Erhalt unserer gesamten Tierwelt.

Weil sie leicht zu halten ist, ist die Honigbiene, *Apis mellifera*, die weitverbreitetste Bestäuberin unserer Feldfrüchte. Doch bei Lufttemperaturen von unter 15° C ist die Aktivität der Honigbienen stark eingeschränkt. Auch bei Nutzpflanzen mit tiefen, engen Kronröhren (zum Beispiel Rotklee oder Saubohne) oder mit speziellen Mechanismen der Pollenabgabe, wie der Luzerneblüte, sind Honigbienen praktisch nutzlos. In Luzerneblüten sind männliche und weibliche Organe im unteren Teil der Blüte, dem sogenannten Kiel, eingeschlossen. Wenn eine Biene in die Blüte eindringt, senkt sich der Kiel unter ihrem Gewicht, und die Fortpflanzungsorgane schnellen wie Sprungfedern in die Höhe (Abb. 11.2). Das Insekt wird am unteren Teil des Kopfes von den Fortpflanzungsorganen getroffen; der Pollen bleibt an ihm haften, während der Griffel der Blüte mit Pollen der zuvor besuchten Blüten bestäubt wird. Honigbienen mögen diesen Schnappmechanismus offenbar nicht, sie lernen, seitlich in die Blüte einzudringen und die Auslösung des Sprungfedernmechanismus zu vermeiden. Wird aber dieser Mechanismus nicht ausgelöst, wird die Blüte nicht bestäubt, und es gibt keine Frucht. Die robusteren Hummeln und einige andere große Bienenarten lassen sich von dem Mechanismus nicht abschrecken, sie besuchen die Blüte auf legitimem Weg und bestäuben sie. Außerdem sammeln sie, anders als Honigbienen, auch bei niedrigen Temperaturen, und mit ihren langen Saugrüsseln können sie den Rotklee ausbeuten, dessen Nektar in langen Kronröhren enthalten ist (Holm, 1966). Zwischen 1885 und 1906 wurden zum Zweck der Rotkleebestäubung besonders Hummeln von England nach Neuseeland ausgeführt; heute spielen sie in der Landwirtschaft eine bedeutende Rolle, insbesondere bei der Bestäubung von Plantagenobst sowie von Bohnen und Beeren, Kiwi und Luzerne.

Bis jetzt ist es noch nicht gelungen, in intensiv bewirtschafteten landwirtschaftlichen Gebieten große Hummelpopulationen über längere Zeiträume zu halten. Hummeln brauchen ungepflügte Flächen mit dichtem Grasbewuchs, wo Mäuse ihre

Nester haben. Ebenso brauchen sie die ununterbrochene Progression blühender Pflanzen während des ganzen langen Lebenszyklus ihrer Kolonie. Solitärbienen wie die Alkalibiene, *Nomia melanderi,* und die Alfalfabiene, *Megachile pacifica,* hat sich die Landwirtschaft in großem Maßstab nutzbar gemacht (Bohart, 1972), und zwar bei der kommerziellen Luzernesaatgewinnung. Luzerne gehört zu den wichtigsten Futterpflanzen in der Milchwirtschaft Nordamerikas. Die Bestäubungsleistung jedes Individuums der beiden erwähnten Arten entspricht einer Samenproduktion von einem halben Kilogramm. Beide Arten können leicht mit künstlichen Nestern versorgt werden und sind daher für landwirtschaftliche Zwecke gut geeignet. Die Farmer halten in den Luzernefeldern geschützte Stellen für die in vorhandenen oberirdischen Hohlräumen nistenden Alfalfabienen frei, sie stellen ihnen Bohrungen in Holz oder zusammengebundene Trinkhalme, in denen die Bienen ihre Linienbauten anlegen können, zur Verfügung. Die Alkalibienen sind in den westlichen Wüsten der Vereinigten Staaten zu Hause, wo sie im feuchten Boden der Salzebenen in Höhlen nisten. Die Luzernefarmer ziehen um die Nester ihrer Bestäuber Zäune, um sie vor Eindringlingen zu schützen, sie schaffen aber auch ähnlich geartete künstliche Nistplätze, um die Alkalibienen in der Nähe ihrer Felder anzusiedeln. Honigbienen brauchen zwar über mehrere Monate ununterbrochen blühende Blumen, aber auch sie können in einem agrarischen Ökosystem leicht gehalten werden, weil man nach dem Verblühen einer bestimmten Futterpflanze die Bienenstöcke leicht in andere Gebiete mit anderen Futterpflanzen verfrachten kann. Im Osten der USA läßt man Honigbienen zum Beispiel nacheinander Apfel- und Blaubeerplantagen sowie Leguminosen bestäuben.

Nicht viele Wildbienen sind auf eine einzige Trachtpflanze spezialisiert, doch einige Solitärbienen wie die in Nordamerika vorkommenden *Peponapsis-* und *Xenoglossa*-Arten sammeln tatsächlich an nur sehr wenigen Pflanzenspezies (Hurd, Linsley und Whitaker, 1971). Was sie an Energie brauchen, beziehen sie aus dem Nektar der *Cucurbitas*-Pflanzen (Flaschen- und andere Kürbisarten), mit dem Pollen dieser Pflanzen füttern sie ihre Larven. Zudem schlafen und paaren sie sich in den Blüten. Früh am Morgen öffnen sich die Blüten, später am Tag welken sie. Die Bienen erscheinen sehr früh, manchmal vor Tagesanbruch; sie müssen die Wände der verwelkten Blüten mit ihren Mandibeln durchschneiden, um frei und rechtzeitig an die sich öffnenden Blüten mit Nektar und Pollen heranzukommen.

Fremdbestäubung kann meist nur bei solchen Pflanzen erzielt werden, deren Blüten genügend Nektar enthalten, um den Energiebedarf der Bestäuber zu decken. Die Blüten einer Pflanze müssen, um sich im Wettbewerb mit konkurrierenden, gleichzeitig blühenden Pflanzen zu behaupten, der bestäubenden Biene ausreichend Nahrung anbieten. Doch darf die Nahrung auch über ein bestimmtes Maß nicht hinausgehen, damit die Besuche des Bestäubers sich nicht auf diese einzige Pflanze beschränken (Heinrich und Raven, 1972). Wenn Energieverbrauch des Bestäubers und Nahrungsangebot einer Pflanze nicht übereinstimmen, führt dies zu ungenügender Bestäubung. Wenn zum Beispiel Honigbienen den riesigen Kandelaberkaktus in den südwestlichen Wüstengebieten der USA besuchen (McGregor et al., 1959), kann man beobachten, daß sie sich bei ihren Sammelflügen tendenziell auf einzelne Pflanzen dieser Kaktusart beschränken. Normalerweise werden die Blüten nachts von großen Fledermäusen mit hohem Energieverbrauch bestäubt. Pro Blüte wird etwa fünf Milliliter Nektar produziert (die meisten bienenbestäubten Blüten enthalten etwa fünfzigtausendmal weniger). Fremdbestäubung kann nur dann funktionieren, wenn die Bienen den Pollen einer Kaktuspflanze auf die Narbe einer anderen Pflanze der gleichen Art bringen. In der Nähe von Tucson, in Arizona, wurde beobachtet, daß Bienen stets nur einzelne Kakteen und auf großen Pflanzen sogar nur einzelne Blüten besuchen. Da sie sich an einer einzigen Pflanze leicht mit der nötigen Nahrung versorgen können, tragen sie zur Fremdbestäubung nicht mehr bei.

Durch die Ortsstetigkeit der bestäubenden Wildbienen kommt es bei der Bestäubung von Bäumen mit großen, nektarreichen Blüten zu Problemen (Free, 1960). Unlängst haben Studien, die man in Costa Rica machte, gezeigt, daß die meisten Waldbäume der dortigen Ebenen nur durch Fremdbestäubung Samen produzierten; bei Selbstbestäubung gab es keinen Fruchtansatz (Bawa, 1974). Wildbienen stellen die Hauptbestäuber dieser Bäume dar. Gordon Frankie und seine Mitarbeiter (1976) wollten Genaueres über den Bestäubungsvorgang wissen und markierten Hunderte von Bienen, die an bestimmten Bäumen sammelten, mit Leuchtfarben, um ihre Bewegungen zu determinieren. An einem einzigen blühenden Baum, *Andira inermis*, fingen und markierten sie Exemplare von etwa siebzig Wildbienenspezies. Am ersten Tag nach der Markierung blieben die meisten Tiere an dem Baum, wo sie gefangen worden waren, nur 0,3 bis 1,3 Prozent flogen zu benachbarten Bäumen. Warum verließen sie den ersten Baum? Viele dieser Bäume erzeugen nur während einer sehr kurzen Zeit – einer halben Stunde am Morgen – Nektar, das mag ein Grund dafür gewesen sein, daß die Bienen sich zerstreuten. Zum zweiten ist zu vermuten, daß die großen Massen der Bienen an einem einzigen Baum einander ins Gehege kamen und der Konkurrenzdruck sich so sehr verstärkte, daß einzelne sich andere, weniger bevölkerte Bäume suchen mußten.

Die Erzeugung von Pollen und Nektar, die den Bestäubern nutzt, ist für die Pflanzen mit Energiekosten verbunden. Durch Minimierung der Sammelkosten ihrer Bestäuber kann die Pflanze jedoch Energie sparen. Es gibt zahlreiche Methoden, die die Pflanze benutzt, um ihren Besuchern durch Reduktion der Sammelkosten die Bestäubung zu erleichtern. Beispielsweise können Pflanzen mit vielen Blüten die Besuche des Bestäubers an bisher unbestäubten Blüten maximieren und seine Sammelkosten gleichzeitig vermindern, indem sie ihm signalisieren, welche Blüten schon besucht (und geleert) wurden und welche noch nicht. Vor kurzem wurden Beweise dafür erbracht, daß einige Pflanzen tatsächlich solche Signale benutzen. Ihre Blüten können Farben und Düfte, ja sogar ihren Umriß verändern, nachdem sie besucht worden sind. Und es ist ebenfalls nachgewiesen worden, daß Bienen diese Signale bemerken und adäquat auf sie reagieren (Jones und Buchman, 1974). Man fand heraus, daß sich Hummeln an Weidenröschen beim Sammeln fast ausschließlich auf jene Blüten beschränkten, die sich neu geöffnet hatten. Nach nur einem Tag war das Rosa der frischen Blüten verblaßt; auf das für Menschenaugen kaum sichtbare Farbsignal hin ließen fast alle Hummeln die älteren Blüten links liegen.

Pflanzen geben ihren Besuchern wahrscheinlich mehr Signale, als wir wahrnehmen können. Bienen reagieren auf ultraviolettes Licht, das wir nicht sehen, und die Blüten einiger Pflanzen reflektieren ultraviolettes Licht auf andere Weise, nachdem sie bestäubt worden sind. Die meisten Pflanzenpigmente gehören zur Stoffgruppe der Flavonoide. Die verschiedenen Typen dieser Gruppe wie Xanthophylle, Anthozyane, Flavanone und andere unterscheiden sich voneinander durch einfache oxidative Veränderungen. Bei geringen biochemischen Abänderungen wechseln diese Pigmente die Farbe. Über die biochemische Reaktionskette zwischen der Bestäubung durch das Insekt und dem Farbwechsel wissen wir nichts. Das ganze Phänomen ist bis heute kaum untersucht worden, weder von seiten der Pflanze noch mit Blick auf Verhaltensänderungen beim bestäubenden Insekt. Ich vermute, daß zum Beispiel der Farbwechsel bei Pflanzen, die nur eine oder wenige Blüten hervorbringen, keine signifikante Rolle spielt, da sich ein wiederholter Besuch der Bestäuber nicht nachteilig auswirkt. Interessant wäre es, das Phänomen des Farb- oder Duftwechsels nach der Bestäubung systematisch zu erforschen; man müßte herausfinden, ob es bei vielblütigen Pflanzen, zum Beispiel Bäumen, häufiger auftritt als bei Pflanzen mit wenig Blüten. Eine viel simplere Strategie besteht für Bienen darin, direkt auf den Nektargehalt zu reagieren – zumindest bei geöffneten Blüten. Robbin Thorp hat gezeigt, daß der Nektar in den Blüten von Mandelbäumen bei Bestrahlung mit ultraviolettem Licht aufleuchtet (Thorp et al., 1975). Der Nektar der Mandelblüten ist leicht erreichbar; durch das Leuchten im ultravioletten Sonnenlicht erfahren die Bienen, wo die noch nicht besuchten, unbestäubten Mandelblüten sich am Baum befinden.

Auch Duft ist ein Signal. Hummeln fliegen oft bestimmte Blüten an und drehen im letzten Moment ab, als ob sie erkannt hätten, daß hier nicht genug Nahrung zu holen ist. Dieses Verhalten ist an Weißklee zu beobachten, wo weder Nektar noch Pollen von außerhalb der Blüten sichtbar ist. Welche Blüten lehnen die Hummeln ab, und wie kommt es zu der Entscheidung, ob sie sich auf einer Blüte niederlassen oder nicht? Auf einem mit Weißklee übersäten Rasen, der von zahlreichen Hummeln besucht wurde, deckte ich einige Quadratmeter mit durchsichtigem Stoff ab, um die Sammlerinnen daran zu hindern, Nektar zu ernten. Außerhalb der abgedeckten Fläche wurde mehr als ein Drittel der Blumen nicht mehr besucht; als der Abdeckstoff entfernt wurde, besuchten die Hummeln auch jene Blumen, die sie vorher nicht mehr beflogen hatten und in denen sich dann eine Weile Nektar hatte sammeln können. Konnten sie durch Duftsignale erkennen, ob eine Blume schon einmal besucht worden war? Am Duft erkennt man die Blumen! Ich beschloß, das Sprichwort wörtlich zu nehmen, und legte mich mit geschlossenen Augen auf den Rasen, während ein Student mir einzelne Blüten unter die Nase hielt. Ohne vorher geübt zu haben, konnte ich mit achtundachtzigprozentiger Genauigkeit sagen, ob eine Blüte schon von einer Hummel besucht worden war oder nicht. Unbesuchte Blüten verströmten einen starken, süßen Kleeduft; bei besuchten Blüten war der Duft schwächer.

Weißklee enthält nur winzige Mengen Nektar. Blumen, die viel Nektar (Eisenhut, Springkraut, Weidenröschen oder Glatte Schildblume) oder Pollen (Wildrosen) enthalten, wurden in schneller Folge von verschiedenen Bienen und Hummeln besucht, ohne daß eine von ihnen mitten im Flug abgedreht wäre.

Die hochergiebigen Blumen dufteten nicht, auch wenn sie noch die volle Menge Nektar enthielten. Bereits abgeerntete Blüten dieser Spezies wurden ebenso besucht wie frische Blüten.

Eine Pflanze braucht Energie, um Nektar und Pollen zu erzeugen, Energie, die auch in Wachstum und Reproduktion gesteckt werden könnte. Sonnenenergie bekommen Pflanzen umsonst, aber sie können sie nicht gebrauchen, ohne sie einzufangen und in Form von Zuckermolekülen zu speichern. Der Zucker kann investiert werden, um mehr photosynthetisches Gewebe zu erzeugen, zur Produktion von Nektar und Pollen oder um Blüten, Früchte und Samen hervorzubringen.

Wenn eine Biene oder Hummel nicht erkennen kann, wieviel Nahrung eine bestimmte Blüte bereithält – und ob sie überhaupt Nahrung enthält –, bis sie sie besucht (und bestäubt), könnte die Pflanze das ausnutzen und ihre Bestäuber mit betrügerischen Versprechungen anlocken. Einzelne Blumen, die in Mengen an einem bestimmten Ort angesiedelt sind und keinen Nektar enthalten, könnten besucht und bestäubt werden, wenn in unmittelbarer Nachbarschaft Nektar in reichem Maß vorhanden ist. Es könnte für diese Pflanzen sogar von Vorteil sein, überhaupt keinen Nektar zu erzeugen, um desto mehr Energie in die Samenproduktion zu stecken. Die Gene, die den Verzicht auf Nektarerzeugung steuern, würden sich verbreiten, da die Träger dieser Gene weiterhin bestäubt würden, und sie würden mehr Nachkommen als die nektarerzeugenden Pflanzen hervorbringen, weil sie alle Energie in die Produktion von Früchten und Samen stecken könnten. Wenn jedoch die Betrüger innerhalb der Population zu zahlreich würden, würden die Bestäuber immer weniger Nahrung erhalten und dann konkurrierende Pflanzenspezies besuchen, an denen sie mehr Nahrung erhielten (Free, 1968). Bis zu einem gewissen Grad kann die Einzelpflanze darauf verzichten, Nektar für ihre Bestäuber zu erzeugen, eine Pflanzenspezies aber kann nicht darauf verzichten.

Die Interaktionen zwischen Bienen und Blumen können mit Hilfe der Kategorien beschrieben werden, die der britische Ökologe Maynard Smith in seiner Spieltheorie entwickelt hat, um Überlebensstrategien von Organismen darzustellen. Richard Dawkins hat die Spieltheorie in seinem Buch *Das egoistische Gen* sehr überzeugend auf tierisches Verhalten angewendet. Die gleichen Prinzipien gelten für Pflanzen. Das Spiel der Pflanze besteht darin, bei minimalem Energieaufwand die Bestäubung zu maximieren. Das Ziel der Bestäuber ist es, bei jedem Sammeleinsatz zu maximalen Erträgen zu kommen. Während sie eine große Zahl von Blumen besuchen, tragen sie Pollen von Blüte zu Blüte und sichern damit das Überleben der Pflanzengene von Generation zu Generation. Aber die Gene einer einzelnen Pflanze kümmern sich kaum um die von anderen. Wir können a priori davon ausgehen, daß jede einzelne Pflanze einer Population »egoistisch« ist und nur so viel Nahrung erzeugt, daß die Bestäuber angelockt werden und sie bestäuben. Das führt zu interessanten Schwankungen in der Menge des anlockenden Nektars, denn das bestäubende Insekt behandelt Pflanzen nicht als Individuen, es sei denn, sie stehen an isoliertem Standort. Um für Bestäuber attraktiv zu sein, muß die isoliert stehende Einzelpflanze große Nektarerträge bereitstellen. Allerdings blühen Blumen normalerweise in Gruppen, und Individuen offerieren unterschiedliche Nahrungsmengen.

Wieviel Nektar muß eine nicht isoliert vorkommende Blüte bereitstellen? Oberflächlich gesehen, aus der »egoistischen« Perspektive der Einzelpflanze, könnte es scheinen, daß sie überhaupt keinen Nektar zu erzeugen braucht, denn eine Biene oder Hummel kann nacheinander, sagen wir, ein Dutzend Blüten besuchen, die keinerlei Nektar enthalten, um erst bei der dreizehnten den Lohn ihrer Sammelarbeit zu erhalten. (Leere Blüten können zuvor von anderen Insekten besucht worden sein oder einfach keinen Nektar erzeugt haben.) Im Labor haben wir beobachtet, daß Hummeln nacheinander bis zu fünfundsiebzig künstliche Blüten be-

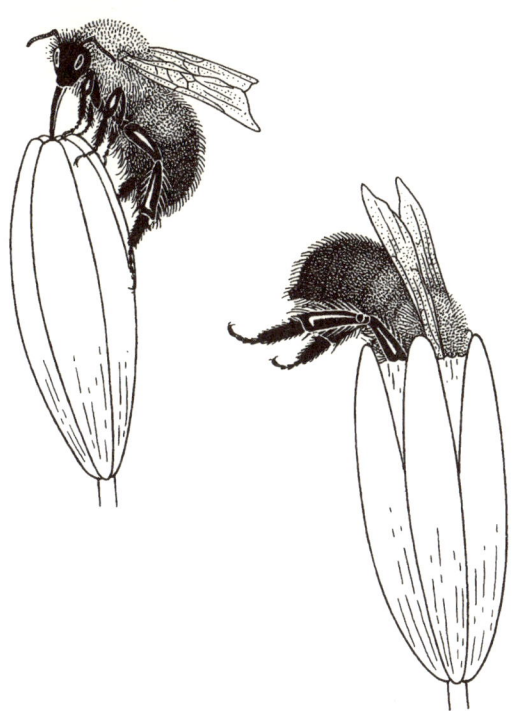

Abb. 11.3 Hummeln erreichen den hochergiebigen Nektarvorrat der geschlossenen Blüte einer nordamerikanischen Enzianart, indem sie die gefaltete Kronröhre aufbiegen und zum Grund der Blüte kriechen.

suchten, ohne belohnt zu werden – doch nur, wenn sie zuvor auf Blüten mit ähnlichem Erscheinungsbild konditioniert worden waren.

Wenn Bienen und Hummeln eine bestimmte Pflanzenart nur als Population, nie als Individuen behandeln würden, könnten sich die Gene der betrügerischen Individuen leicht verbreiten, und die Spezies würde aussterben. Es gibt aber einen gegensätzlich wirkenden Selektionsdruck, der verhindert, daß diese Gene sich allzu weit verbreiten. Gut erkennbarer oder duftender Nektar hat sich möglicherweise als Abwehr gegen Betrug entwickelt. Außerdem sind Hummeln, die einmal mit Nektarerträgen belohnt wurden, nicht nur blütenstetig, sondern sie bleiben auch einem bestimmten Wuchsort treu (Manning, 1956). Sie konzentrieren ihre Aufmerksamkeit auf jene Gruppen von Blumen, die durchschnittlich mehr ertragreiche Blüten aufweisen als Vergleichsgruppen in der Umgebung, und erzeugen auf diese Weise einen Selektionsdruck zugunsten größerer Nahrungserträge. Beide Interessen werden in der Evolution abgewogen – keinerlei Nahrung, wenn Anonymität möglich ist, und reiche Nahrung, wenn Anonymität nicht gewährleistet oder nicht gewünscht ist –, und im Lauf von Tausenden von Jahren mit wechselnden Lebensbedingungen werden die richtigen Nahrungsmengen immer wieder neu austariert.

Damit Pflanzen bei der Nahrungsabgabe an Bestäuber die beste Wirkung für sich selbst erzielen, sollten Tiere, die keinen hohen Energieverbrauch haben, von hochertragreichen Blüten idealerweise ausgeschlossen sein (siehe Abb. 11.3), denn sie könnten sich bei ihren Sammelbesuchen auf einzelne Blüten beschränken und den Nektar verzehren, ohne im Gegenzug für Fremdbestäubung zu sorgen (Heinrich, 1975 b). Spezielle Merkmale wie lange Kronröhren und ledrige Blütenkelche sorgen bei Pflanzen, die normalerweise von großen Schwärmern, Vögeln und Fledermäusen bestäubt werden, dafür, daß viele – jedoch längst nicht alle – unwillkommene Sammler fernbleiben, etwa Fliegen, Käfer und kleine Wildbienen. Wesentliches

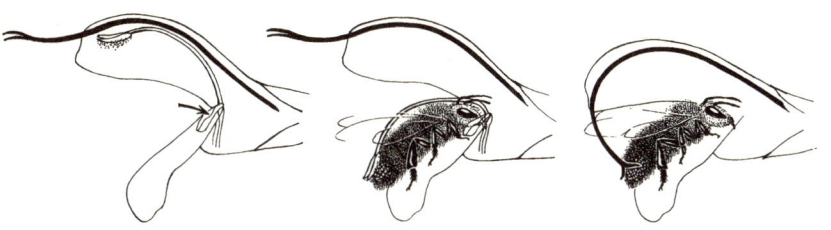

Abb. 11.4 Bestäubungsmechanismus beim Salbei, sogenannter Schlag-baummechanismus. Links und in der Mitte ist das männliche Stadium der Blüte dargestellt, mit dem geradeaus gerichteten Griffel außerhalb der Reichweite der Hummel. Dringt die Hummel zum Nektar vor, schiebt sie dabei die beweglichen Staubblätter nach innen und setzt dadurch den Hebelmechanismus in Gang. Die Staubbeutel werden herabgedrückt und entleeren den Pollen auf dem Rücken des Besuchers. Der Griffel krümmt sich in älteren Blüten, so daß dann die Narbenäste die Hummeln an der gleichen Stelle berühren wie vorher die Staubbeutel jüngerer Blüten – auf diese Weise erfolgt die Bestäubung. Da die Blüten nicht gleichzeitig männlich und weiblich sind, unterbleibt die Selbstbestäubung.

Merkmal von Vogelblüten ist, daß sie große Mengen von Nektar erzeugen, der in langen, röhrenförmigen Kronen von roter Farbe ausgeschieden wird (Baker, 1963). Da viele Insekten, einschließlich der Bienen und Hummeln, Rot nicht wahrnehmen, sind diese Blüten vor nektarraubenden Insekten doppelt geschützt. Fledermausblüten hingegen erzeugen Nektar nur nachts, wenn die meisten Bienen inaktiv sind; diese Blüten sind stark duftend und oft von weißer Farbe, also im Dunkeln gut sichtbar (Baker, 1961).

Hummelblüten sind im Gegensatz zu den auffälligen Vogel- und Fledermausblüten weniger deutlich abgrenzbar. Pflanzen, die von einer einzigen Gruppe von Bestäubern bestäubt werden, sind selten, und insbesondere Hummeln besuchen fast jede blühende Pflanze. Dennoch gibt es einige ganz verschiedene Pflanzenarten, die aufgrund ihrer Morphologie für Hummeln besser als für alle anderen Bestäuber geeignet sind und die mehrere gemeinsame Merkmale aufweisen. Eisenhut ist eine recht typische Hummelpflanze. Er blüht nur dort, wo es Hummeln gibt, und wird fast ausschließlich von Hummeln bestäubt. Wie man es von einer Pflanze erwartet, die sich auf relativ große Bestäuber mit hohem Energieverbrauch eingestellt hat, enthalten ihre Blüten große Nektarmengen. Der Nektar findet sich, für die meisten besuchenden Insekten außer Hummeln, wirkungsvoll versteckt, in zwei umgebildeten Blütenblättern. Es ist seltsam, daß viele der Pflanzen, die sich im Lauf der Evolution auf die Bestäubung durch Hummeln ausgerichtet hatten, Nektar oder Pollen *verstecken*. Offensichtlich verhindert die Morphologie dieser Blüten, daß andere, nicht bestäubende Insekten die Nahrung erreichen, nur die Hummeln sind im allgemeinen flexibel genug, um den Nektar auf legitimem Weg zu ernten und die Blüten zu bestäuben. Es ist für die Pflanze von Vorteil, daß Hummelindividuen sich auf sie spezialisieren, da dies die Bestäubung innerhalb der Spezies fördert (im nächsten Kapitel werde ich darauf zurückkommen). Extremes Beispiel einer Blüte, die vielen Insekten Schwierigkeiten macht und daher nur individuell spezialisierte Sammler versorgt, ist die nordamerikanische Enzianart, die in der Mitte und im Nordosten der Vereinigten Staaten vorkommt. Die Blüte dieses Enzians bleibt immer geschlossen, nur einige Hummelindividuen schaffen es, die Blütenblätter aufzubiegen und Pollen und Nektar im Innern zu erreichen (Abb. 11.3). Im allgemeinen lohnt sich ihre Anstrengung durchaus, denn eine einzige Blüte dieser Spezies enthält bis zu 45 Mikroliter Nektar mit einem Zuckeranteil von vierzig Prozent – eine Menge, die den Inhalt der meisten anderen Blüten bei weitem übertrifft.

Eine weitere Gruppe typischer Hummelblüten mit ganz anderer Morphologie findet man beim Läusekraut (Gattung *Pedicularis*, Familie Scrophulariaceae). Lazarus W. Macior (1970; 1973), der die Bestäubung dieser Pflanzen in allen Einzelheiten erforscht hat, konnte zeigen, daß die annähernd hundert Spezies des Läusekrauts fast ausschließlich von Hummeln bestäubt werden. Ein staunenswerter Reichtum von Blütenfarben und Blütenformen hat sich bei all diesen Spezies entwickelt, doch ist ihnen fast immer die zweilippige röhrenförmige Krone gemeinsam.

Hummelblüten sind im Prinzip von Bienenblüten nicht zu unterscheiden, sie sind jedoch oft größer und enthalten mehr Nektar, der schwierig zu erreichen ist. Viele Hummelblüten sind bilateral-symmetrisch oder zygomorph. Bei all den zahlreichen Formen von Zygomorphie ist die Blüte so gebaut, daß das Insekt zum Erwerb des Nektars auf eine Weise in die Blüte eindringen muß, die maximalen Kontakt zwischen männlichen und weiblichen Reproduktionsorganen gewährleistet (siehe Abb. 11.4). Der Zugang in zygomorphe Blüten muß oft erzwungen werden, was den relativ »intelligenten« Bestäubern wie den sozialen Bienen leichter gelingt als anderen, verhaltensmäßig weniger flexiblen Sammlern. Überdies leuchten viele Bienenblüten, für Menschen und Wirbeltiere nicht wahrnehmbar, in ultraviolettem Licht und sind für Bienenaugen daher leicht zu erkennen (Daumer, 1958).

Einige Hummelblüten sind so kompliziert gebaut, daß sie nur von wenigen spezialisierten Hummelarten ausgebeutet werden können, andere Hummelarten ihnen fernbleiben. Ich habe beispielsweise beobachtet, daß es vielen unerfahrenen Hummeln nicht gelang, den Nektar des Blauen Eisenhuts (*Aconitum napellus*) zu ernten. Jene Sammlerinnen, die Erfolg haben und den Nektar entdecken, werden reich belohnt, und das ist wahrscheinlich der Grund, warum sie sich dann auf die Eisenhutblüten spezialisieren. Ein allgemeiner Zug der Evolution scheint zu größerer Bestäubungspflanzenspezifik unter weitgehendem Ausschluß vieler taxonomischer Gruppen potentieller Besucher zu gehen. Zuletzt wird auch ein Teil der Individuen der Bestäuberspezies mit individueller Spezialisierung auf bestimmte Pflanzen ausgeschlossen (Heinrich, 1975 d). Es kann angenommen werden, daß in erster Linie die daraus sich ergebende reproduktive Isolation die Artenbildung bei Pflanzen vorantreibt.

Obwohl die dicht mit Blüten bestandenen Rispen der Goldrute, die Blüten von Aster, Spierstrauch und anderen keine klassischen Hummelblüten darstellen, werden sie oft fast nur von Hummeln ausgebeutet und bestäubt. Die Einzelblüten enthalten meist nur winzige Nektarmengen. Aber da es sich um Blütenstände mit vielen Einzelblüten handelt, erhält die besuchende Hummel doch einen relativ hohen Energieertrag, indem sie in kurzer Zeit eine große Zahl von Blüten leert. Dazu können Hummeln, wie in früheren Kapiteln ausgeführt, ihre Körpertemperatur und damit ihren Energieaufwand während des Sammelns bei Bedarf reduzieren. Aus energetischen Gründen scheiden an solchen Blüten Bestäuber, die die Blüten im Schwebflug ausbeuten (Insekten, Vögel), aus. Hummeln sind die Hauptbestäuber in einigen Habitaten, wo es nur wenige und manchmal überhaupt keine klassischen Hummelpflanzen gibt, so in den borealen Mooren und auf höheren Bergen. Offenbar ist dort die Zahl der Pflanzenspezies niedrig genug, so daß die Notwendigkeit des Ausschlusses von Sammlern an einigen Blütengruppen und die Ausbildung von Spezialisierungen entfällt. Eine Spezialisierung erfolgt aber in jedem Fall dadurch, daß in solchen Gebieten die Wahlmöglichkeiten niemals sehr groß sind. Die Pflanzen haben ihre Chancen, bestäubt zu werden, durch gestaffelte Blühzeiten verbessert statt durch die Ausbildung komplexer Blütenbauten, die spezielle Sammeltechniken nötig machen.

Die Entfernung zwischen den Blumen wirkt sich ebenfalls auf das energetische Gleichgewicht zwischen Pflanzen und Bestäubern aus. Diese Entfernung ist zwar letzten Endes durch die Populationsdichte der Pflanzen bestimmt, doch Zeit und Dauer der Blüte können Veränderungen hervorrufen. Zum Beispiel würde die synchrone Blühzeit aller Blüten einer Spezies in einem Sammelgebiet Zeit- und Energieaufwand der sammelnden Bestäuber auf ein Minimum reduzieren. Durch kurze Blühzeiten einzelner Blüten von Pflanzen, die über lange Zeit immer wieder Blüten hervorbringen, würde sich der Aufwand der Bestäuber entsprechend erhöhen. Ist der Energieaufwand an einer Pflanzenspezies im Verhältnis zum Futterertrag zu groß, wird die Biene oder Hummel sich ihr nicht anpassen und nach besseren Futterquellen suchen. Synchrone Blühzeiten, die zur Konditionierung der Bestäuber führen, sind vermutlich besonders für seltene Pflanzen oder Pflanzen mit geringer Nektarausscheidung von Vorteil. Wenn weder synchrone Blühzeiten noch große Nektarvorräte geboten werden können, müssen alternative Mechanismen zur Gewährleistung der Fremdbestäubung entwickelt werden, oder es muß auf Fremdbestäubung verzichtet werden.

Einige Orchideen – Orchideen sind in den Tropen besonders artenreich – haben eine Methode entwickelt, die es ihnen erlaubt, die Schwierigkeiten des energetischen Gleichgewichts zwischen Blüte und Bestäuber zu umgehen: Andere Vertreter der Pflanzengemeinschaft, der sie angehören, versorgen ihre Bestäuber mit Nahrung. Auch bei sehr geringer Populationsdichte erreichen diese Orchideen Bestäubung durch die extreme Präzision des Pollentransfers und -empfangs. Der Pollen der Einzelblüte löst sich in einem Klumpen ab, dem Pollinium, und bleibt fest an einer bestimmten Stelle am Körper des sammelnden Insekts haften, bis es vom Griffel einer anderen Blüte derselben Spezies, oft weit entfernt, aufgenommen wird. Diese Orchideen können so trotz sehr seltener Insektenbesuche bestäubt werden. Kontinuierliche Nektarerzeugung, um sammelnde Insekten zu wiederholten Malen anzulocken, ist nicht nötig. Ebenfalls unnötig ist die Aufrechterhaltung eines Energiegleichgewichts mit den Bestäubern, die ihren Energiebedarf meist an anderen, weiter verbreiteten und nektarreicheren Nahrungsquellen decken. Viele Orchideen kommen zu Nachkommen, ohne überhaupt Nektar erzeugen zu müssen; sie ahmen andere Blumen mit reichen Nektarvorräten nach. Es gibt sogar Orchideen, deren Blüten in Form, Größe, Farbmuster und Duft weiblichen Wespen, Bienen und Hummeln ähneln. Drohnen, die mit diesen Blüten zu kopulieren versuchen, übertragen ahnungslos den Pollen und führen die Fremdbestäubung herbei (Kullenberg, 1961). Diese Pflanzen können Bestäuber also nur durch Betrug anlocken (Einzelheiten in Kapitel 12). Mehr als zehn Prozent aller Blütenpflan-

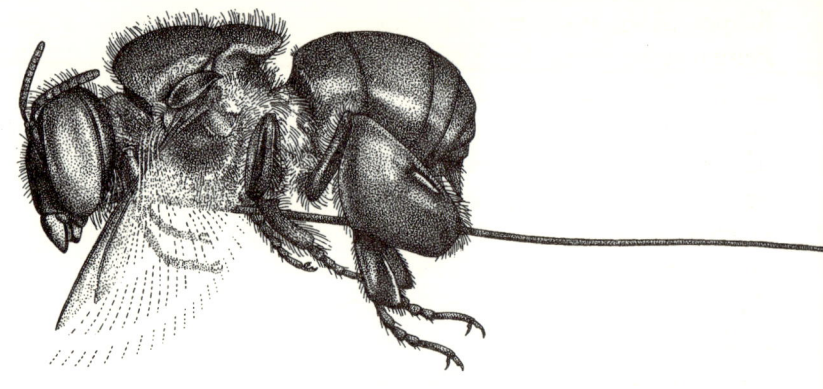

Abb. 11.5 Mit Hummeln eng verwandt sind die tropischen Prachtbienen. Man beachte die lange Zunge, die im Flug nachgezogen wird, und die verdickten Hinterschienen (männliches Tier).

zenspezies sind Orchideen, ihre Hauptbestäuber sind Bienen und Hummeln.

Die höherentwickelten Orchideen locken typischerweise spezialisierte Bestäuber an. Die variationsreichen Blütenformen der Orchideen sind zum Teil durch visuelle Signalsysteme geprägt worden, sie stellen Anpassungsleistungen der Pflanzen an das Sammelverhalten bestimmter Bienen und anderer Insekten dar.

Mit Hummeln eng verwandt sind die solitären Euglossini oder Prachtbienen, die nur in den Tropen der Neuen Welt vorkommen und auf die Bestäubung von fast zweitausend Orchideenspezies spezialisiert sind (Stamm Euglossini, Unterfamilie Bombinae). Es gibt sechs Gattungen: *Eulaema, Euglossa, Euplusia, Eufriesea, Exaerete* und *Aglae*. (Die beiden letzteren entsprechen den Kuckuckshummeln, *Psithyrus*, sie leben als Parasiten in den Nestern anderer Euglossini.) *Eulaema* und *Euplusia* umfassen etwa sechzig Spezies großer, dicht bepelzter Bienen. *Euglossa* umfaßt etwa hundert Spezies wenig behaarter, mittelgroßer, hell-metallblauer, grüner oder goldener Bienen. Es gibt Arten, deren Zungen fast doppelt so lang sind wie ihre

Körper (Abb. 11.5). Im Flug wird die Zunge zwischen den Beinen verstaut und reicht wie ein Schwanz weit über die Spitze des Abdomens hinaus. Die Männchen haben seltsame, pinselartige Vorderbeine und aufgeblähte Hinterschienen mit schlitzförmigen Öffnungen, die Drüsen enthalten.

Besonders die Männchen von *Eulaema, Euglossa* und *Euplusia* kratzen mit ihren tarsalen Pinseln Duftmaterial von Orchideenblüten ab und streifen es zu den aufgeblähten Hinterschienen. Was machen sie mit dem gesammelten Parfum? Caloway H. Dodson und seine Mitarbeiter (1969) haben herausgefunden, daß das Duftmaterial, von den Drohnen einer beliebigen Spezies zusammengetragen, andere Drohnen derselben Spezies anlockt. Kleine Gruppen von Drohnen finden sich zusammen, um Weibchen abzufangen; das gleiche Verhalten ist auch von einigen Vogelarten wohlbekannt, etwa den Paradiesvögeln und den Präriehühnern.

Es gibt noch viele offene Fragen zum Paarungsverhalten der Bienen. Zum Beispiel weiß man nicht, was die Weibchen zu den Drohnenansammlungen führt. Werden sie von der schieren Zahl der Männchen angelockt, von ihren aromatischen Stoffen oder von beidem? An den Orchideenblüten, an denen die Drohnen Duftmaterial sammeln, findet man keine Weibchen, aber es ist auch möglich, daß die Drohnen die Duftstoffe im Innern ihrer Hinterschienen durch Drüseneinwirkung chemisch verändern. Wie und warum die Drohnen sich sammeln, ist ebenfalls nicht bekannt. Wenn die Weibchen durch den Duft, den Drohnen mühsam sammeln und aufbereiten müssen, angezogen werden, würde es auch für andere Drohnen einen Vorteil bedeuten, wenn sie von diesem Duft angelockt würden. Auf diese Weise könnten sie sich mit den Weibchen vereinigen, ohne Zeit und Energie zum Sammeln eigener Duftstoffe an den seltenen Orchideen aufwenden zu müssen.

Es gibt für dieses Verhalten Vergleichsfälle. W. Cade (1975) hat ähnliche Aktivitäten bei der Feldgrille, *Gryllus integer,* erforscht. Die Männchen dieser Spezies benutzen keine Düfte wie Bienen, sondern sie zirpen, um die Weibchen zur Paarung zu locken. Das Hauptrisiko des Zirpens besteht nicht darin, daß zuviel Energie aufgewendet werden könnte, sondern darin, daß Parasiten angezogen werden. Eine Fliegenart, *Euphasiopteryx ochracea,* kann in das Lied der Grille einstimmen und vom Sänger unbemerkt Larven auf ihm ablegen. Die Larven fressen die Grille von innen her auf. Der Ruf nach dem Weibchen birgt Gefahren! Es gibt jedoch einige Männchen, »Satellitenmännchen« genannt, die selbst nicht zirpen, aber vom Gezirp der Sänger angezogen werden. Während sich die Männchen nachts sammeln, versuchen die Satelliten, die von den Sängern herbeigerufenen Weibchen abzufangen und sich mit ihnen zu paaren, das heißt den Lohn einzustreichen, ohne das Risiko – Parasitenbefall durch Fliegenlarven – einzugehen.

Die Drohnen einer bestimmten Prachtbienenspezies sammeln Duftmaterial nur an den Blüten einer bestimmten Orchideenart. Dodson und seine Mitarbeiter (1969) haben diese Blüten-Bienen-Spezialisierung untersucht, indem sie Orchideendüfte chemisch analysierten und das Verhalten der Euglossini experimentell erprobten. Die meisten Orchideenblüten, die von Euglossini bestäubt wurden, enthielten sieben bis zehn, ja bis zu achtzehn verschiedenartige chemische Komponenten. Die isolierten Komponenten wurden im Feldversuch getestet, und es zeigte sich, daß 1,8-Cineol das allgemeinste Lockmittel war. Dieser Stoff wurde in sechzig Prozent der Blütenproben gefunden, und siebzig Prozent der Bienenspezies zeigten sich für ihn empfänglich. Wie ist es dann zu erklären, daß sich die hochspezialisierten Bienen beim Sammeln auf nur wenige Orchideenarten beschränkten? Es konnte gezeigt werden, daß es zum Ausschluß bestimmter Bienenspezies führte, wenn man dem Stoff bestimmte Komponenten hinzufügte (Williams und Dodson, 1972). Es scheint also, daß die Orchideen Blütenstetigkeit bestimmter Bestäuber erreichen, indem sie kombinierte Stoffe erzeugen, die anziehen, aber auch abstoßen können. Die Düfte der Orchideen funktionieren wie die Farbsignale der Blüten anderer Pflanzen, nur daß Farben im allgemeinen eher

Reaktionen der Individuen als Reaktionen der Spezies hervorrufen.

Obwohl eine bestimmte Prachtbienenart als Duftspezialist meist nur eine einzige Orchideenspezies bestäubt, braucht sie auch andere Pflanzen als Nahrungsquellen, wodurch ihre Rolle als Bestäuber im Ökosystem der süd- und zentralamerikanischen Wälder an Bedeutung gewinnt. Alle Prachtbienen sind starke Flieger mit hohem Energieverbrauch. Wie Hummeln und Honigbienen sterben sie nach etwa einer Stunde, wenn man sie eingeschlossen ohne Futter läßt. Da sie extrem schnell fliegen, können sie große Distanzen bis zu den Standorten ertragreicher Nektarwirte zurücklegen. Besonders wichtig sind sie als Bestäuber seltener und zerstreuter Pflanzen im Unterholz der Wälder. Diese Pflanzen bieten sehr ertragreiche Blüten zu beliebigen Zeiten; ihre Blühzeiten sind nicht synchron und erstrecken sich über mehrere Monate. Dan Janzen (1971) hat entdeckt, daß Prachtbienen Tag für Tag viele weit verstreute isolierte Pflanzen in bestimmter Abfolge – von ihm stammt die Bezeichnung »trap-lines« für diese Routen – besuchen, um den Nektar der Blüten, die sich frisch geöffnet haben, zu ernten.

Bei gegenseitiger Abhängigkeit ist die Aufrechterhaltung ihres energetischen Gleichgewichts für beide Partner, Bienen und Pflanzen, lebenswichtig. Für Hummeln gilt in dieser Hinsicht dasselbe wie für andere Bestäuber, doch nur im allgemeinen. Man muß die allgemeinen Prinzipien kennen, um die Ausnahmen und die Einzelheiten deutlich zu machen, sie vielleicht sogar voraussehen zu können, um Beobachtungen richtig einzuordnen und um die (eventuell zeitlich beschränkten) Rahmenbedingungen festzulegen. Dann erst kann man darangehen, die ökologischen und evolutionären Themenstellungen zu vertiefen.

Wie eine Hexenspeise recht gemischt
Und mir als Morgenspeise aufgetischt:
Der Blume blaue Unschuld an dem Weg –
Die dürre Spinne, der papierne Drachen
Der toten Motte – was ist da zu machen?
Das Dunkel schreckte sie ins Netz. – Und wir –?

Robert Frost: *Bestimmung*

Zwölftes Kapitel
Ökologie und Koevolution

Sowohl in der Physiologie wie in der Ökologie versucht man hauptsächlich, die wechselseitigen Beziehungen von Teilkräften zu verstehen. Der Unterschied liegt nur darin, was man als Referenzrahmen benutzt – den Organismus oder das Ökosystem. Ein Organismus ist mehr als eine Ansammlung von Zellen, er ist ein integriertes System. Man erforscht seine Funktionen, indem man seine Bestandteile beobachtet und sich modellhaft ihre Wirkungen vor Augen führt; dann probiert man die Modelle im Experiment aus, was auch heißt, daß man das System verändert, um Voraussagen über einzelne Wirkungen zu überprüfen. Auch ein Ökosystem wie ein Wald ist mehr als eine Ansammlung von Bäumen. Durch Bestimmung der Komponenten des Systems und durch Konstruktion der Wechselwirkungen der Bestandteile miteinander und mit der Umwelt gelangt man zu Modellen oder Hypothesen. Bei ökologischen Systemen können wir oft nur die Resultate von »Experimenten« beobachten, die die Natur selbst veranstaltet hat, und die Natur mischt alle Variablen und sorgt selten für Kontrolle. Dazu kommt der Zeitfaktor. Wenn man einer Hummel das Herz entfernte, würde sie nicht mehr fliegen können, weil die

Flugmuskulatur nicht länger mit Treibstoff versorgt würde und das Stadium der Überhitzung eintreten könnte. Wenn man aber einen lebenswichtigen Bestandteil des Waldes entfernt, zeigen sich die Ergebnisse des Versuchs oft erst Jahrzehnte später. Dies stellt für die Wissenschaft eine Herausforderung dar. In ökologischen Systemen ist es selten möglich, Komponenten zu entfernen – zum Beispiel die Bestäuber –, die Probleme werden daher eher deskriptiv und analytisch als experimentell aufgefaßt. Doch die Veränderung in einem Teil des Systems muß über kurz oder lang zu Veränderungen in anderen Teilen führen, denn die Teile sind von der Evolution nicht zufällig in ihrer bestehenden Form zusammengesetzt worden. Man kann sich also fragen, nicht nur, wie das System zu einer gegebenen Zeit funktioniert, sondern auch, wie es zu dem System in seiner bestehenden Form gekommen ist.

Was wissen wir über die Einzelheiten der Koevolution von Bienen und Blumen? Nicht sehr viel. Fossilienfunde geben nicht viel her. Das meiste, was wir wissen, wissen wir durch Rückschlüsse und Extrapolationen. Fossilien zeigen uns, daß Angiospermen – bedecktsamige Blütenpflanzen – die Flora aller Breiten in der letzten Hälfte der Kreidezeit, vor etwa hundert Millionen Jahren, zu dominieren begannen (Baker und Hurd, 1968), und wir wissen, daß ein Hauptmerkmal der Angiospermen die Anpassung der Blüten an die Insektenbestäubung darstellt.

Die ersten primitiven Insekten erschienen bereits im Oberkarbon, vor 300 Millionen Jahren, 200 Millionen Jahre vor dem Aufstieg der Angiospermen. Hymenoptera, die Insektenordnung, der auch Bienen und Ameisen angehören, gab es 80 Millionen Jahre vor jener Angiospermenexplosion in der Mitte der Kreidezeit. Ameisen, die vermutlich in Staaten lebten (es gibt heute keine solitären Ameisen), hatten sich aus wespenartigen Vorfahren entwickelt. Die ersten insektenfressenden Säugetiere, aus denen sich Primaten und, viel später, Menschen entwickelten, erschienen erst etwa 40 Millionen Jahre später. Auch Bienen haben sich aus Wespen entwickelt, wahrscheinlich als

Abb. 12.1   Die fossile Hummel Bombus proavus *Cock. Der Flügel ist 15 mm lang. (Foto Frank M. Carpenter.)*

Folge des Wechsels vom Nahrungsraub zum Sammeln von proteinreichem Pollen; dieser Wechsel könnte die Explosion der Angiospermen vor 83 bis 113 Millionen Jahren ausgelöst haben.

Bis zum Eozän, vor etwa 58 Millionen Jahren, hatte sich die Ordnung der Hymenoptera so ausdifferenziert, wie sie im großen und ganzen noch heute besteht; die meisten großen Gruppen der Bienen, die wir kennen, existierten schon. Viele Exemplare sind in Bernstein konserviert (Carpenter, 1976). Allerdings sind nur wenige der 58 Millionen Jahre alten Bienen versuchsweise als Angehörige der Gattung *Bombus* bestimmt worden (Zeuner und Manning, 1976). Weniger als ein halbes Dutzend Bienen, die möglicherweise als Hummeln zu betrachten sind, sind aus Funden des Oberen Oligozäns und Miozäns

243

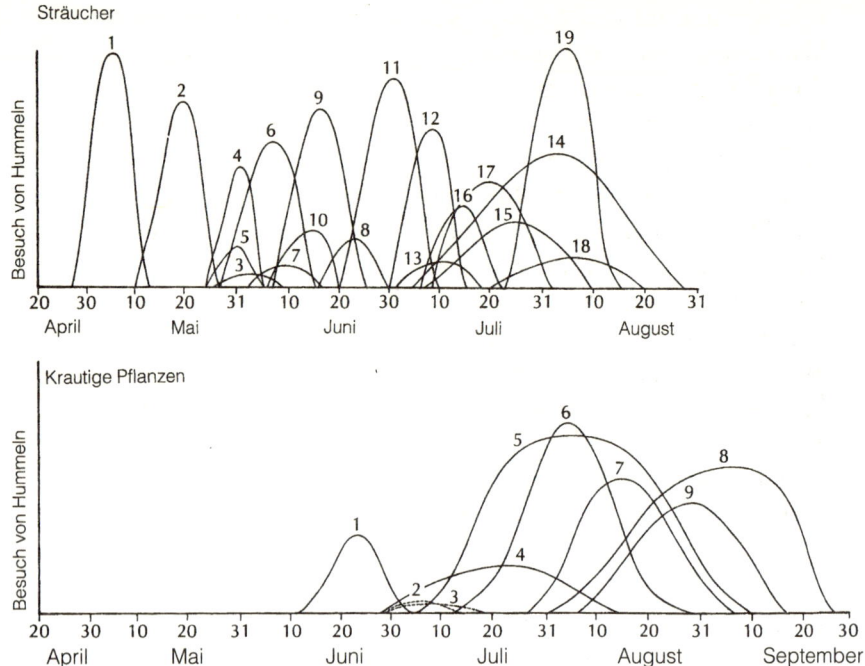

Sträucher

Abb. 12.2 Besuch von Hummeln an strauchigen und krautigen Pflanzen in Moorgebieten von Maine entsprechend den jeweiligen Blühzeiten. Die Zahlen beziehen sich auf die Pflanzen in Abb. 12.3.

bekannt, aber laut T. D. A. Cockerel, einem bekannten Bienentaxonomen, wurde nur ein echter fossiler *Bombus*-Fund beschrieben. Diese Hummel (Abb. 12.1), die er *Bombus proavus* nannte und deren Flügelgeäder dem der europäischen Steinhummel *(Bombus lapidarius)* ähnelt, wurde in der Latah-Formation (Oberes Miozän, 20 Millionen Jahre alt) bei Seattle, im amerikanischen Staat Washington, gefunden, im Umkreis von hauptsächlich gemäßigter fossiler Flora (Carpenter, 1924). Doch durch Fossilienfunde allein können wir uns von der dynamischen Koevolution von Bienen und Pflanzen noch kein Bild machen. Nur wenn wir heute bestehende Tier-Pflanzen-Interaktionen in präzisen Modellsystemen untersuchen, können wir uns auf deduktivem Weg über den Selektionsdruck klarwerden, der zu Anpassungsleistungen im evolutionären Prozeß führte. Indem wir uns solcher Modellsysteme bedienen, können wir auch zu wissenschaftlichen Aussagen über die spezielle Rolle der Hummeln in diesem Prozeß kommen.

In neuerer Zeit sind die Interaktionen zwischen Bestäubern und Pflanzen in den nördlichen Moorgebieten auch unter dem Gesichtspunkt der Koevolution ausführlich erforscht und beschrieben worden (Reader, 1975; Small, 1976; Heinrich, 1976 a). Da diese Moore für Menschen von geringem ökonomischen Wert sind, ist ihre Flora und Fauna nahezu unberührt geblieben. Für Forschungszwecke sind sie wegen der geringen Anzahl sowohl von Pflanzen- wie von Bestäuberspezies gut geeignet. Zudem sind viele der koexistierenden Pflanzen eng verwandt, sie gehören (wie etwa Blaubeeren, Moosbeeren und Azaleen) zur Familie der Ericaceae. In den meisten Mooren verschiedener Teile von Kanada (Pojar, 1974) und Maine (Heinrich, 1976 c) stellen Hummeln die zahlreichste Gruppe der Blütenbesucher dar, und Hummeln jeder Spezies besuchen im Lauf einer Saison, vom beginnenden Frühjahr bis zum Herbst, nacheinander die Blüten unterschiedlicher Pflanzenspezies (Abb. 12.2 und 12.3).

Es kann sein, daß Hummeln zuzeiten ihre Nahrung von nur zwei oder drei Pflanzenspezies erhalten; diese Pflanzen spielen dann im Ökosystem eine zentrale Rolle. Bei Pflanzen ist die Speziesinterdependenz offensichtlich, da jede Spezies ein Glied in der zeitlich beschränkten Nahrungskette darstellt, die das Überleben der Hummeln und letztlich auch der Pflanzen selbst gewährleistet.

Läßt sich ein Insekt auf einer Blüte nieder, so heißt dies noch nicht, daß die Blüte auch bestäubt wird. Aber die Arbeit von R.J. Reader (1977) hat gezeigt, daß der Blütenbesuch von Insekten für die Bestäubung von acht Moorpflanzen der Familie Ericaceae, die er in Ontario untersuchte, notwendig ist (Abb. 12.4). Seine Forschungen lieferten den Beweis für die Bedeutung der Hummeln im Ökosystem des Moors. Reader ent-

Sträucher und Rankengewächse

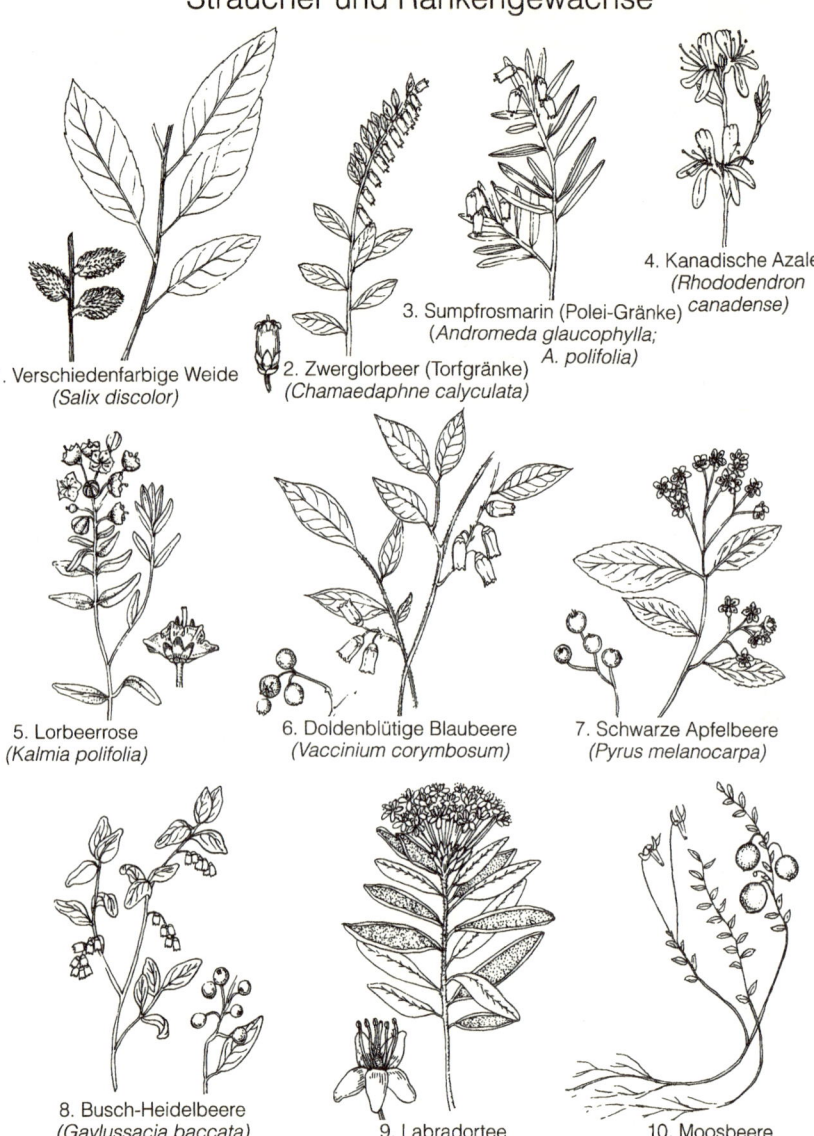

1. Verschiedenfarbige Weide
(*Salix discolor*)

2. Zwerglorbeer (Torfgränke)
(*Chamaedaphne calyculata*)

3. Sumpfrosmarin (Polei-Gränke)
(*Andromeda glaucophylla;
A. polifolia*)

4. Kanadische Azalee
(*Rhododendron
canadense*)

5. Lorbeerrose
(*Kalmia polifolia*)

6. Doldenblütige Blaubeere
(*Vaccinium corymbosum*)

7. Schwarze Apfelbeere
(*Pyrus melanocarpa*)

8. Busch-Heidelbeere
(*Gaylussacia baccata*)

9. Labradortee
(*Ledum groenlandicum*)

10. Moosbeere
(*Vaccinium oxycoccus*)

Abb. 12.3

246

Sträucher und Rankengewächse

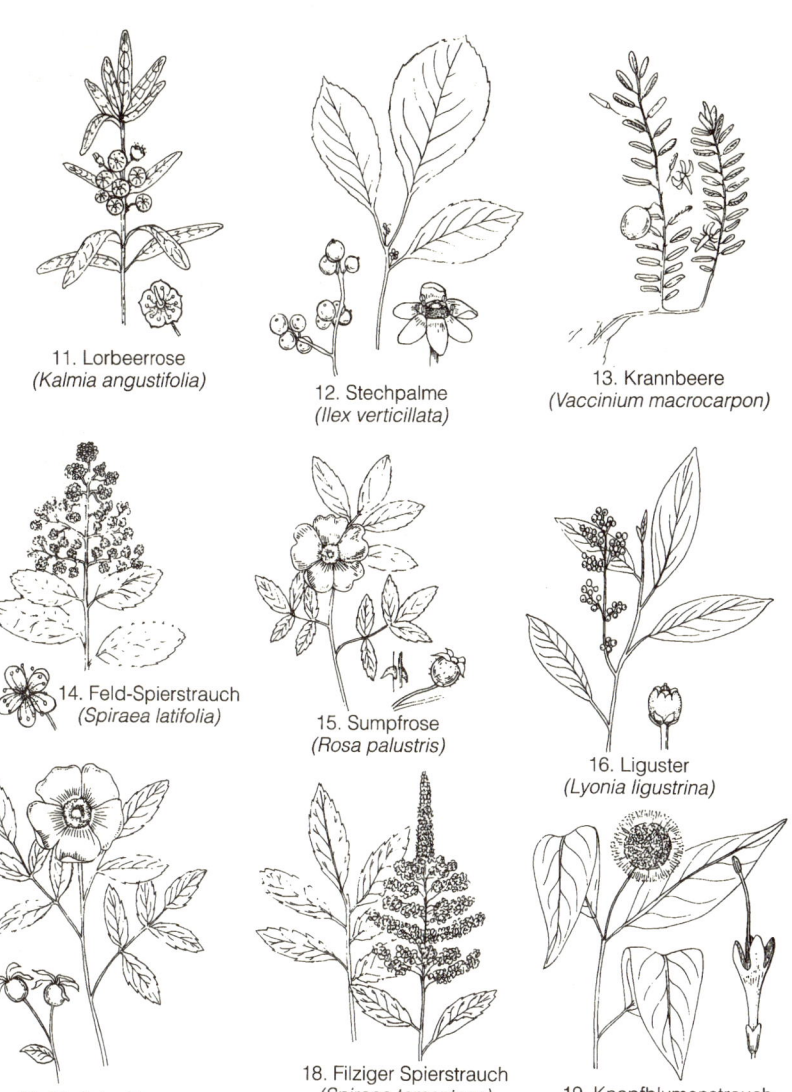

11. Lorbeerrose
(Kalmia angustifolia)

12. Stechpalme
(Ilex verticillata)

13. Krannbeere
(Vaccinium macrocarpon)

14. Feld-Spierstrauch
(Spiraea latifolia)

15. Sumpfrose
(Rosa palustris)

16. Liguster
(Lyonia ligustrina)

17. Zierliche Rose
(Rosa blanda)

18. Filziger Spierstrauch
(Spiraea tomentosa)

19. Knopfblumenstrauch
(Cephalanthus occidentalis)

Abb. 12.3

Krautige Pflanzen

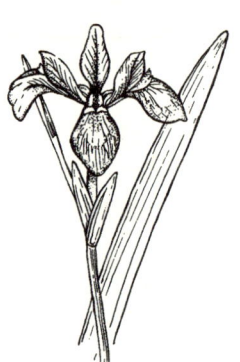

1. Blaue Schwertlilie
(Iris versicolor)

2. Bartorchidee
(Pogonia ophioglossoides)

3. Dingel
(Calopogon pulchellus)

4. Helmkraut
(Scutellaria epilobiifolia)

5. Springkraut
(Impatiens biflora)

6. Herzblättrige Pontederie
(Pontederia cordata)

7. Goldrute
(Solidago uliginosa)

8. Neuenglische Aster
(Aster novae-angliae)

9. Glatte Schildblume
(Chelone glabra)

Abb. 12.3

fernte den Blüten die Staubgefäße (männliche Blütenteile), umschloß sie mit Gaze, um alle Bestäuber abzuhalten, und ließ sie entweder unbestäubt, oder er bestäubte sie selbst mit Pollen, den er von der gleichen oder von anderen Pflanzen erhalten hatte. Bei der Untersuchung des Fruchtansatzes zeigte es sich, daß alle acht Pflanzenspezies auf Insektenbestäubung angewiesen sind, obwohl physiologisch auch Selbstbestäubung möglich ist. In allen Fällen entwickelte sich bei Ausschluß von Insekten keine einzige Frucht. Offensichtlich ist Selbstbestäubung keineswegs der Normalfall; strukturelle Merkmale verhindern, daß der Pollen einer Blüte mit der Narbe der gleichen Blüte in Kontakt kommt. Reader fand auch heraus, daß von allen Blütenbesuchern Bienen die größte Gruppe ausmachten, und unter den Bienen waren wiederum Hummeln die größte Gruppe. Die absolute Zahl bestimmter Bestäuber gab allerdings noch keinen Hinweis auf ihre tatsächliche Bedeutung bei der Bestäubung. Hummeln können bei geringem Vorkommen dennoch eine weit wichtigere Rolle spielen als andere Bienen. Sandbienen etwa, deren Zahl (wie auch in Maine) im Lauf eines Sommers immer mehr abnimmt, waren in ihren Bewegungen von Blüte zu Blüte bis zu sechsmal langsamer. Wenn man annimmt, daß sie die gleichen Pollenmengen übertragen (was höchst unwahrscheinlich ist), so würde jede Sandbiene als Bestäuberin nur ein Sechstel der Effektivität einer Hummel erreichen. Allerdings wissen wir nicht, wieviel Pollen kleinere Bienen zwischen Staubgefäßen und Narben unterschiedlicher Blüten transportieren (und ob sie überhaupt Pollen transportieren). Hummeln, die groß und dicht behaart sind, übertragen große

Abb. 12.3   Die Hauptpflanzen, an denen Hummeln im Ökosystem Moor sammeln und die sie dabei bestäuben. Die ersten beiden Seiten zeigen Sträucher und Rankenpflanzen, die dritte krautige Pflanzen. Beide Gruppen sind in der Folge ihrer Blühzeiten angeordnet. Die Pflanzen der ersten Seite gehören, außer der Weide, sämtlich zur Familie Ericaceae. (Alle Pflanzen sind um die Hälfte bis zu zwei Dritteln ihrer natürlichen Größe verkleinert abgebildet.)

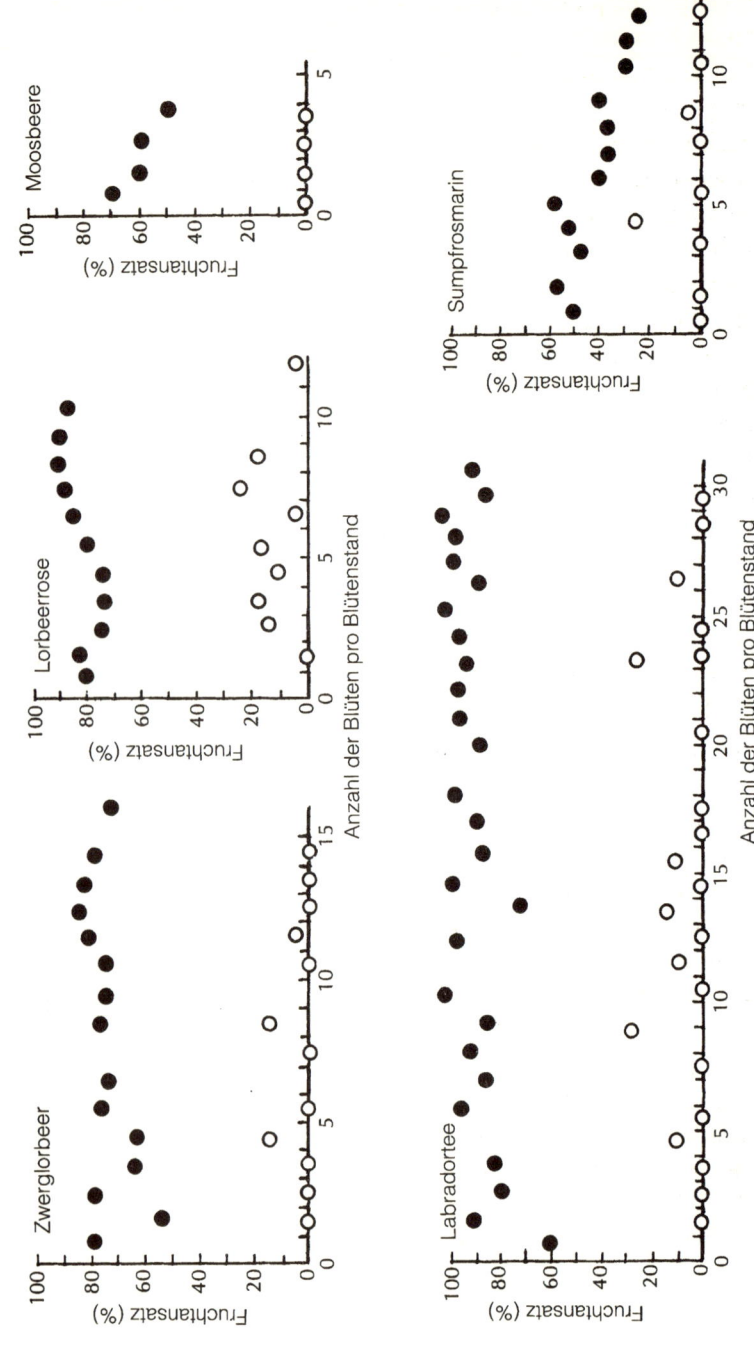

Pollenmengen und kommen intensiv mit den Narben der Blüten in Kontakt.

Die zentrale Rolle der Hummeln in Moorgebieten steht außer Frage, aber ebenso sicher sind Hummeln nicht die einzigen wichtigen Bestäuber. Beispielsweise können von Hummeln ausgebeutete Blüten von anderen, kleineren Insekten besucht werden, die sich mit den Resten zufriedengeben. Und weil es sich bei den Resten um minimale Nektarmengen handelt, sind diese energetisch anspruchslosen Insekten gezwungen, zahlreiche Blumen zu besuchen, während sie ohne die vorangegangene Sammelaktivität der Hummeln in der Lage wären, ihren Nahrungsbedarf an wenigen Blumen zu decken. Wahrscheinlich ist außerdem, daß bei mehrjähriger Abwesenheit von Hummeln die Populationen anderer Nektarfresser in diesem Ökosystem wachsen würden, was sich auf ihre Bedeutung als Bestäuber entsprechend auswirkte. Aufgrund der ständig wechselnden Lebensbedingungen ist es wahrscheinlich für die Pflanze nicht die optimale Lösung, eine zu enge Beziehung zu irgendeinem Bestäuber zu entwickeln. Pflanzen müssen auf Nummer Sicher gehen, sie brauchen eine Rangfolge von Bestäubern. Offensichtliche Ineffizienz an einer Stelle des Systems zu einer gegebenen Zeit kann somit der optimalen Funktionalität auf lange Sicht dienlich sein.

Bei eingeschränkter Nahrung hat sich Konkurrenz als eine Triebkraft bei der Entwicklung zahlreicher physiologischer, morphologischer und verhaltensmäßiger Merkmale von Organismen erwiesen. Der Wettbewerb um Nahrung und Energieressourcen führte zu Effizienz bei Nahrungssuche, Nahrungserwerb und Nahrungsverarbeitung, der Wettbewerb um Weib-

Abb. 12.4 Ohne die Aktivität von Insekten, besonders Hummeln, kein Fruchtansatz: Resultate eines Experiments an fünf Moorpflanzenspezies im südlichen Ontario, Kanada. Die Blüten waren den Bestäubern frei verfügbar (●), oder sie wurden durch Gaze abgeschirmt (○). Blumen mit verschieden großen Blütenständen wurden gleichermaßen von Hummeln bestäubt. (Aus Reader, 1977.)

chen hat den Anlaß gegeben zu manchen spektakulären, farbenprächtigen Zurschaustellungen bei Vögeln, Säugetieren und einigen Insekten. Die meisten Pflanzen, die standortgebunden und zweigeschlechtlich sind, konkurrieren um Bestäuber, die ihnen Nachkommenschaft sichern. Die Evolution der auffallenden Farb- und Duftsignale (und nicht nur dieser Merkmale) der Blütenpflanzen hängt ohne Zweifel mit dem Wettbewerb um Bestäuber zusammen. Hummeln konkurrieren um Nektar und Pollen, aber gleichzeitig konkurrieren auch die Pflanzen um die Dienste ihrer Bestäuber.

Wenn es Wettbewerb um Nektar gibt, sorgt der Selektionsdruck dafür, daß Hummeln effiziente Sammelstrategien entwickeln. Aber ein unvorhersehbares Ereignis wie eine Frostperiode noch spät im Frühjahr kann alle Hummeln töten, und dann müssen die Pflanzen erfolgreich um andere Bestäuber werben, um zu überleben. Über kurze Zeitperioden herrscht jeweils ein Konkurrenztyp vor. Doch in Hinsicht auf die Evolution verläuft die Konkurrenz zwischen Pflanzen um Bestäuber parallel mit der Konkurrenz zwischen Bestäubern um Nektar.

Unter ausgewogenen Bedingungen, bei relativer, nicht absoluter Beschränktheit der Ressourcen, treten vermutlich ebenfalls beide Konkurrenztypen gleichzeitig auf. Zum Beispiel können verschiedene Hummel- oder Bienenarten um die beste Pflanzenspezies konkurrieren, während die übrigen Pflanzen untereinander um Bestäuber konkurrieren.

Die Bedeutung und die Durchschlagskraft der beiden Konkurrenztypen kann sich im Lauf einer Saison verändern. In Maine gibt es in manchen Jahren im Frühjahr intensive Konkurrenz zwischen den Hummelköniginnen und den vielen Spezies der Solitärbienen um die wenigen verfügbaren Blumenarten. Im Sommer, wenn auf den Feldern viele eingebürgerte Pflanzen blühen, etwa Rot- oder Weißklee, müssen die einheimischen Pflanzen in der Nähe um Bestäuber konkurrieren. Gegen Ende des Sommers, wenn wieder nur einige wenige Spezies einheimischer Blumen blühen, müssen die Hummeln, die jetzt eine hohe Populationsdichte aufweisen, wieder um Nektar und Pollen konkurrieren, da sie nur noch an wenig ertragreichen Blüten sammeln können.

Ein relativ gleichmäßiger Nektarertrag ist an sich vermutlich noch kein sicherer Indikator für die Intensität des Wettbewerbs. Am Anfang einer Saison müssen Königinnen in der Lage sein, in relativ kurzer Zeit Nahrung einzubringen, um ihre Kolonien zu gründen. Sie müssen die ganze Arbeit selbst tun; die Effizienz des Anfangs determiniert in großem Maß den Reproduktionserfolg der Kolonie. Konkurrenz heißt mehr Sammelzeitaufwand, weniger Energieverbrauch, reduzierte Brutzeiten und reduzierte Produktion von Arbeiterinnen. Interessant ist, daß viele der hochergiebigen Blumen in Maine, etwa Blaubeeren und Azaleen, früh blühen, während die wenig ertragreichen Blumen, zum Beispiel Astern und Goldruten, Spätblüher sind.

Die Interaktionen zwischen Bestäubern und Pflanzen, die sich im Lauf der Evolution entwickelt haben, grenzen manchmal ans Absurde. Zum Beispiel gibt es im Pflanzenbereich Betrüger wie die Calopogonorchidee, die in den Mooren von Maine ihr Unwesen treibt (und offenbar sind ihre Strategien auch anderweitig wirksam, denn sie ist im Osten der Vereinigten Staaten und in Kanada weit verbreitet). Die Blüten dieser Orchidee enthalten keinen Nektar, aber sie sind relativ groß und auffällig in ihrem leuchtenden Rosa gegen den grünen Hintergrund des Mooses, auf dem sie wachsen. Sie werden von unerfahrenen Bienen besucht (hauptsächlich *Augochlora*), die viele Blüten befliegen und ausprobieren, ohne sich schon spezialisiert zu haben. Normalerweise lernen Bienen relativ schnell, Blüten, die keinen Nektar enthalten, zu erkennen und zu vermeiden, aber diese Orchideen arbeiten mit einigen Tricks, wodurch sie es den Bienen schwermachen, sie zu identifizieren. Erstens duften sie nicht. Da der Duft der Nahorientierung dient, sind die Bienen gezwungen, sich zur Identifikation der Blüte an die Farbe zu halten (Thien und Marcks, 1972). Die zweite Taktik der Blume – wenigstens in dem Moorgebiet, wo ich viele Hunderte von Einzelpflanzen beobachtete – besteht darin, daß sie ihre Farben variieren. Die meisten Blüten waren hellrosa, aber es gab (für das menschliche Auge) alle Schattierungen von Weiß bis Purpurrot. Für menschliche Taxonomen steigt die Schwierigkeit der Bestimmung mit der Zahl der Variationen innerhalb einer Spezies, und es gibt keinen Grund anzunehmen, daß dies für Bienen wesentlich anders ist. Zum Beispiel können Hummeln oder andere Bestäuber lernen, die rosa Blüten nicht zu befliegen, sie werden sich dann aber den weißen oder purpurfarbenen Blüten zuwenden und dort dieselbe Enttäuschung erleben, da es sich noch immer um die nektarlose Spezies handelt. Ich beobachtete eine *Bombus-fervidus*-Arbeiterin, die siebzehn Calopogonpflanzen hintereinander beflog, bevor ich sie schließlich aus den Augen verlor.

Die dritte Betrugstaktik dieser Orchideengattung besteht darin, daß die Blüten sich in ihrem Erscheinungsbild den Blüten der Rosa Pogonia annähern, die Nektar enthält. Die meisten rosa Calopogonblüten leuchten stark in ultraviolettem Licht, genauso wie die Blüten der Pogoniaorchidee. Außerdem wachsen beide Spezies im gleichen Habitat und zur gleichen Zeit (in Maine Anfang Juli). Hummeln besuchen die beiden Spezies abwechselnd. Möglicherweise bleiben viele unerfahrene Bienen, die an Pogoniablüten Nektar erwerben, lang genug in einem Habitat, um sich auch an den Calopogonblüten zu versuchen. Das Pollinium beider Pflanzen haftet offenbar an zwei verschiedenen Stellen des Bienenkörpers: Calopogonpollinium auf der Oberseite des Abdomens, Pogoniapollinium auf der Oberseite des Kopfes.

Die meisten insektenblütigen Moorpflanzen machen von ein und derselben Hummelspezies Gebrauch, die während einer Saison in ihrem Habitat bleibt. Die von verschiedenen Pflanzen bereitgestellte Nahrung wird zu beiderseitigem Nutzen aufgeteilt. Vermutlich wird bei Hummelpflanzen die Aufteilung hauptsächlich durch Staffelung der Blühzeiten erreicht (Abb. 12.2). Windbestäubte Pflanzen wie auch Pflanzen, die am Waldboden wachsen und durch Solitärbienen bestäubt werden, blühen relativ synchron am Anfang des Frühjahrs, bevor ihnen durch dichtbelaubte Bäume das Licht entzogen wird.

Wie ist die Staffelung der Blühzeiten von hummelblütigen Pflanzen entstanden? Der Zeitpunkt der Blüte steht unter genetischer Kontrolle; Selektionsdruck hat dafür gesorgt, daß sich dieser Zeitpunkt im Lauf vieler Generationen veränderte. Wie kam der Selektionsdruck zustande? Eine Theorie lautet, daß die gestaffelte Blühzeit durch die Konkurrenz der Pflanzen um Bestäuber entstand. Jene Pflanzen, die zu den populärsten Zeiten blühten, mußten sich gegen größere Konkurrenz durchsetzen. Es gelang ihnen, blütenstetige Sammler anzuziehen, indem sie ihre Blühzeit in Perioden verlegten, in denen mit weniger Konkurrenz zu rechnen war. Einige der Moorsträucher, etwa Weiden und Zwerglorbeer, blühen, bevor sie Laub ansetzen, wenn die Tümpel und stillen Bäche noch eisbedeckt sind und die ersten Königinnen nach der Überwinterung gerade erst erscheinen. Diese Pflanzen greifen auf Energiereserven zurück, die sie im vorherigen Jahr angesammelt haben. Andere Pflanzen blühen, wenn sich ihre Blattknospen eben öffnen. Viele krautige Pflanzen blühen spät im Jahr, nachdem sich Stengel und Blätter entwickelt haben. Spezies mit ähnlichen Blüten blühen oft dicht nacheinander oder mit Überlappungszeiten, und die erste blühende Spezies enthält mehr Nektar als die folgenden Arten (Heinrich, 1976 a). Möglicherweise werden die später blühenden von Insekten bestäubt, die durch die ähnlichen, früher blühenden Blumen mit hohen Nektarerträgen konditioniert worden sind – so können sich die Spätblüher die Erzeugung größerer Nektarmengen ersparen.

Die Koevolution der Blühzeiten ist ein hochkomplexes Thema, und es gibt auch hier wie bei anderen ökologisch-evolutionären Fragen keine einfachen Antworten. Wenn verschiedene Pflanzen regellos zu verschiedenen Zeiten blühen und wenn von diesen Pflanzen immer genug zur Verfügung stehen, wird es nicht möglich sein, den letzten Grund für die Verschiedenheit der Blühzeiten anzugeben. Aber man kann andere Pflanzengemeinschaften betrachten und Vergleiche anstellen. Ich habe herausgefunden, daß sich in Habitaten (Felder und Straßenränder zum Beispiel), die nicht mehr intakt sind, da sie von vielen Pflanzen aus anderen Teilen der Welt kolonisiert wurden, die Blühzeiten auf den Hochsommer konzentrierten, da die ausländischen Pflanzen keine Koevolution erfahren haben. Im Unterschied dazu vermeiden Moorpflanzen, die einer Koevolution unterworfen waren, nicht nur Überlappungen der Blühzeiten, sie blühen auch kürzer als die Blumen der gestörten Habitate. Zu diesen Beobachtungen kommt die Tatsache, daß die Blühzeiten der verschiedenen Moorpflanzen sich über eine ganze Saison erstrecken. Der Schluß liegt also nahe, daß der Zeitpunkt der Blüte sich im Zuge einer Strategie zur Verminderung von Konkurrenz entwickelt hat.

Kein Moor ist eine autarke Insel, kein Moor entwickelt sich isoliert von seiner Umgebung. Bienen fliegen bekanntermaßen viele Kilometer weit. An der Küste von Maine sieht man sie über der offenen See, sie fliegen zwischen Inseln hin und her. Wenn es in einem Moor, auf einer Insel keine Blumen gibt, fliegen sie zum nächsten Ort. Jegliche koevolutionäre Entwicklung, die sich entweder durch Verschiebung von Blühzeiten oder durch Aussterben oder Überleben bestimmter Pflanzenspezies vollzogen hat, muß unter dem Blickwinkel der größeren geographischen oder zeitlichen Zusammenhänge gesehen werden. Eine Pflanze kann jahrelang an einer bestimmten Stelle wachsen einfach deshalb, weil ein Zugvogel zufällig mit seinen Faeces Samen dort hinterlassen hat. Es kann Jahrzehnte dauern, bis man in der Lage ist, zu bestimmen, ob eine Pflanze sich an einem Standort erfolgreich etabliert hat, das heißt auf die ihr angemessene Weise Nachkommen hervorbringt. Kurz, alle möglichen zufälligen Ereignisse verhindern die evolutionäre Feinabstimmung des Systems, und dies wiederum schafft Schwierigkeiten bei der Determination grundlegender Gesetzmäßigkeiten. Die Gesetzmäßigkeiten selbst können zum Teil durch Zufälle determiniert worden sein.

Außer der Staffelung von Blühzeiten können Pflanzen ihre Chancen, bestäubt zu werden, dadurch verbessern, daß sie unverwechselbare Blüten hervorbringen, die von den Individuen bestimmter blütenstetiger Spezies ausgebeutet werden (Levin und Anderson, 1970; Stiles, 1975). Christian Konrad Sprengel, ein deutscher Pastor, der Ende des achtzehnten Jahrhunderts lebte, war der erste, der die Signale der Blüten zur Anlockung bestimmter Insekten beschrieb. Sein Buch *Das entdeckte Geheimnis der Natur im Bau und in der Befruchtung der Blumen* gab den Maßstab für alle nachfolgenden Arbeiten über das Thema Bestäubung. Aber zu seinen Lebzeiten setzten sich seine Ideen nicht durch, weil er die Bedeutung der Fremdbestäubung nicht erklären konnte. (Später wandte er sich vom Studium der Pflanzen ab und wurde Sprachforscher.) Charles Darwin, der Orchideen und Tauben züchtete und wußte, daß durch häufige Kreuzbefruchtung die Lebenskraft von Organismen zunimmt – obwohl er diese Tatsache genetisch nicht erklären konnte –, las Sprengels Buch mit großem Interesse, und durch ihn fand es endlich Anerkennung. So wurde auch Hermann Müller, ein bekannter deutscher Botaniker des neunzehnten Jahrhunderts, der die Flora der Alpen erforschte, auf die Problematik aufmerksam (Müller, 1873; 1881).

Müller bemerkte, daß Fliegenblüten eher weiß und Schmetterlingsblüten eher rot sind, daß aber Bienenblüten eine verwirrende Fülle verschiedener Farben und Formen aufweisen. John Lovell, ein amerikanischer Forscher, griff diese Beobachtungen in seinem Buch *The Flower and the Bee* (1919), das die Wildbienen der nordöstlichen Staaten Amerikas behandelt, auf. Er schreibt, daß die Farbkontraste zwischen verschiedenen Spezies gleichzeitig blühender Pflanzen es den Wildbienen erlauben, »auf leichte Weise einer einzigen Pflanzenart treu zu bleiben, an der sie Pollen und Nektar sammeln«, und: »Wenn sie Blumen wahllos aufsuchen würden, würde Pollen nutzlos vergeudet und viel Zeit und Mühe zum Saugen des Nektars vergeblich aufgewendet werden.«

Abb. 12.5   Einige Blüten der Familie der Korbblütler, die sämtlich in Florida vorkommen. Dem menschlichen Auge erscheinen sie unterschiedslos gelb (obere Reihe). Das Insektenauge, das in der Lage ist, ultraviolettes Licht aufzulösen, erkennt verschiedenartige Muster. Die dunkel gefärbten Blütenteile in der unteren Reihe sind die Bereiche, die das ultraviolette Licht absorbieren. Von links nach rechts handelt es sich um folgende Spezies: Helenium tenuifolium, Bidens mitis, Rudbeckia *sp.,* Coreosposis leavenworthii, Heterotheca subaxillaris. *(Nach Eisner et al., 1969.)*

Lovells Idee, daß die Blüten durch Farbkontraste auffällig werden und sich nicht nur vom Laub besser abheben, sondern auch von anderen Blüten, war theoretisch fundiert, und sie stimmte mit Müllers Beobachtungen der alpinen Flora überein. Aber man nahm kaum Kenntnis von ihr, weil man zu jener Zeit noch heftig darüber debattierte, ob Bienen Farben sehen können oder nicht. (Bei einem der »kontrollierten« Experimente, die die Farbenblindheit der Bienen beweisen sollten, wurde gezeigt, daß sie verschieden gefärbte, aber ansonsten identische Köder gleich oft besuchten, ohne sich um die Farben zu kümmern!) Erst Karl von Frisch blieb es vorbehalten, durch elegante Verhaltensexperimente zu beweisen, daß Honigbienen tatsächlich ein weites Spektrum von Farben unterscheiden können. Dadurch war die physiologische Basis für die ökologische Theorie gegeben, daß die Vielzahl der Signalformen der Blumen innerhalb einer Pflanzengemeinschaft funktionale Bedeutung im Energiehaushalt nicht nur der Pflanzen selbst, sondern auch ihrer Bestäuber besitzt.

Wir wissen heute, daß die Entwicklung vielfältiger Signale ein generelles Phänomen darstellt, das bei koexistierenden Tieren- und Pflanzenspezies reich belegt ist – man denke nur an das Leuchten der Glühwürmchen, das Singen der Vögel, das Zirpen der Grillen, die sexuell determinierte Färbung der Schmetterlinge, die Färbung von Nachtfaltern zur Täuschung von Feinden oder die Duftsignale von Nachtfaltern. Diese mannigfaltigen codierten Botschaften zwischen bestimmten Spezies stellen zweifellos einen wichtigen Aspekt der Schönheit der Natur dar, wie wir sie sehen. Und da die Botschaften nicht an uns gerichtet sind, erkennen wir nur einen Bruchteil des Reichtums ihrer Bedeutungen (siehe Abb. 12.5). Wir wissen nicht, wie sich die Signale und Codes über die Jahrhunderte hinweg entwickelt haben, unsere einzige Erkenntnisquelle stellen die existierenden Modellsysteme dar.

Die Pflanzen der Gattung *Clarkia* aus der Familie der Nachtkerzengewächse (Onagraceae) liefern ein Beispiel, das direkt zur Theorie der Evolution der Blütenvarietäten führt. Die ersten Exemplare der Gattung wurden von Meriwether Lewis und William Clark auf ihrer historischen Expedition durch den Westen der Vereinigten Staaten entdeckt. Die Pflanze, die sie mitbrachten, heute der Holotypus der Gattung, wurde *Clarkia pulchella* genannt. Es gibt sie im ganzen Westen der USA, außer in Kalifornien, wo man aber alle anderen sechsunddreißig Clarkienspezies findet. Letztere wachsen in halbtrockenen Gebieten, nur wenige von ihnen außerhalb Kaliforniens.

Die verschiedenen Clarkienspezies sind ökologisch und vegetativ sehr ähnlich. Gewöhnlich sind sechs oder mehr Spezies, die in Kolonien zusammenstehen, auf ein und demselben Bergabhang zu finden. Die Pflanzen scheinen ähnlich zu sein – sie sind alle aufrecht, einjährig, mit dünnen, borstigen Stengeln und wenigen, langen und schmalen Blättern. Auch ihre flachen, offenen Blüten sind funktional ähnlich – sie enthalten je zwei

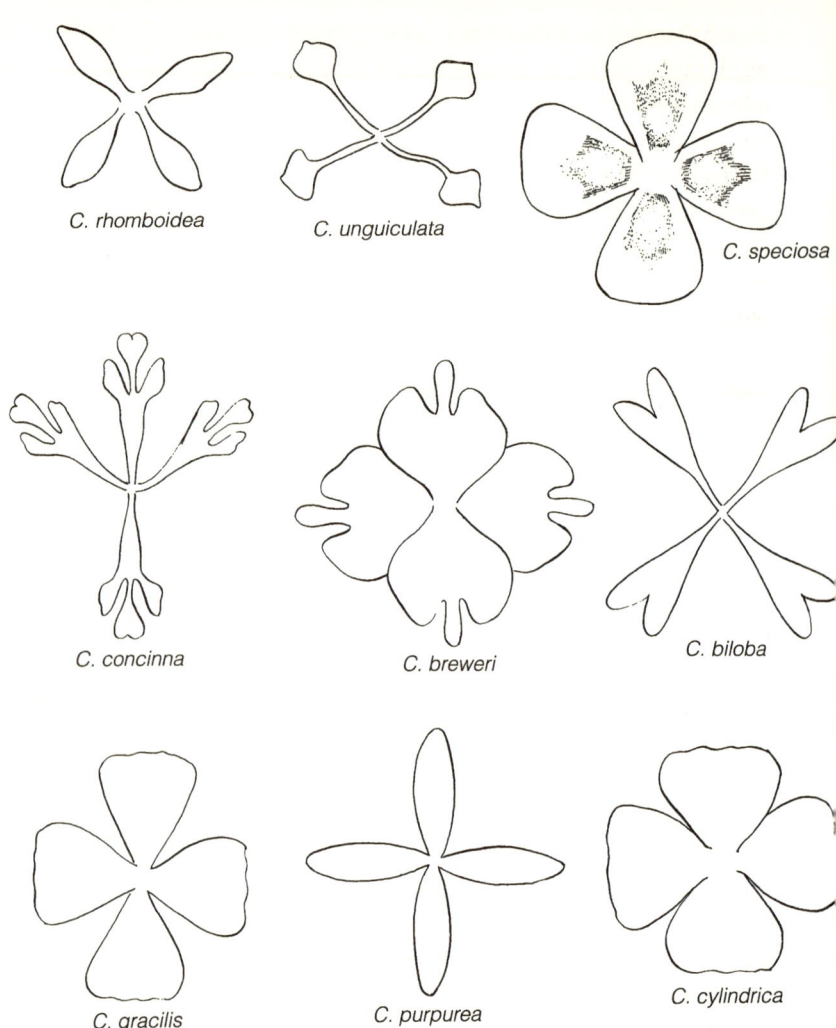

C. rhomboidea

C. unguiculata

C. speciosa

C. concinna

C. breweri

C. biloba

C. gracilis

C. purpurea

C. cylindrica

Abb. 12.6 Einige der variationsreichen Blütenblattformen von Blüten der Gattung Clarkia.

Paar Staubgefäße, eines etwas größer als das andere. Der Pollen wird zuerst von den langen, dann von den kürzeren Staubbeuteln abgegeben, und die Narbe einer Blüte reift erst nach diesem Vorgang; somit ist Fremdbestäubung gewährleistet. Die Blüten der meisten Spezies schließen sich nachts, um sich morgens wieder zu öffnen. Sie werden von Bienen bestäubt.

Durch ein wichtiges Detail setzen sich die Spezies voneinander ab: die Form der Blütenblätter (Abb. 12.6). Die Blütenblätter dienen als Signale für die Bestäuber; bei nicht bestäubter Blüte bleiben sie bis zu zwölf Tage lang frisch und hell gefärbt, während sie fünf oder sechs Tage nach erfolgter Bestäubung die Farbe ändern und welken. Am bedeutungsvollsten ist jedoch, daß die Formen der frischen Blüten sich von Spezies zu Spezies sehr deutlich voneinander unterscheiden. Die Blütenblätter können rundlich sein, lanzettförmig, länglich und gegabelt; schmal und dreifach gefiedert; spatelförmig oder breit und gelappt. Die Farbe variiert zwischen Lavendel und Purpur bis fast Reinweiß, die Farbverteilung kann einheitlich oder uneinheitlich, scheckig sein.

Welche Art Selektionsdruck hat die Vielfalt der Clarkienblüten hervorgebracht? Steht ihre Verschiedenheit im Dienst der Anlockung verschiedener Bienenspezies? J. W. MacSwain, R. W. Thorp und P. H. Raven (1973) haben einige Jahre lang Clarkien und ihre Bestäuber studiert und sind diesen Fragen nachgegangen. An 119 Standorten in Kalifornien, Oregon und Idaho fanden sie 102 Solitärbienenspezies an achtzehn untersuchten Clarkia-Arten. Viele dieser Bienen waren auf Clarkien spezialisiert. Der Pollen dieser und anderer Pflanzen der Familie Onagraceae wird von klebrigen Fäden zusammengehalten und als Einheit abgesondert, sein Erwerb erfordert spezielle morphologische und verhaltensmäßige Anpassungsleistungen, die von jenen Solitärbienen offenbar erbracht werden. Überraschend ist nur, daß die meisten Bienen nicht auf bestimmte Clarkienspezies spezialisiert waren. Sie beflogen die bequem erreichbaren Arten, gleichgültig, wie ihre Blütenblätter beschaffen waren. Die Autoren kamen zu dem Schluß, daß

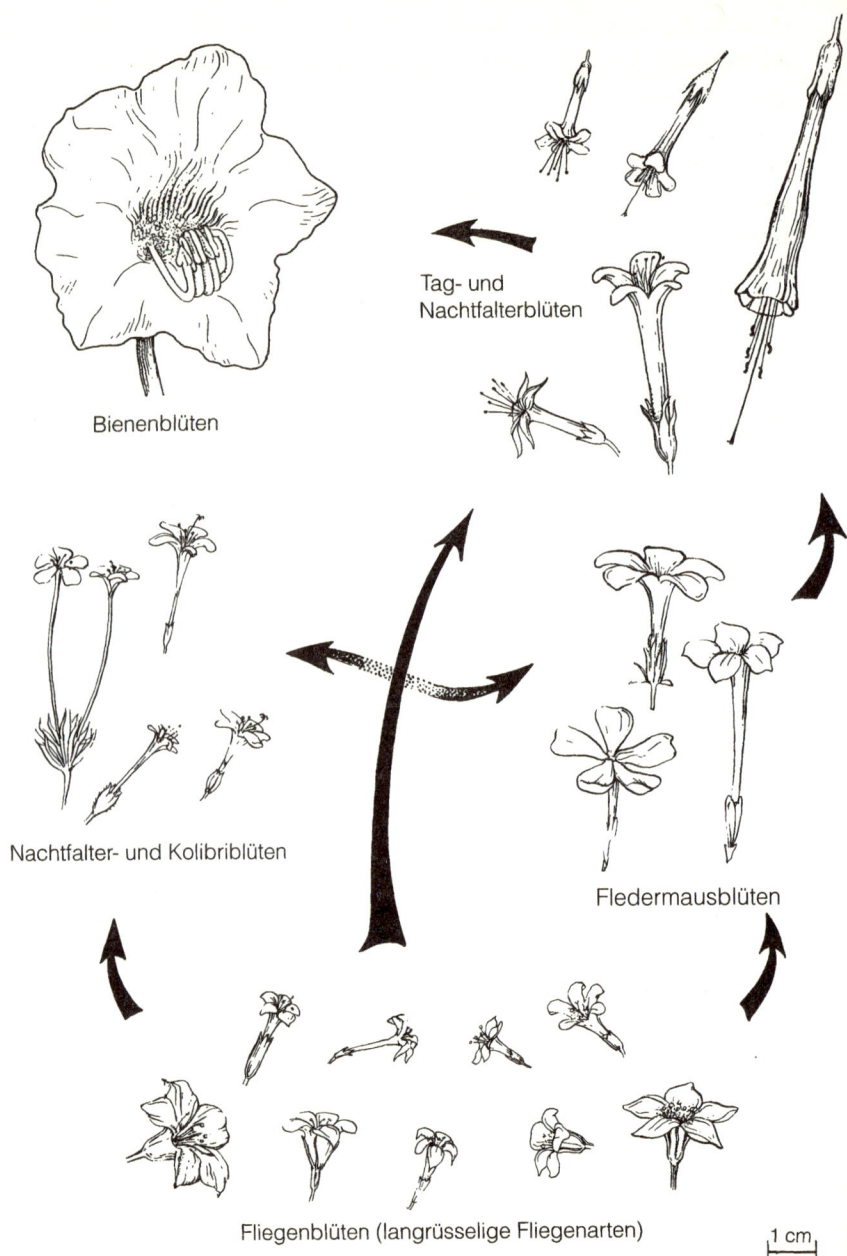

Bienenblüten

Tag- und
Nachtfalterblüten

Nachtfalter- und Kolibriblüten

Fledermausblüten

Fliegenblüten (langrüsselige Fliegenarten)

1 cm

262

»man kaum sagen kann, daß die Bestäubungsarten bei der Ausbildung der unterschiedlichen Blütenformen (der Clarkien) irgendeine Rolle gespielt haben«. Doch es hat noch niemand das Verhalten der einzelnen Sammlerinnen an den Clarkien untersucht! Sehr wohl kann es möglich sein, daß die Varietät sich im Dienst der Gewährleistung individueller Blütenstetigkeit, nicht Blütenstetigkeit einer Spezies, entwickelt hat.

Wenn eine Biene in einer gemischten Kolonie mit einigen Spezies unterschiedslos alle möglichen Blüten befliegen würde, würde dies zu Hybridformen führen. Bei Clarkien ist die Züchtung von Hybriden leicht möglich, und die Hybriden sind – wie die Maultiere, Ergebnis der Kreuzung von Pferden und Eseln – steril. Da es sich um einjährige Pflanzen handelt, können Blüten, die mit Pollen bestäubt werden, der nicht der eigenen Art entstammt, von nun an ebensowenig Nachkommen erzeugen wie abgestorbene Blüten. Anzunehmen ist, daß bei größerer Verschiedenheit der gleichzeitig blühenden Pflanzen bei den Bestäubern desto weniger Neigung auftritt, zu den Blüten anderer Spezies überzuwechseln und dadurch ihre Sterilität zu verursachen – entsprechende Versuche mit Clarkien und ihren Besuchern, die diese Annahme bestätigen könnten, sind jedoch noch nicht gemacht worden.

Die Arbeiten von Harlan Lewis (1953, 1961) mit experimentellen Populationen unterstützen meine Hypothese. Von 1952 an zog Lewis künstlich gemischte Clarkienkolonien in unterschiedlichen Habitaten Südkaliforniens, indem er die Samen von achtzehn Spezies verbreitete und die Standorte dann unberührt ließ. Die Samen einer Clarkie fallen gewöhnlich ab und verbreiten sich nicht sehr weit. Nach mehreren Jahren stellte Lewis fest, daß die meisten künstlich eingeführten Spe-

Abb. 12.7 Hypothetische divergente und konvergente blütenmorphologische Entwicklungen unter dem Selektionsdruck verschiedener Bestäuber. Am Anfang stehen die ursprünglichen von Bienen bestäubten Blüten. Die Bauformen aller abgebildeten Blüten findet man in der Familie der Polemoniaceae innerhalb der Gattung Phlox. (Nach V. Grant und K. A. Grant, 1965.)

zies verschwunden waren. Er schloß auf ungenügende Anpassung an Wassermangel (Lewis, 1953). Die Rolle von Bestäubern, die er nicht eigens mit Datenmaterial belegte, schien ihm ein möglicher zusätzlicher Faktor. In einem Experiment stellte Lewis eine Mischpopulation aus *Clarkia boloba* und *Clarkia ligulata* her. Diese beiden Spezies lassen sich leicht kreuzen, sie erzeugen sterile Hybriden. Im ersten Jahr, nachdem eine Samenmischung beider Spezies gesät worden war, verteilten sie sich auf zufällige Weise an ihrem Standort. Aber in den folgenden Jahren gab es die Tendenz, daß die beiden Spezies sich getrennt voneinander in Gruppen etablierten. Am Ende ersetzte eine Spezies die andere, und es gab nur noch Kolonien dieser einen Art. In den gemischten Kolonien kamen drei bis zwanzig Prozent Hybride vor. Die eliminierte Art war gewöhnlich *Clarkia ligulata*. Soweit die Beobachtungen von Lewis. Ob Bienen bei diesen Vorgängen eine Rolle spielten, ist unbekannt, aber die Clarkien könnten ein gutes Studienobjekt abgeben bei der Erforschung der genauen Rollen, die Bienen bei der Evolution von Pflanzen spielen.

Das Problem der durch selektiven Druck zustandegekommenen großen Varietät von Blüten, aber auch der Ähnlichkeiten zwischen Blüten von taxonomisch nicht verwandten Pflanzen hat viele Forscher beschäftigt (siehe Lewis, 1966; Levin, 1972; Levin und Schaal, 1970), aber es wird wohl nie ganz gelöst werden. Wir können gelegentlich Gesetzmäßigkeiten entdecken, und wir können manchen Einblick in Methoden und Strategien der Evolution erhaschen, aber wir werden die Einzelheiten nicht kennenlernen, weil wir die lokalen Bedingungen, die die Entwicklung einer bestimmten Pflanze während der Evolution prägten, nicht wiederherstellen können.

Die gleiche Pflanze steht an unterschiedlichen Verbreitungsorten unter jeweils andersartigem Selektionsdruck, da ihre Blüten von jeweils anderen Bestäubern besucht werden. Dazu kommt, daß die Pflanze, die ihre ursprüngliche Form verändert hat, nun für einen anderen Bestäuber prädestiniert ist, der ähnliche Bedürfnisse hat wie der ursprüngliche (siehe Abb. 12.7).

Zum Beispiel können Blüten mit tiefen Kronröhren auch von Kolibris und Nachtfaltern besucht werden, und unter dem selektiven Druck dieser Bestäuber können sie sich wiederum so verändern, daß sie auch von blütenbesuchenden Fledermäusen beflogen werden. *Cilia splendens,* eine einjährige Pflanze mit trichterförmigen rosa Blüten, besitzt lange, schmale Kronröhren in den San Gabriel Mountains in Kalifornien, wo sie von Bienen und Schwebfliegen *(Bombylius)* besucht wird. In den San Bernadino Mountains sind ihre Kronröhren kürzer und breiter, und sie wird von Kolibris besucht. In der Wüste, wo nicht immer Bestäuber zur Verfügung stehen, vermehrt sie sich durch Selbstbestäubung (Grant und Grant, 1965).

Wenn ein bestimmter Typ von Blüten in einem Habitat schon vorhanden ist, wird der Widerstand gegen die Entwicklung (oder Einführung) anderer Blüten desselben Typs vermutlich größer sein als bei Nichtvorhandensein. Wenn noch keine Blüten eines für einen bestimmten Bestäuber geeigneten Typs vorhanden sind, wird bei Anwesenheit solcher Bestäuber die Einführung oder Entwicklung der entsprechenden Blüten auf weniger Schwierigkeiten stoßen. Auch nichtverwandte Pflanzen werden dann die Gelegenheit haben, jenen Blütentyp auszubilden. Nötig ist nur, daß sich bereits eine bestimmte Eignung herausgebildet hat, so daß der Wechsel nicht allzu gravierend ausfällt, und daß Selektionsdruck vorhanden ist, der zu einem Wechsel drängt. Bienen sind verläßliche Bestäuber und sind von der Mehrzahl der Pflanzengruppen schon immer genutzt worden, so daß sich viele verschiedene Bienenblütentypen entwickelt haben. Zum Beispiel wird bei einer hochspezialisierten Blütenform der Pollen von der besuchenden Biene oder Hummel durch Vibrationsstöße aus den Staubbeuteln herausgeschüttelt und gerät dadurch auf das Haarkleid der Bestäuber. Dieser Blütentyp findet sich unter anderen bei den Familien der Solanaceae, Primulaceae, Vacciniaceae und Leguminaceae.

Je größer die Zahl der koexistierenden Pflanzenspezies, die auf Fremdbestäubung angewiesen sind, desto größer wird der

Selektionsdruck sein, der nach Unterschiedlichkeit ihrer Blütenformen verlangt, besonders unter gleichzeitig blühenden Pflanzen. (Es spricht einiges dafür, daß Pflanzen, die nacheinander blühen, bei ähnlichen Blütenformen von denselben an sie angepaßten Bestäubern Gebrauch machen.) Kein Wunder also, daß man die bizarrsten Blütenformen und Bestäubungsmechanismen in den Tropen findet, wo es eine unglaubliche Vielzahl von Arten gibt.

Die Koevolution zwischen Pflanzen und ihren Bestäubern hat in den meisten Fällen zu gegenseitigem Nutzen geführt, aber es gibt Ausnahmen. Diese Ausnahmen können kaum überraschen, denn bei allen Pflanzen-Insekten-Beziehungen verfolgt jeder Partner nur seine eigenen evolutionären Interessen. Kein Partner entwickelt sich jemals, um dem anderen zu nützen. Es ist anzunehmen, daß die meisten Blüten von Insekten besucht werden, die Nektar und Pollen sammeln, ohne sie zu bestäuben. Von kurzrüsseligen Hummeln ist zum Beispiel bekannt, daß sie die Kronröhren oder Honigsporne einiger Blüten aufbeißen und unter Umgehung der Staubgefäße den Nektar rauben. Viele andere Insekten sind ebenfalls als Bestäuber ohne Bedeutung, auch wenn sie auf legitimem Weg an den Nektar kommen, entweder weil sie zu klein sind und mit den Staubgefäßen nicht in Berührung kommen oder weil sie den Pollen nicht auf andere Blüten übertragen. Die Kosten des Nektarraubs sind für die meisten Pflanzen unerheblich, weil sie gewöhnlich in jedem Fall bestäubt werden; in nur wenigen Fällen leeren Nektarräuber die Blüte vollständig. Es gibt auch Fälle, da sich der Nektarraub für die Blüte als hilfreich erweist. Zum Beispiel ist auf Kleefeldern bei Vorhandensein von nektarraubenden Hummeln ein gesteigerter Samenansatz zu beobachten, wahrscheinlich weil die reduzierten Nektarmengen der Blüten die legitimen Bestäuber – langrüsselige Hummeln – dazu zwingen, mehr Blüten als sonst zu besuchen.

Sehr viele Pflanzenspezies sind Selbstbestäuber; für sie ist es irrelevant, welche Insekten sie besuchen und auf welche Weise sie ausgebeutet werden. Im Grunde sind ihre kunstvollen Blütenformen – wirkungsvolle Signalvorrichtungen, die einst dazu dienten, irgendwelche Bestäuber anzulocken – heute nutzlos und stellen nur noch eine Belastung ihres Energiehaushalts dar. Doch Strukturen und Systeme ändern sich oft viel langsamer als der selektive Druck selbst – dies sollte den einen oder anderen Feldbiologen ernüchtern, der versucht, die adaptive Bedeutung eines bestimmten Bestäubungsphänomens direkt von den Selektionsmechanismen abzuleiten, die er mit vielen Feldbeobachtungen fleißig dokumentiert.

Viele Insekten erhalten von Blüten Nahrung, ohne sie dafür zu entlohnen, und die daraus entstehenden Kosten für die Pflanze können unter verschiedenen Blickwinkeln berechnet werden. Es gibt aber auch viele Pflanzen, die die Dienste bestäubender Insekten in Anspruch nehmen, ohne ihnen irgendwelche Nahrung dafür zu gewähren. Die schon früher erwähnten Orchideen der Gattung Calopogon sind ein gutes Beispiel dafür. Sie versprechen den bestäubenden Bienen Nektar und lassen es bei dem Versprechen bewenden. Andere Orchideen versprechen besuchenden Insekten Sex. Die portugiesische *Ophrys speculum* ahmt in Duft und Erscheinung eine weibliche Wespe, *Scolia ciliata,* nach. Sie lockt *Scolia*-Männchen an, die (vermutlich) nichts für ihre Kopulationsversuche mit zahlreichen Blüten erhalten, sondern nur ungewollt die Fremdbestäubung der Blüten gewährleisten. Eine andere *Ophrys, Ophrys muscifera* (Fliegen-Ragwurz), verübt denselben Betrug an einer Grabwespe, *Gorytes mystaceus,* und in Australien gibt es vier Orchideenspezies (*Cryptostylis leptochila, Cryptostylis subalata, Cryptostylis erecta, Cryptostylis ovata*), die mit einer Schlupfwespe, *Lissopimpla semipunctata,* dasselbe trickreiche Spiel spielen. Der Bienen-Ragwurz, *Ophrys apifera,* ahmt das Erscheinungsbild einer Biene oder Hummel nach. Aber bis heute ist es dieser Orchidee nicht gelungen, Bienen oder Hummeln zu einer Pseudokopulation zu veranlassen, und sie pflanzt sich noch immer durch Selbstbestäubung fort. Wir wissen nicht, warum diese Pflanze, die sicher irgendwann in der Vergangenheit von Bienen oder

Hummeln bestäubt wurde, heute diese Insekten nicht mehr anzieht. Vielleicht ist die bestäubende Art ausgestorben, oder die Hummeln sind klüger geworden und fallen heute einfach nicht mehr auf den Trick herein. Sollte es die Pflanze in Zukunft wieder als vorteilhafter erachten, fremdbestäubt zu werden, so wird sie ihre Betrugsmethode perfektionieren müssen.

Eine interessantere Methode, Insekten zu überlisten, wendet der Aronstab, *Arum maculatum,* an. Der Blütenstand ist eine Fliegenkesselfalle. Durch Aasgeruch werden Zuckmücken angelockt, die vom glatten Hüllblatt abrutschen und so ins Innere der Blüte gelangen, in dem sie mehrere Tage lang eingeschlossen bleiben. Sie nähren sich von nektarhaltigem Wasser und werden noch großzügig mit Pollen eingepudert, bevor die Pflanze sie wieder entläßt. Im nächsten Blütenkessel, in dem sie wieder eingefangen werden, sorgen sie auf diese Weise für Fremdbestäubung.

Diese Beispiele zeigen Methoden, die Pflanzen entwickelt haben, um bei einem Minimum an Belohnung ihrer Besucher ihre Befruchtung zu sichern. Bei der Mehrzahl der Fälle müssen die Pflanzen jedoch zahlen, und die gewöhnliche Währung ist Nahrungsenergie in Form von Zucker. Bei den sozialen Bienen und Hummeln, den wichtigsten Bestäubern, bildet Zucker die Basis des Energiehaushalts im Stock. Durch das Studium der Koevolution von Pflanzen und Bestäubern hat man faszinierende Einsichten in das energetische Geschehen gewonnen, das die Interaktionen der Organismen in komplexen Ökosystemen bestimmt; die Zukunft wird weitere Erkenntnisse bringen.

Zusammenfassung

Hummeln besitzen die Fähigkeit, in kühlen und arktischen Temperaturzonen mit kurzen Vegetationszeiten zu überleben, zu einem gut Teil weil sie als Folge ihrer bemerkenswerten physiologischen Fähigkeit der Thermoregulation bei niedrigen Temperaturen aktiv sein können. Hohe Körper- und Nesttemperaturen werden durch enormen Aufwand von Energie bei niedrigen Außentemperaturen aufrechterhalten; diese Energie erhalten Hummeln durch Nektar. Da der Reproduktionserfolg hauptsächlich von den verfügbaren Energievorräten zur Aufzucht der Nachkommen abhängt, ist es für Hummeln von größter Wichtigkeit, die Energieerträge im Verhältnis zur aufgewendeten Zeit und zum Energieverbrauch beim Sammeln zu optimieren.

Anatomisch sind Hummeln so angelegt, daß Wärmeverlust minimiert wird, ebenso wie der Energieaufwand, der zum Zittern nötig ist. Nur im Thorax, in dem sich die Flugmuskulatur befindet, muß eine hohe Temperatur aufrechterhalten werden, damit das Fliegen möglich ist. Wärmeabgabe des Thorax an die umgebende Luft wird durch die dichte, isolierende Körperbehaarung auf ein Minimum reduziert. Wärmeabgabe an das Abdomen verhindert das enge Verbindungsstück zwischen Thorax und Abdomen, der Petiolus, sowie ein großer Luftsack, der den vorderen Abschnitt des Abdomens zum Thorax hin isoliert. Zusätzlich dazu verzögert ein Gegenstrom-Austauschsystem die Wärmeabgabe zum Abdomen, während es die Blutzirkulation vom Thorax zum Abdomen erlaubt.

In Zeiten spärlicher Nahrungsausbeute an Blumen sparen Hummeln Energie ein, indem sie den Energieaufwand zur Regulation der Thoraxtemperatur reduzieren. In der Folge sinkt die Geschwindigkeit ihrer Bewegungen; zeitweise verzichten sie während des Sammelns an einigen Blumenarten auf das Fliegen. Durch drastisch verminderten Energieaufwand gelingt es ihnen, an ertragarmen Blüten noch zu einem Gewinn zu kommen, wenn auch auf niedrigem Niveau. Bei reichlich vorhandenen Ressourcen und rasch einzutragenden hohen potentiellen Energiegewinnen sparen Hummeln nicht an Energieaufwand beim Sammeln. Vielmehr investieren sie viel Energie in die Produktion von Wärme, so daß durch Aufrechterhaltung einer hohen Körpertemperatur die schnelle Ausbeutung vieler Blüten gewährleistet ist.

Die eingetragenen Energiegewinne dienen hauptsächlich der Aufzucht der Nachkommen. Im Nest wandeln Hummeln Nektar in Wärme um, wodurch sie die Entwicklung der Eier, Larven und Puppen beschleunigen. Die adulten Tiere bebrüten die Jungen mit ihren Abdomen. Die Wärme wird durch die Thoraxmuskeln erzeugt, und die Physiologie des Herzens wird auf eine Weise modifiziert, daß der Gegenstrom-Wärmeaustausch zwischen Thorax und Abdomen abnimmt und erwärmtes Blut vom Thorax in das Abdomen gelangt. Der gleiche Mechanismus ist vermutlich auch während des Fluges am Werk, um überschüssige Wärme von den Flugmuskeln abzuleiten.

Alle Rohstoffe, die Hummeln brauchen, um Nachkommen aufzuziehen und den Erfordernissen ihres Energiehaushalts gerecht zu werden, erhalten sie von Blumen. Die verschiedenen Blütenarten machen die Ausbildung einer Vielzahl spezialisierter Sammeltechniken zur effizienten Ausbeutung des Nektars nötig. Die Hummelindividuen werden Spezialisten. Aber die Kolonie als Ganzes zapft eine große Zahl von Futterquellen an. Die Individuen konzentrieren sich gewöhnlich auf Haupt- und Nebenquellen, und je nach dem zu erwartenden Ertrag ändern sie ihr Sammelverhalten. Mit wachsender Erfahrung an einem bestimmten Blütentyp verliert eine Hummel allerdings immer mehr die Fähigkeit, auf schwankende Nektarerträge flexibel zu reagieren.

Zu Beginn ihrer Sammellaufbahn probiert eine Hummel ihr Glück an vielen Blüten, bis sie auf eine Blume trifft, die sie zufriedenstellt. Erst dann wird sie blütenstetig und kehrt immer wieder zu einem Standort zurück. Bei hoher Populationsdichte von Bienen und Hummeln werden die ertragreichen Blüten von vielen Bienen beflogen, und in dem Maß, wie sich ihre Nektarvorräte erschöpfen, gleichen sie sich den ursprünglich minder ergiebigen Trachtblumen an. Um jetzt noch Gewinne zu machen, kommt es auf die Sammeltechnik an, die im Zuge der Spezialisierung erworben wird. Unter Hummeln gibt es Konkurrenz durch Ausbeutung, niemals Kampf. Kampf bedeutet Energieverlust – statt zu kämpfen, kann die Zeit zum Sammeln verwendet werden.

Die Fähigkeit der Hummeln, ein großes Spektrum von Energiequellen auszubeuten, sowie ihr hoher Energiebedarf mögen schuld daran sein, daß nur wenige Hummelspezies in einem Gebiet koexistieren. Unterschiedliche Arten verdrängen einander vermutlich durch Wettbewerb um Ressourcen und um Nistplätze. Bei Spezies, die dennoch koexistieren, verhindern unterschiedliche Rüssellängen Überlappungen der ausgebeuteten Trachtquellen. Auf diese Weise haben die Spezies beim Erwerb des Nektars an verschiedenen Blüten unterschiedlichen Erfolg.

Das fein gewebte Netz der Wechselbeziehungen zwischen Hummeln und Blumen ist hauptsächlich das Ergebnis von Energiebedarf und Energiegewinn. Im Lauf der Evolution haben Hummeln und Bienen immer versucht, die verfügbaren Blüten maximal auszubeuten. Andererseits haben die Blüten sich so entwickelt, daß sie bei geringster Belohnung genügend Besucher anlocken, die von Blume zu Blume fliegen und Fremdbestäubung gewährleisten. Der Energiehaushalt der Hummeln ist damit für das evolutionäre Spiel zwischen Insekten und Blumen von großer Bedeutung. Die Konkurrenz zwischen Pflanzen um die Dienste der Bestäuber, und die Konkurrenz unter den Bestäubern um die Nahrung der Pflanzen formt Verhalten, Struktur und Physiologie sowohl der Pflanzen wie der Bestäuber. Synchrone Blühzeiten von Pflanzengruppen während einer Vegetationsperiode oder die Zahl verschiedenartiger Blüten zu einer gegebenen Zeit gehören zu den evolutionären Ergebnissen der wechselseitigen Ausbeutung von Bienen und Hummeln einerseits und Pflanzen andererseits. Die Untersuchung der energetischen Gesetzmäßigkeiten der Hummeln beweist, daß es niemals nur eine einzige geeignete Erfolgsmethode gibt: Hummeln machen Kompromisse, die ihnen Erfolg auf lange Sicht garantieren, und sie ändern ihre Sammelstrategien und stellen sich dadurch immer wieder auf wechselnde Lebensbedingungen ein. Beispielhaft wird hier die Wirkungsweise evolutionärer Vorgänge deutlich, und man erkennt, wie innerhalb der Ökologie einer Gemeinschaft ein kooperatives Gleichgewicht geschaffen werden kann.

ANHANG

Hinweise zur Haltung und Vermehrung von Hummeln

 Die Aufzucht von Hummeln wurde – anders als die der Honigbienen, Stachellosen Bienen oder Blattschneiderbienen zur Luzernesaatproduktion – bis jetzt noch nicht in großem Maßstab betrieben. Doch kann jeder, der ein bißchen Geduld besitzt und einige wichtige Regeln beachtet, ein Hummelvolk halten. Einige der folgenden Hinweise sind auch für Naturwissenschaftler gedacht, die im Laboratorium mit Hummeln arbeiten und ihren Lebenszyklus unter kontrollierten Bedingungen beobachten wollen.

Ansiedlung eines im Feld gefundenen Hummelnests*: Es kann von Vorteil sein, mit einer im Feld gefundenen Kolonie zu beginnen. Ein Hummelnest ausfindig zu machen ist nicht leicht, doch durch Beobachtung heimkehrender Arbeiterinnen kommt man meist auch zum Standort der Kolonie. Eine Hummel, die zum Boden hin fliegt, ist wahrscheinlich auf dem Heimweg. (Hummeln, die das Nest verlassen, fliegen gewöhnlich schneller und können weniger leicht beobachtet werden.)

Zu Beginn des Lebenszyklus der Kolonie, wenn gerade erst eine Königin und einige Arbeiterinnen pro Nest erschienen sind, ist die Beobachtung natürlich um so schwieriger. Später im Jahr, wenn die Nester dichter bevölkert sind und die sammelnden Arbeiterinnen ständig aus und ein fliegen, gestaltet sich die Sache einfacher. Die gefundenen Nester werden in einen geeigneten Kasten gelegt. Beim Ablösen oberirdischer Nester ist

---

*In Deutschland ist zum Sammeln von Wildbienen eine Ausnahmegenehmigung der zuständigen Naturschutzbehörde erforderlich. (A.d.Ü.)

der Gebrauch eines Gesichtsschutzes anzuraten, besonders wenn es sich um aggressivere Hummelspezies handelt. Unterirdische Nester können mit einem Spaten ausgehoben werden. Während ich grabe, halte ich aber einen Insektenkäscher bereit, damit ich ein und aus fliegende Tiere einfangen kann. Mit einer Pinzette werden die Hummeln, die am Netz nach oben krabbeln, an den Vorderbeinen gepackt und in ein Glas mit engem Rand geschoben. Das Glas mit den gefangenen Hummeln wird dann mit einer schnellen Bewegung in den Kasten umgeleert, der Deckel sofort geschlossen.

Der Nistkasten kann am Rand eines Gartens oder auch in einem geschlossenen Raum aufgestellt werden, wobei man in letzterem Fall für ein Plastik- oder Gummirohr sorgen muß, das als Einflugtunnel nach draußen oder in einen überwachten Sammelraum im Laboratorium dient. Der Nistkasten kann mit einem Glasdeckel versehen werden, was die Beobachtung erleichtert. Hilfreich ist es auch, den Brutraum mit einem kleinen Vorbau zu versehen, zur Defäkation und zur Fütterung. Hier werden die Tiere mit konzentrierter Zuckerlösung versorgt, während sie sich in ihrem neuen Zuhause einrichten.

Wenn man das Hummelnest weniger als etwa einen Kilometer von dem alten Standort wegbewegt, kann man damit rechnen, die meisten älteren Arbeiterinnen zu verlieren; die erfahreneren Sammlerinnen erkennen vertraute Landmarken und werden zum Ursprungsort zurückkehren. Dies kann man verhindern, indem man die Kolonien weit genug wegbringt.

Bereitstellung von Nistplätzen im Feld. Viele Hummelspezies nisten in verlassenen Mäusenestern. Mäusenester sind im Vorfrühling oft leicht zu entdecken. Im vom Schnee noch niedergedrückten Gras ragen sie wie kleine Hügel auf. Wenn das Gras erst hochgewachsen ist, hat man kaum noch eine Chance, die Mäusenester – und die Hummelnester, die sie enthalten können – zu finden. Man kann sich helfen, indem man die Nester zu Beginn des Frühjahrs durch Stöcke o.ä. markiert.

Wenn es nicht genug Mäusenester gibt, die Hummeln anziehen, kann man es mit künstlichen Nisthilfen versuchen. Diese Hummelkästen sollten aufgestellt werden, sobald die ersten Pflanzen (z.B. Weiden) blühen. Zu dieser Zeit erscheinen die ersten Königinnen nach der Überwinterung und suchen nach geeigneten Nistplätzen.

Hauptsächlich sollte der Hummelstock in einer dunklen Höhlung eine aus trockenen, weichen Pflanzenfasern bestehende Nestkugel enthalten. Hummeln nisten – je nach Spezies – in Vogelhäusern, in einer alten Matratze im Stall, in der Tasche eines alten Mantels, der in einem Schuppen hängt, oder in einem mit trockenem Gras gefüllten umgedrehten Blumentopf. Aber um verläßliche Erfolge zu erzielen, benutzt man besser die standardisierten Nistkastenmodelle. Der verstorbene kanadische Insektenforscher G. A. Hobbs und seine Mitarbeiter (1960) hatten kubische Boxen (160 mm) aus dickem Sperrholz in Gebrauch, die sie mit Farbe gegen Feuchtigkeit isolierten. Diese Kästen haben bewegliche Deckel und ein Flugloch von sechzehn Millimeter Durchmesser – damit ist das Flugloch gerade groß genug, um eine Königin durchzulassen, aber für Mäuse zu eng. Räuberischen Kleintieren gelingt es nicht, die stabilen Gehäuse zu plündern. Die Kästen werden dann locker mit Pflanzenfasermaterial gefüllt und regelmäßig kontrolliert. Man muß sichergehen, daß nicht zuviel Feuchtigkeit eindringt. Kästen mit feuchtem Innenmaterial werden nicht angenommen.

Vermehrung. Im Frühjahr kann man manchmal Hunderte von Königinnen an einem Tag einfangen. Auch in Gefangenschaft kann eine Königin unter Umständen dazu gebracht werden, Kolonien zu gründen (Plowright und Jay, 1966). Chris Plowright von der Universität von Toronto, der auf diesem Gebiet mehr Erfahrung hat als jeder andere (bis heute gelang ihm die Aufzucht von sechsundvierzig verschiedenen *Bombus*-Spezies), betrachtet diese Tätigkeit als eine Kunst. Nur ein kleiner Prozentsatz der im Feld gefangenen Königinnen wird mit der

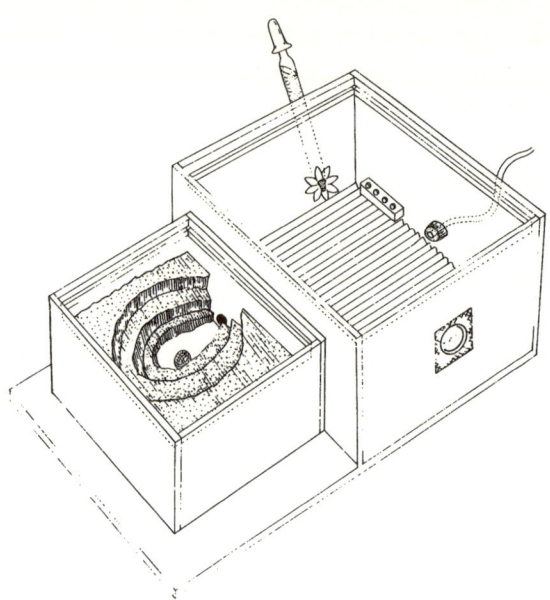

Abb. A.1 *Nistkasten und Fütterungseinrichtung für eine gefangene Hummelkönigin (vgl. Plowright und Jay, 1966). Die Fütterungsbox (rechts) mißt etwa 15 cm × 13 cm × 10 cm, der Nistkasten 10 cm × 10 cm × 5 cm. (Der Nistkasten ist hier im Verhältnis zur Fütterungsbox etwas vergrößert wiedergegeben.) Im Nistkasten die Pollenkugel, umgeben von Tapeziermaterial. Zur besseren Isolation kann der Nistkasten auch aus stärkerem Holz angefertigt werden. Nach Etablierung der Kolonie kann eine schmale Röhre zum Ein- und Ausflug der Hummeln angebracht werden.*

Eiablage beginnen, aber *wenn* einmal die Gründung der Kolonie im Labor erfolgt ist, wird sie sich schneller vermehren als in Freiheit. Ein fünfzigprozentiger Erfolg der Kolonieentwicklung mit gefangenen Königinnen ist als ein überdurchschnittlich gutes Ergebnis zu betrachten.

Bevor man die Königinnen fängt, braucht man einen Nistkasten mit Fütterungseinrichtung (siehe Abb. A.1). Die Fütterungsbox sollte entweder ein auf Druck reagierendes Saugrohr (z. B. eine Pipette) oder einen gerillten Plastikboden enthalten. In die Rillen wird die Futterlösung eingefüllt. Der Nistkasten mit Sockel wird daneben angebracht, in die Wände werden Löcher gebohrt, die den freien Durchgang gewährleisten. Dieses aus zwei Kästen bestehende Nest ist die neue Wohnung einer einzigen gefangenen Königin.

Die Tapezierung sollte aus Polstermaterial, Holzwolle oder ähnlichem bestehen. Je nach Hummelspezies gibt es unterschiedliche Präferenzen. In der Mitte wird das Material etwas eingedrückt, und in die Höhlung wird eine kleine Pollenkugel gelegt. (Wenn die Kolonie größer wird, kann man die Höhlung entsprechend vergrößern.) Pollen, die Nahrung der Larven, muß am Anfang unbedingt vorhanden sein. Man kann ihn im Frühjahr von Rohrkolben *(Typhia)* abschütteln; man kann ihn auch von Honigbienen erhalten, indem man am Eingang ihres Stocks eine Pollenfalle aufstellt, an der die Bienen ihre Pollenladungen abstreifen. Bienenpollen, den man in Reformhäusern kauft, ist nicht mehr frisch und enthält somit meist nicht mehr alle Nährstoffe, die die Larven brauchen. Pollen sollte man nur tiefgekühlt aufbewahren.

Der Pollen wird nun mit einigen Tropfen Wasser und einer fünfzigprozentigen Honiglösung gemischt, bis er eine klebrige Konsistenz hat und zu einer Kugel geformt werden kann. Ein Tropfen der Honiglösung dient als klebriger Untergrund im Nistkasten, darauf wird die Pollenkugel leicht angedrückt. Alle zwei Tage muß sie ausgewechselt werden, bis die Königin ihre Eier darauf ablegt. Zum Schluß wird ein angefeuchtetes Löschpapier zwischen Polstermaterial und Deckel geschoben, damit die Feuchtigkeit im Innern erhalten bleibt.

Wachstum und Pflege. Mindestens vierundzwanzig Stunden nach ihrer Gefangennahme und dem Einzug in ihr neues Domizil darf die Hummelkönigin nicht gestört werden. Danach wird die Pollenkugel ausgewechselt, falls die Eiablage noch nicht erfolgt ist. Während der Inspektion des Nistkastens wird die Königin in den angrenzenden Fütterungskasten verfrachtet. Die Fütterungseinrichtungen sollten regelmäßig sterilisiert werden.

Wenn die Fütterungsbox Faeces enthält, so ist dies ein Zeichen dafür, daß die Königin von dem Pollen frißt, und man kann mit baldiger Eiablage rechnen.

Nach der Eiablage beginnt die Königin sofort mit der Bebrütung der Pollenkugel. Während der Brutzeit und der Entwicklung der Larven muß sie täglich mit weiteren kleinen Pollenmengen gefüttert werden. Es ist wichtig, daß sie nicht mehr erhält, als sie verbraucht, im allgemeinen nicht mehr als ein Drittel des Volumens der Pollenkugel zu Beginn eines Tages. Erhält sie zuwenig, werden einige Larven von der Bebrütung ausgeschlossen, erhält sie zuviel, besteht die Gefahr der Entwicklung von Königinnen statt Arbeiterinnen.

Zehn bis fünfzehn Tage nach der Eiablage verpuppt sich die erste Brut, und die neuen Eier werden auf den Kokons abgelegt. Der erste Schlupf von Arbeiterinnen findet sechzehn bis fünfundzwanzig Tage nach der Eiablage statt. Es muß dann verstärkt Pollen gefüttert werden.

Zur Zeit des Erscheinens der zweiten Arbeiterinnengeneration wird meist ein größerer Nistkasten erforderlich. Die Hummeln fühlen sich von Licht nicht gestört, sie akzeptieren ein gläsernes Dach. Während des Wachstums eines Volkes kann der Kasten an dunklen oder hellen Stellen gehalten werden, auf die Fruchtbarkeit der Tiere hat dies keinen ersichtlichen Einfluß.

Paarung und Überwinterung. Vorausgesetzt, es ist ein ausreichend großer Flugraum vorhanden, läßt man etwa doppelt so viele Männchen wie Königinnen zur gleichen Zeit frei fliegen. Eine Ecke des Flugraums sollte mit feuchtem Torfmoos ausgepolstert sein. Befruchtete Königinnen werden sich dort eingraben, um zu überwintern. Sie können dann herausgenommen und in mit Torfmoos gefüllten Glasgefäßen bei normaler Kühlschranktemperatur (etwa 5° C) während der ganzen Überwinterungsphase von etwa vier bis acht Monaten aufbewahrt werden. Svend N. Holm (1972), der sich im Interesse der Landwirtschaft lange mit Hummeln beschäftigte, war einer der ersten, dem die umfassende Gefangenschaftshaltung von Hummeln gelang; seine Königinnen überwinterten im Boden ungeheizter Treibhäuser oder in Plastikbehältern, die mit Perlit ausgelegt waren, im Kühlschrank.

Ernst Horber, ein Entomologe an der Kansas-State-Universität, hat Hummeln erfolgreich zur Zucht von schädlingsresistenten Luzernen- und Kleesorten benutzt. Für ihn waren Hummeln ideale Bestäuber, da sie sich schnell an die relativ kleinen Räume der Treibhäuser gewöhnen ließen, wo er seine Pflanzen zog.

Horber (1961) hielt Hummelkolonien das ganze Jahr über, indem er bei jedem Schlupf von Königinnen neue Kolonien ansiedelte. Einige Königinnen wurden zur Zucht benutzt, während andere im Kühlschrank überwinterten. Es entstanden *Bombus-terrestris*-Kolonien von über 1500 Individuen. Durch variable Überwinterungszeiten stehen Kolonien über einen größeren Zeitraum zur Verfügung. Die Königinnen gründen keine Kolonien ohne vorherige Überwinterungszeit, aber wenn sie länger als einen Winter im Kühlen gehalten werden, werden sie immer noch Kolonien gründen. Sechs Monate Kühlung ergibt etwa fünfzig Prozent Sterblichkeit; zehn Monate etwa fünfundsiebzig Prozent, bei gutem Erfolg der Kolonie insgesamt (Plowright, persönliche Mitteilung). Die hohe Sterblichkeit ist vermutlich nicht außergewöhnlich. Unter natürlichen Bedingungen bringt eine Kolonie Hunderte neuer Königinnen hervor, und im Durchschnitt gelingt es von diesen nur einer einzigen, eine Kolonie zu gründen, die wieder Nachkommen produziert.

Die Hummeln Nordamerikas

Hummeln haben das Interesse vieler Biologen erregt; an taxonomischer Literatur besteht kein Mangel. Paul Hurd listet in seiner Übersicht (1978) zur Überfamilie Apoidea allein vierundsechzig Beiträge zur Taxonomie der Hummeln auf. Ein großer Teil dieser Literatur richtet sich an Spezialisten. Der Naturliebhaber, der wissen will, welche Hummeln in seinem Garten fliegen, wird sich ohne Fangnetz, Tötungsglas, Mikroskop und Vergleichssammlung, ohne Übung und Erfahrung im Umgang mit entomologischen Gattungsschlüsseln schwertun.

Einen Schnellkurs gibt es hier nicht. Zur eindeutigen Bestimmung einer schwierigeren Spezies wird man die Hilfe des professionellen Entomologen benötigen, der sich mit der Taxonomie der Hummeln auskennt. Ein Teil des Problems besteht darin, daß die Taxonomie der nordamerikanischen Hummeln nicht immer auf sicheren Füßen steht. Auf dem Niveau der Arten werden sich in den nächsten Jahren immer wieder Änderungen ergeben. Die verschiedenen Experten sind sich noch immer nicht einig darüber, ob es sich bei bestimmten Hummeln um verschiedene Spezies oder um Subspezies handelt.

Die Farbtafeln am Ende des Buches und diese kurzen Ausführungen sollen unter Zugrundelegung des gegenwärtigen Standes der Taxonomie die fünfzig Arten und Unterarten, die Hurd in Nordamerika einschließlich Alaska und Kanada festgestellt hat, kursorisch vorstellen. Ich habe einige der mexikanischen und zentralamerikanischen Spezies hinzugefügt. Die Farbtafeln sind nicht von absoluter Gültigkeit. Einige Spezies, wie *B. crotchii*, *B. flavifrons*, *B. rufocinctus* und *B. sandersoni*, sind polymorph. Man sieht, wie extrem verschieden sie in der Farbe sein können. Andere Spezies sind von ihren Farbmustern her kaum zu unterscheiden. Zum Beispiel sind *B. fervidus, B. borealis* und *B. appositus* vom Farbmuster her sehr ähnlich, nur sind *borealis* und *appositus*, im Gegensatz zu *fervidus*, gelbbraun, und *appositus* ist an Kopf und vorderem Thorax heller. *B. californicus, B. vandykei* und *B. vosnesenskii* sehen auf den ersten Blick gleich aus, aber *californicus* ist gelb am vierten Abdominalsegment und schwarz im Gesicht, während die anderen beiden Spezies im Gesicht und an den hinteren drei Vierteln des vierten Abdominalsegments gelb sind. Ich habe der Liste auch *Psythirus crawfordi* beigefügt, obwohl er möglicherweise nur eine abgeleitete Variante von *P. insularis* ist. Drei zweifelhafte Spezies, die man selten in Sammlungen findet – *B. cockerelli, B. pleuralis* und *B. strenuus* –, sind ebenso wie *B. vagans bolsteri*, eine Form von *B. vagans* aus Neufundland, an dieser Stelle nicht aufgeführt.

Einige dieser Hummeln sind unter anderen Namen besser bekannt. Wo diese Namen kürzlich revidiert worden sind, habe ich die älteren Bezeichnungen in eckigen Klammern hinzugefügt. Die Farbtafeln enthalten alle nordamerikanischen Hummelspezies. Für eine seriöse, präzise Determination sind Abbildungen jedoch nicht ausreichend. Eine morphologische Untersuchung unter dem Mikroskop ist erforderlich, mit besonderer Beachtung von Stachel- und Genitalapparat, Mandibeln, Augenposition, Kopfgröße und Flügelgeäder des gefundenen Exemplars. Um die morphologischen Daten zu überprüfen, ziehe man die Arbeiten von Milliron (1973), Mitchell (1962), Thorp (1978), Franklin (1912–1913), Frison (1972), Plath (1934), Stephen (1957) und Richards (1968) zu Rate. Besonders die Werke von Franklin und Milliron enthalten leicht verständliche Informationen über die Wildbienen der westlichen Hemisphäre. Bei Milliron findet man außerdem nützliche Verbreitungskarten. Thorps Monographie befaßt sich detailreich mit den Hummeln von Kalifornien und den westlichen Staaten der USA.

Viele Insekten ähneln *Bombus* im Erscheinungsbild, etwa Holzbienen *(Xylocopa* spp.) und einige Fliegen, die durch Nachah-

284

mung von Hummeln vor Feinden geschützt sind. Holzbienen sind spärlich behaart, die einzelnen Haare sind kurz. Die Corbiculae fehlen, und der Rand der Augen berührt fast die Basis der Mandibeln. Die Hummeln nachahmenden Fliegen haben sehr kurze, keulenförmige Antennen und nicht vier, sondern zwei Flügel. (Die zwei Flügel auf jeder Seite der Hummel sind normalerweise miteinander verhakt, so daß sie dem ungeübten Auge wie ein einziger Flügel erscheinen.)

Kuckuckshummeln *(Psithyrus)* haben ebenfalls keine Corbiculae, und sie sind weniger behaart als *Bombus.* Ihr glänzend-schwarzes Hautskelett ist an Abdomen und Thorax sichtbar, wie bei den Holzbienen. Aber anders als diese haben die Kuckucksbienen relativ lange einzelne Haare, und ihr Abdomen ist rund, mit einer Spitze versehen und gut bewaffnet – man kann sie zwischen zwei Fingern kaum zusammendrücken. (Bemerkt sei auch, daß ihr Stachel sehr robust ist.)

Bombus-Königinnen und -Arbeiterinnen sind außer in der Größe morphologisch kaum zu unterscheiden, aber die Königinnen einiger Spezies sind meist heller und auffälliger und leichter zu bestimmen als die Arbeiterinnen. Die auf den Farbtafeln abgebildeten Hummeln sind Weibchen. Männchen (Drohnen) haben gewöhnlich längere Antennen und größere Augen als Weibchen. Außerdem fehlt ihnen der Stachel. Ihr Abdomen enthält einen komplexen Genitalapparat, den man erst sieht, wenn man das Abdomen zusammendrückt. Die Form des Genitalapparates variiert von Spezies zu Spezies und ist daher der verläßlichen Determination dienlich. Die Farbmuster der Männchen ähneln der der Weibchen, sind jedoch weniger deutlich ausgeprägt.

Alle Hummeln, die man zu Beginn des Frühjahrs (Königinnen) oder im Sommer (Arbeiterinnen) und Frühherbst findet, sind Weibchen. Männchen und neue Königinnen erscheinen im Feld nicht vor Spätsommer und Herbst. Männchen sind dann meist besser zu finden und leichter zu fangen als die neuen

Königinnen, da diese bald nach der Paarung ihre Winterquartiere beziehen, während die Männchen sich noch auf den Wiesen tummeln, bis sie absterben.

Gattungen, Untergattungen und Verbreitungsgebiete der Hummeln Nordamerikas

(Nach Hurd, 1978. Die Zahlen in Klammern entsprechen den Abbildungen der Farbtafeln.)

BOMBUS

[A] Untergattung *Bombus* Latreille

B. affinis Cresson: Quebec und Ontario südlich bis Georgia, westlich bis South Dakota und North Dakota. (13)

B. lucorum lucorum (L.) [= *B. moderatus*]: Holarktis; Alaska bis südl. British Columbia und Alberta, östlich bis Yukon Territory und Northwest Territories. (15)

B. terricola terricola Kirby: Nova Scotia bis Florida, westlich bis British Columbia, Montana und South Dakota. (20)

B. terricola occidentalis Greene [= *B. occidentalis*]: Alaska, südlich bis nördl. Kalifornien, Nevada, Arizona, New Mexico und South Dakota. (25)

[B] Untergattung *Fraternobombus* Skorikov

B. fraternus (Smith): New Jersey bis Florida, westlich bis North Dakota, South Dakota, Nebraska, Colorado, New Mexico. (1)

[C] Untergattung *Bombias* Robertson

B. nevadensis auricomus (Robertson): Ontario bis Florida, westlich bis Texas, Oklahoma, Colorado, Wyoming, Montana und südl. Kanada (Saskatchewan, Alberta, British Columbia). (4)

B. nevadensis nevadensis Cresson: Alaska, südlich bis Kalifornien, Arizona, New Mexico, östlich bis Wisconsin; Mexiko. (5)

[D] Untergattung *Separatobombus* Frison

B. griseocollis (Degeer): Quebec, südlich bis Florida, westlich bis British Columbia, Washington, Oregon und nördl. Kalifornien. (9)

B. morrisoni Cresson: British Columbia bis Kalifornien, östlich bis South Dakota, Nebraska, Colorado und New Mexico. (6)

[E] Untergattung *Crotchibombus* Franklin

B. crotchii Cresson: Kalifornien, Mexiko (Baja California). (2-3)

[F] Untergattung *Cullumanobombus* Vogt

B. rufocinctus Cresson: Nova Scotia, New Brunswick und Quebec, westlich bis British Columbia, südlich bis Kalifornien, Arizona, New Mexico, Kansas, Minnesota, Illinois, Michigan, New York, Vermont und Maine; Mexiko. (26-28)

[G] Untergattung *Pyrobombus* Dalla Torre

B. bifarius bifarius Cresson: British Columbia, Oregon (Steens Mountains), Kalifornien (Sierra Nevada), Idaho, Utah, Colorado. (30)

B. bifarius nearcticus Handlirsch: Alaska und Yukon Territory, südlich bis Kalifornien (Sierra Nevada) und Utah. (29)

B. bimaculatus Cresson: Ontario und Maine südlich bis Florida, westlich bis Illinois, Kansas, Oklahoma und Mississippi. (11)

B. caliginosus (Frison): Washington, Oregon und Kalifornien (Küstengebiete). (21)

B. centralis Cresson: British Columbia und Alberta, südlich bis Kalifornien, Arizona und New Mexico. (44)

B. cockerelli Franklin: New Mexico, Utah.

B. edwardsii Cresson: Oregon, Kalifornien, Nevada. (34)

B. flavifrons dimidiatus Ashmead.: Südl. British Columbia bis Kalifornien. (41-42)

B. flavifrons flavifrons Cresson: Alaska, südlich bis Kalifornien, Idaho und Utah. (43)

B. frigidus Smith: Alaska und Northwest Territories, südlich bis Colorado (hohe Berge). (18)

B. huntii Greene: British Columbia und Alberta, südlich bis Kalifornien, Nevada, Utah und New Mexico. (40)

B. impatiens Cresson: Ontario und Maine, südlich bis Florida, westlich bis Michigan, Illinois, Kansas und Mississippi. (12)

B. melanopygus Nylander: Alaska, südlich bis nördl. Kalifornien, Idaho und Colorado. (35)

B. mixtus Cresson: Alaska, südlich bis Kalifornien, Idaho und Colorado. (46)

B. perplexus Cresson: Alaska bis Maine, südlich bis Wisconsin, Illinois und Florida; Alberta. (10)

B. pleuralis Nylander: Rocky-Mountains-Staaten, British Columbia, Northwest Territories, Yukon Territory, Alaska.

B. sandersoni Franklin: Ontario bis Neufundland, südlich bis Tennessee und North Carolina. (16-17)

B. sitkensis Nylander: Alaska, südlich bis Kalifornien, Idaho, Montana und Wyoming. (45)

B. sylvicola Kirby: Alaska, östlich bis Neufundland, südlich entlang der Haupt-Bergketten der westlichen Vereinigten Staaten (Cascade, Sierra Nevada, Great Basin und Rocky Mountains) bis Kalifornien, Nevada, Utah und New Mexico. (39)

B. ternarius Say: Yukon Territory, östlich bis Nova Scotia, südlich bis Georgia, Michigan, Kansas, Montana und British Columbia. (19)

B. vagans vagans Smith: British Columbia, östlich bis Nova Scotia, südlich bis Georgia, Tennessee, South Dakota, Montana, Idaho, Washington. (14)

B. vagans bolsteri Franklin: Neufundland.

B. vandykei (Frison): Washington bis südl. Kalifornien. (22)

B. vosnesenskii Radoszkowski: British Columbia, südlich bis Kalifornien, Nevada, Mexiko (Baja California). (23)

[H] Untergattung *Alpinobombus* Skonikov

B. balteatus Dahlbom: Holarktis; arktisches Alaska und Kanada, südlich entlang der Hauptbergketten des westlichen Nordamerika bis Kalifornien (Sierra Nevada und White Mountains) und New Mexico (Truchas Peak). (31)

B. hyperboreus Schönherr: Holarktis (Polarkreis); arktisches Alaska und Kanada (Yukon Territory und Northwest Territories), Grönland. (32)

B. polaris polaris Curtis: Holarktis (Polarkreis); arktisches Alaska, Kanada, Grönland und Teile des arktischen Eurasien. (33)

B. strenuus Cresson: Alaska, Yukon Territory und Northwest Territories, südlich bis British Columbia.

[I] Untergattung *Subterraneobombus* Vogt

B. appositus Cresson: British Columbia, östlich bis Saskatchewan, südlich bis New Mexico, Arizona und Kalifornien (Cascade Mountains und Sierra Nevada). (38)

B. borealis Kirby: Südl. Kanada von Nova Scotia bis Alberta und nördliche Vereinigte Staaten von Maine bis New Jersey, westlich bis North Dakota und South Dakota. (36)

B. californicus Smith: British Columbia und Alberta, südlich bis Kalifornien, Arizona und New Mexico (Baja California und Sonora). (24)

[J] Untergattung *Fervidobombus* Skorikov

B. fervidus fervidus Fabricius: Quebec und New Brunswick, südlich bis Georgia, westlich bis British Columbia, Washington, Oregon und Kalifornien; Mexiko (Chihuahua). (37)

B. pennsylvanicus pennsylvanicus (Degeer) [= *B. americanorum*]: Quebec und Ontario, südlich bis Florida, westlich bis Minnesota, South Dakota, Nebraska, Colorado und New Mexico; Mexiko und möglicherweise Zentralamerika. (7)

B. pennsylvanicus sonorus Say [= *B. sonorus*]: Texas, westlich bis Kalifornien, Mexiko. (8)

PSITHYRUS

P. ashtoni (Cresson): Prince Edward Island, westlich bis Saskatchewan, südlich bis North Dakota, Minnesota, Wisconsin, Michigan, Ohio, West Virginia und Virginia. (59)

P. citrinus (Smith): Prince Edward Island und New Brunswick, südlich bis Florida und Alabama, westlich bis South Dakota und North Dakota. (60)

P. fernaldae Franklin: Alaska und Kanada, südlich bis North Carolina und Tennessee in den östl. Vereinigten Staaten, westlich bis Colorado und Kalifornien. (54)

P. insularis (Smith): Kanada, südlich bis Kalifornien, Arizona, New Mexico, Nebraska, New York, New Hampshire, Alaska (?). (56)

P. suckleyi (Greene): Alaska, südlich bis Kalifornien, Utah und Colorado. (58)

P. variabilis (Cresson): Ohio, südlich bis Florida, westlich bis North Dakota, South Dakota, Nebraska, Kansas, Oklahoma, Tennessee und New Mexico; Mexiko. (55)

Bibliographie

Über Hummeln ist viel geschrieben worden. 1912 veröffentlichte F. W. L. Sladen ein Buch über Hummeln mit dem Titel *The Humble-bee, its Life History and How to Domesticate It.* Es ging darin einzig um die Hummeln der Britischen Inseln. Neuere wissenschaftliche Gesichtspunkte werden von John B. Free und Colin G. Butler berücksichtigt, die 1959 ihr Buch *Bumblebees* über das soziale Leben und Verhalten der Hummeln veröffentlichten. 1975 folgte das Werk gleichen Titels von D. V. Alford. Beide Untersuchungen konzentrieren sich auf die Biologie der britischen Hummelspezies. Otto E. Plath, der Vater der Dichterin Sylvia Plath, veröffentlichte 1934 *Bumblebees and Their Ways.* Dieses Buch beschäftigt sich hauptsächlich mit den Hummeln Nordamerikas – den dreizehn im Osten Nordamerikas verbreiteten *Bombus-* und den vier *Psithyrus*-Spezies – und beschreibt sie nach Verhalten, Lebenszyklus, Nistweise, Verbreitung und bevorzugten Nahrungsquellen. Auch T. H. Frison und Gordon Hobbs trugen mit ihren diversen Veröffentlichungen viel zur Kenntnis der nordamerikanischen Hummeln bei. Detaillierte Vergleiche zwischen der Biologie der Hummeln und anderer Wildbienen finden sich in dem 1974 erschienenen Buch von Charles D. Michener: *The Social Behavior of the Bees* und in Edward O. Wilsons *The Insect Societies.* Die Bedeutung der Hummeln in der Landwirtschaft wird von J. B. Free in *Insect Pollination of Crops,* erschienen 1970, herausgearbeitet. Allgemeine Probleme der Bestäubung sind von Proctor und Yeo (1972) und Faegri und van der Pijl (1971) diskutiert worden. Die für die deutsche Ausgabe konsultierten deutschsprachigen Werke finden sich am Ende der Bibliographie gesondert aufgeführt. (A.S.)

D.V. Alford (1975): *Bumblebees.* London.

T.S. Allen, R. McGinley und B. Heinrich (1978): »The role of workers and new queens in the ergonomics of a bumblebee colony (Hymenoptera: Apoidea)« in *Journal. Kansas Entomological Society,* 51 (3), S. 329–342.

H.G. Baker (1961): »The adaptation of flowering plants to nocturnal and crepuscular pollinators« in *Quarterly Review of Biology,* 36, S. 64–73.

H.G. Baker (1963): »Evolutionary mechanisms in pollination biology« in *Science,* 139, S. 877–883.

H.G. Baker und P.D. Hurd jun. (1968): »Intrafloral ecology« in *Annual Review of Entomology,* 13, S. 385–414.

K.S. Bawa (1974): »Breeding systems of tree species of a lowland tropical community« in *Evolution,* 28, S. 85–92.

L.S. Best und P. Bierzychudek (1978): »Coevolution of foxglove (*Digitalis purpurea)* and its pollinators: a test of a new model« in *Evolution,* 36, S. 70–79.

R. Beutler (1951): »Time and distance in the life of the foraging bee« in *Bee World,* 32, S. 25–27.

G.E. Bohart (1972): »Management of wild bees for the pollination of crops« in *Annual Review of Entomology,* 17, S. 287–312.

A.D. Brian (1950): »The pollen collected by bumblebees« in *Journal of Animal Ecology,* 20, S. 191–194.

A.D. Brian (1952): »Division of labor and foraging in *Bombus agrorum* Fabricius« in *Journal of Animal Ecology,* 21, S. 223–240.

A.D. Brian (1957): »Differences in the flowers visited by four species of bumblebees and their causes« in *Journal of Animal Ecology,* 26, S. 71–98.

P.F. Bruggemann (1958): »Insect environment of the high Arctic« in *Proceedings of the Tenth International Congress of Entomology,* Bd. 1, S. 695–702.

W. Cade (1975): »Acoustically oriented parasitoids: fly phonotaxis to cricket song« in *Science,* 190, S. 1312–1313.

F.M. Carpenter (1924): »Insects from the Miocene (Latah) of Washington« in *Annual Review of the Entomological Society of America,* 24, S. 307–309.

F.M. Carpenter (1976): »Geological history and evolution of the insects« in *Proceedings of the Fifteenth International Congress of Entomology*, S. 63–70.

P. Dansereau und F. Segadas-Vianna (1952): »Ecological Study of the peat bogs of Eastern North America.I. Structure and evolution of vegetation« in *Canadian Journal of Botany*, 30, S. 490–520.

K. Daumer (1958): »Blumenfarben wie sie die Bienen sehen« in *Zeitschrift für Vergleichende Physiologie*, 41, S. 49–110.

C.H. Dodson, R.L. Dressler, H.G. Hills, R.M. Adams und N.H. Williams (1969): »Biologically active compounds in orchid fragrances« in *Science*, 164, S. 1243–1249.

T. Eisner, R.E. Silberglied, D. Aneshansley, J.E. Carrel und H.C. Howland (1969): »Ultraviolet video-viewing: the television camera as an insect eye« in *Science*, 166, S. 1172–1174.

K. Faegri und L. van der Pijl (1971): *The principles of pollination ecology*. ²Oxford.

G.W. Frankie, P.A. Opler und K.S. Bawa (1976): »Foraging behavior of solitary bees: implications for outcrossing of a neotropical forest species« in *Journal of Ecology*, 64, S. 1049-1057.

J.J. Franklin (1912–1913): »The Bombidae of the New World« in *Transactions. American Entomological Society*, 38, S. 177–486.

J.B. Free (1958): »Attempts to condition bees to visit selected crops« in *Bee World*, 39, S. 221–230.

J.B. Free (1960): »The behavior of the honeybees visiting flowers of fruit trees« in *Journal of Animal Ecology*, 29, S. 385–395.

J.B. Free (1963): »The flower constancy of honeybees« in *Journal of Animal Ecology*, 32, S. 119–131.

J.B. Free (1968): »Dandelion as a competitor to fruit trees for bee visits« in *Journal of Applied Ecology*, 5, S. 169–178.

J.B. Free (1970): »The flower constancy of bumblebees« in *Journal of Animal Ecology*, 39, S. 395–402.

J.B. Free (1970): *Insect pollination of crops*. New York.

J.B. Free und C.G. Butler (1959): *Bumblebees.* London.

K. von Frisch (1965): *Tanzsprache und Orientierung der Bienen.* Berlin u.a.

T.H. Frison (1972): »A contribution to our knowledge of the relationships of the Bremidae of America north of Mexico« in *Transactions. American Entomological Society,* 53, S. 51–78.

E. Gabritschevsky (1926): »Convergence of coloration between American pilose flies and bumblebees *(Bombus)*« in *Biological Bulletin,* 51, S. 269–287.

V. Grant und K.A. Grant (1965): *Flower pollination in the Phlox family.* New York.

W.J. Hamilton und K.E.F. Watt (1970): »Refuging« in *Annual Review of Ecology and Systematics,* 1, S. 263–284.

T.B. Hasselrot (1960): »Studies on Swedish bumblebees (Genus *Bombus* Latr.): their domestication and biology« in *Opuscula Entomologica,* Suppl., 17, S. 1–192.

B. Heinrich (1971): »Temperature regulation in the sphinx moth, *Manduca sexta*« in *Journal of Experimental Biology,* 54, S. 141–152.

B. Heinrich (1972 a): »Temperature regulation in the bumblebee, *Bombus vagans:* a field study« in *Science,* 175, S. 183–187.

B. Heinrich (1972 b): »Energetics of temperature regulation and foraging in a bumblebee, *Bombus terricola* Kirby« in *Journal of Comparative Physiology,* 77, S. 49–64.

B. Heinrich (1972 c): »Patterns of endothermy in bumblebee queens, drones and workers« in *Journal of Comparative Physiology,* 77, S. 65–79.

B. Heinrich (1972 d): »Physiology of brood incubation in the bumblebee queen, *Bombus vosnesenskii*« in *Nature,* 239, S. 223–225.

B. Heinrich (1973): »The energetics of the bumblebee« in *Scientific American,* 228, S. 96–102.

B. Heinrich (1974 a): »Thermoregulation in bumblebees. I. Brood incubation by *Bombus vosnesenskii* queens« in *Journal of Comparative Physiology,* 88, S. 129–140.

B. Heinrich (1974 b): »Pheromone induced brooding behavior in *Bombus vosnesenskii* and *B. edwardsii* (Hymenoptera: Bombidae)« in *Journal. Kansas Entomological Society*, 47, S. 396–404.

B. Heinrich (1974 c): »Thermoregulation in endothermic insects« in *Science*, 185, S. 747–755.

B. Heinrich (1975 a): »Thermoregulation in bumblebees. II. Energetics of warm-up und free flight« in *Journal of Comparative Physiology*, 96, S. 155-166.

B. Heinrich (1975 b): »Energetics of pollination« in *Annual Review of Ecology and Systematics*, 6, S. 139–170.

B. Heinrich (1975 c): »The role of energetics in bumblebee-flower-interactions« in *Coevolution of animals and plants*. Hg. von L. E. Gilbert und P. H. Raven, S. 141–158. Austin und London.

B. Heinrich (1975 d): »Bee flowers: a hypothesis on flower variety and blooming times« in *Evolution*, 29, S. 325–334.

B. Heinrich (1976 a): »Flowering phenologies: bog, woodland, and disturbed habitats« in *Ecology*, 57, S. 890–899.

B. Heinrich (1976 b): »Foraging specializations of individual bumblebees« in *Ecological Monographs*, 46, S. 105–128.

B. Heinrich (1976 c): »Resource partitioning among some eusocial insects: bumblebees« in *Ecology*, 57, S. 874–899.

B. Heinrich (1976 d): »Bumblebee foraging and the economics of sociality« in *American Scientist*, 64, S. 384–395.

B. Heinrich (1976 e): »Heat exchange in relation to blood flow between thorax and abdomen in bumblebees« in *Journal of Experimental Biology*, 64, S. 561–585.

B. Heinrich (1977 a): »The exercise physiology of the bumblebee« in *American Scientist*, 65, S. 455–465.

B. Heinrich (1977 b): »Why have some animals evolved to regulate a high body temperature?« in *American Naturalist*, III, S. 623–640.

B. Heinrich (1979): »›Majoring‹ and ›Minoring‹ in bumblebees: an experimental analsysis« in *Ecology*, 60, S. 245–255.

B. Heinrich und G.A. Bartholomew (1972): »Temperature control in flying moths« in *Scientific American,* 226, S. 71–77.

B. Heinrich und T.M. Casey (1978): »Heat transfer in dragonflies: ›fliers‹ and ›perchers‹« in *Journal of Experimental Biology,* 74, S. 17–36.

B. Heinrich und A. Kammer (1973): »Activation of the fibrillar muscles in the bumblebee during warm-up, stabilization of thoracic temperature and flight« in *Journal of Experimental Biology,* 58, S. 677–688.

B. Heinrich, P. Mudge und P. Deringis (1977): »A laboratory analysis of flower constancy in foraging bumblebees: *Bombus ternarius* and *B. terricola*« in *Behavioral Ecology and Sociobiology,* 2, S. 247–266.

B. Heinrich und P.H. Raven (1972): »Energetics and pollination ecology« in *Science,* 176, S. 597–602.

G.A. Hobbs (1962): »Further studies on food-gathering behavior of bumblebees (Hymenoptera: Apidae)« in *Canadian Entomologist,* 94, S. 538–541.

G.A. Hobbs, J.F. Virostek und W.O. Nummi (1960): »Establishment of *Bombus* spp. (Hymenoptera: Apidae) in artificial domiciles in southern Alberta« in *Canadian Entomologist,* 92, S. 868–872.

S.N. Holm (1966): »The utilization and management of bumblebees for red clover and alfalfa seed production« in *Annual Review of Entomology,* 11, S. 155–182.

S.N. Holm (1972): »Weight and life length of hibernating bumblebee queens (Hymenoptera: Bombidae) under controlled conditions« in *Entomologica Scandinavica,* 3, S. 13–320.

E. Horber (1961): »Beitrag zur Domestikation der Hummeln« in *Vierteljahresschrift der Naturforschenden Gesellschaft Zürich,* 106, S. 425–447.

P.D. Hurd jun. (1978): »Superfamily Apoidea« in *Catalog of Hymenoptera in America north of Mexico.* Bd. 2, hg. von K.V. Krombein, P.D. Hurd jun., D.R. Smith und B.D. Burks. Washington, D.C.

P. D. Hurd, E. G. Linsley und T. W. Whitaker (1971): »Squash and gourd bees *(Peponapis, Xenoglossa)* and the origin of the cultivated *Cucurbita*« in *Evolution*, 25, S. 218–234.

R. W. Husband (1977): »Observations on colony size in bumblebees *(Bombus* spp.)« in *Great Lakes Entomologist*, 10, S. 83–85.

K. Ikeda und E. G. Boettiger (1965): »Studies on the flight mechanism of insects« in *Journal of Insect Physiology*, 11, S. 779–789.

D. W. Inouye (1977): »Species structure of bumblebee communities in North America and Europe« in *The role of arthropods in forest ecosystems*. Hg. von W. J. Mattson, New York, S. 35–40.

J. Ishay und F. Ruttner (1971): »Thermoregulation im Hornissennest« in *Zeitschrift für Vergleichende Physiologie*, 72, S. 423–434.

D. H. Janzen (1971): »Euglossine bees as long-distance pollinators of tropical plants« in *Science*, 171, S. 203–205.

L. K. Johnson und S. P. Hubbel (1974): »Aggression and competition among stingless bees: field studies« in *Ecology*, 55, S. 120–127.

C. E. Jones und S. L. Buchman (1974): »Ultraviolet floral patterns as functional orientation cues in hymenopterous pollination systems« in *Animal Behaviour*, 22, S. 481–485.

A. E. Kammer und B. Heinrich (1972): »Neutral control of bumblebee fibrillar muscels during shivering« in *Journal of Comparative Physiology*, 78, S. 337–345.

A. Kammer und B. Heinrich (1974): »Metabolic rates related to muscle activity in bumblebees« in *Journal of Experimental Biology*, 61, S. 219–227.

P. G. Kevan (1975): »Forest application of the insecticide Fenitrothion and its effect on wild bee pollinators (Hymenoptera: Apoidea) of Lowbush blueberry *(Vaccinium* spp.) in southern New Brunswick« in *Canada. Biological Conservation*, 7, S. 302–309.

W.J. Knee und J.T. Medler (1965): »The seasonal size increase of bumblebee workers (Hymenoptera: *Bombus*)« in *Canadian Entomologist,* 97, S. 1149–1155.

B. Kullenbert (1961): »Studies on *Ophrys* L. pollination« in *Zoologiska Bidrag fran Uppsala,* 34, S. 1–340.

D.A. Levin (1972): »Low frequency disadvantage in the exploitation of pollinators by corolla variants in *Phlox*« in *American Naturalist,* 106, S. 453–460.

D.A. Levin und W.W. Anderson (1970): »Competition for pollinators between simultaneously flowering species« in *American Naturalist,* 104, S. 455–467.

D.A. Levin und B.A. Schaal (1970): »Corolla color as an inhibitor of interspecific hybridization in *Phlox*« in *American Naturalist,* 104, S. 273–283.

H. Lewis (1953): »The mechanism of evolution in the genus »*Clarkia*« in *Evolution,* 7, S. 1–20.

H. Lewis (1961): »Experimental sympatric populations of *Clarkia*« in *American Naturalist,* 95, S. 155–168.

H. Lewis (1966): »Speciation in flowering plants« in *Science,* 152, S. 167–172.

E.G. Linsley (1958): »The ecology of solitary bees« in *Hilgardia,* 27, S. 543–599.

J.H. Lovell (1919): *The flower and the bee.* London.

S. Macevicz und G. Oster (1976): »Modelling social insect populations II: Optimal reproductive strategies in annual eusocial insect colonies« in *Behavioral Ecology and Sociobiology,* 1, 265–282.

S.E. McGregor, S.M. Alcorn, E.B. Kurtz jun. und G.D. Butler jun. (1959): »Bee visits to Saguaro flowers« in *Journal of Economic Entomology,* 52, S. 1002–1004.

L.W. Macior (1970): »The pollination ecology of *Pedicularis* in Colorado« in *American Journal of Botany,* 57, S. 716–728.

L.W. Macior (1973): »The pollination ecology of *Pedicularis* on Mount Rainier« in *American Journal of Botany,* 60, 863–871.

J.W. MacSwain, P.H. Raven und R.W. Thorp (1973): »Comparative behavior of bees and Onagraceae. IV. *Clarkia* bees of the western United States« in *University of California. Publications in Entomology*, 70, S. 1–80.

A. Manning (1956): »Some aspects of the foraging behavior of bumblebees« in *Behaviour*, 9, S. 164–201.

R. Menzel, J. Erber und T. Masuhr (1974): »Learning and memory in the honeybee« in *Experimental analysis of insect behavior*. Hg. von L. Barton Browne, New York.

C. D. Michener (1974): *The social behavior of the bees.* Cambridge (USA).

H. E. Milliron: »A monograph of the Western Hemisphere bumblebees« in *Entomological Society of Canada*, Suppl. 65 (Übersicht über die Hummel-Literatur bis 1961). *Entomological Society of Canada*, 82, S. 1–80 (1971); 89, S. 81–237 (1972); 91, S. 239–333 (1973).

H. E. Milliron und D. R. Oliver (1966): »Bumblebees from Northern Ellesmere Island, with observations on usurpation by *Megabombus hyperboreus* (Schönh.) (Hymenoptera: Apidae)« in *Canadian Entomologist*, 98, S. 207–213.

T. B. Mitchell (1962): *Bees of the eastern United States.* Bd. 2. North Carolina Agr. Exp. Sta. Tech. Bull. Nr. 152.

D. H. Morse (1977): »Resource partitioning in bumblebees: the role of behavioral factors« in *Science*, 197, S. 678–679.

H. Müller (1873): *Die Befruchtung der Blumen durch Insekten.* Leipzig.

H. Müller (1881): *Alpenblumen.* Leipzig.

G. Oster und B. Heinrich (1976): »Why do bumblebees ›major‹? A mathematical model« in *Ecological Monographs*, 46, S. 129–133.

W. Park (1922): »Time and labor factors involved in gathering pollen and nectar« in *American Bee Journal*, 62, S. 254–255.

B. A. Pendrel (1977): »The regulation of pollen collection and destribution in bumblebee colonies (*Bombus* Latr.: Hymenoptera). Magisterarbeit des Dept. of Zoology der University of Toronto.

O. E. Plath (1934): *Bumblebees and their ways.* New York.

R. C. Plowright und S. C. Jay (1966): »Rearing bumblebees in captivity« in *Journal of Apicultural Research*, 5, S. 155–165.

R.C. Plowright und S.C. Jay (1977): »On the size determination of bumblebee castes (Hymenoptera: Apidae)« in *Canadian Journal of Zoology*, 55, S. 1133–1138.

J. Pojar (1974): »Reproductive dynamics of four plant communities of southwestern British Columbia« in *Canadian Journal of Botany*, 52, S. 1819–1834.

M.C.F. Proctor und P.F. Yeo (1972): *The pollination of flowers*. London.

R.J. Reader (1975): »Competitive relationships of some bog ericads for major insect pollinators« in *Canadian Journal of Botany*, 53, S. 1300–1305.

R.J. Reader (1977): »Bog ericad flowers: self-compatibility and relative attractiveness to bees« in *Canadian Journal of Botany*, 55, S. 2279–2287.

C.R. Ribbands (1952): »The relation between the foraging range of honeybees and their honey production« in *Bee World*, 34, S. 2–6.

K.W. Richards (1973): »Biology of *Bombus polaris* Curtis und *B. hyperboreus* Schönherr at Lake Hazen, Northwest territories (Hymenoptera: Bombini)« in *Quaestiones Entomologicae*, 9, S. 115–157.

O.W. Richards (1968): »The subgenus divisions of the genus *Bombus* Latreille (Hymenoptera: Apidae)« in *Bulletin. British Museum of Natural History* (Entomol.), 22, S. 211–276.

P.F. Röseler und I. Röseler (1974): »Morphological and physiological differentiation of the castes in the bumblebee species *Bombus hypnorum* (L.) and *Bombus terrestris* (L.)« in *Zoologische Jahrbücher. Abteilung für Allgemeine Zoologie und Physiologie der Tiere*, 78, S. 175–198.

S.F. Sakagami (1976): »Specific differences in the bionomic characters of humblebees: A comparative review« in *Journal. Faculty of Science, Hokkaido University* (Zool.), 20, S. 390–447.

S. Sakagami und R. Zucchi (1965): »Winterverhalten einer neotropischen Hummel, *Bombus atratus*, innerhalb des Beobachtungskastens: Ein Beitrag zur Biologie der Hummeln« in *Journal. Faculty of Science, Hokkaido University* (Zool.), Ser. 6, 15, S. 447–459.

C. R. Schwintzer und G. Williams (1974): »Vegetation changes in a small Michigan bog« in *American Midlands Naturalist,* 92, S. 447–459.

F. W. L. Sladen (1912): *The humble-bee.* London.

E. Small (1976): »Insect pollinators of the Mer Bleue Peat Bog of Ottawa« in *Canadian Field-Naturalist,* 90, S. 22–28.

A. Smith (1776): *An inquiry into the nature and causes of wealth of nations.* London.

W. P. Stephen (1957): *Bumble bees of western America (Hymenoptera: Apoidea).* Oregon State College Agr. Exp. Sta. Tech. Bull. Nr. 40.

F. G. Stiles (1975): »Ecology, flowering phenology, and hummingbird pollination of some Costa Rican *Heliconia*« in *Ecology,* 56, S. 285–301.

T. I. Szabo und D. H. Pengelly (1973): »The over-wintering and emergence of *Bombus (Pyrobombus) impatiens* (Cresson) (Hymenoptera: Apidae) in Southern Ontario« in *Insectes Sociaux,* 20, S. 125–132.

L. B. Thien und B. G. Marcks (1972): »The floral biology of *Arethusa bulbosa, Calopogon tuberosus,* and *Pogonia ophioglossoides* (Orchidaceae)« in *Canadian Journal of Botany,* 50, S. 2319–2325.

R. W. Thorp, D. S. Horning und L. L. Dunning (1983): »Bumblebees of California« in *Bulletin of California Insect Survey,* 23, S. 79 ff.

R. W. Thorp, D. L. Briggs, J. R. Estes und E. H. Erickson (1975): »Nectar fluorescense under ultraviolet irradiation« in *Science,* 189, S. 476–478.

W. G. Wellington (1974): »Bumblebee ocelli and navigation at dusk« in *Science,* 183, S. 550–551.

A. Wille (1958): »A comparative study of the dorsal vessels of bees« in *Annual Review of the Entomological Society of America,* 51, S. 538–546.

N. H. Williams und C. H. Dodson (1972): »Selective attraction
of male englossine bees to orchid floral fragrances and its
importance in long distance pollen flow« in *Evolution*, 26,
S. 84–95.

E. O. Wilson (1971): *The insect societies.* Cambridge (USA).

T. G. Witham (1977): »Coevolution of foraging in *Bombus* and
nectar dispersing in *Chilopsis:* a last dreg theory« in *Science*,
197, S. 593–595.

F. E. Zeuner und F. J. Manning (1976): »A monograph on fossil
bees (Hymenoptera: Apoidea)« in *Bulletin. British Museum
of Natural History*, 27 (3).

A. Buschinger (1985): *Staatenbildung der Insekten.* Darmstadt.

K. von Frisch (1959): *Aus dem Leben der Bienen.* Berlin.

E. von Hagen (1990): *Hummeln.* Augsburg.

F. Overbeck (1975): *Botanisch-geologische Moorkunde.* Neumünster.

P.-F. Röseler (1975): *Die Kasten der sozialen Bienen.* Mainz.

P. Westrich (1989): *Die Wildbienen Baden-Württembergs.* Bd. 1 und
2. Stuttgart.

Nachweis der Zitate

Die Motti der Kapitel 4, 6 und 12 stammen aus Gedichten von Robert Frost, entnommen den *Gesammelten Gedichten*, Mannheim, 1952.

Das Motto von Kapitel 11 stammt aus: Emily Dickinson: *Guten Morgen, Mitternacht,* hg. von Lola Gruenthal, Berlin, 1992.

Die Zitate von Adam Smith in Kapitel 9 entstammen seiner *Untersuchung über Natur und Wesen des Volkswohlstandes,* Jena, 1923.

Das Zitat von Jonathan Swift in der Einleitung entstammt *Gullivers Reisen in ferne Länder,* Frankfurt, 1952.

Register

Bernd Heinrich

Die Seele der Raben

410 Seiten, gebunden mit Schutzumschlag

Von der Antike bis zur Gegenwart wurde über die
Raben mehr geschrieben als über jeden anderen
Vogel. Aber nie sind sie aus solcher Nähe und mit
solcher Kenntnis, mit soviel Respekt und
Begeisterung porträtiert worden wie in Bernd
Heinrichs »zoologischer Detektivgeschichte«.

»Vier Jahre lang beobachtete ein eigensinniger US-
Forscher das Verhalten von Kolkraben – fast als wär'
er einer von ihnen … ein Dokument minutiösen
Forschens in Form eines Tagebuchs, das gleichzeitig
einen Einblick gibt in die Wesensstruktur eines
Menschen, in dem sich alles vereint, was dazu
geeignet ist, einen ordentlichen Spleen zu
unterhalten.«

Der Spiegel

»Eines der bemerkenswertesten Bücher des Jahres.«
The New York Times

Bernd Heinrich

Ein Forscher und seine Eule

304 Seiten mit zahlreichen Abbildungen, gebunden
mit Schutzumschlag

»Dieses Buch lädt den Leser ein, zusammen mit
Bernd Heinrich die Entwicklung des Uhus zu
verfolgen, der als hilfloses Küken aus dem Nest
gefallen war und vom Autor gerettet und aufgezogen
wurde. Es ist eine zoologische Studie, aber ebenso die
sehr persönliche Chronik der Beziehung, die sich
zwischen Heinrich und Bubo während der drei Jahre
in den Wäldern von Maine herausbildete ... *Ein
Forscher und seine Eule* ist nicht zuletzt durch die
zahlreichen Illustrationen und Fotografien des Autors
ein Lesevergnügen für jeden, der sich für Tiere
interessiert.«

Pinneberger Tagblatt

» ... Heinrich liefert den überzeugenden Beweis, daß
man ein guter Wissenschaftler und trotzdem
emotional an dem beteiligt sein kann, was man
gerade erforscht. Diese teilnehmende Beobachtung,
die natürlich nichts mit Anthropomorphisierung zu
tun hat und die schon Konrad Lorenz als unerläßlich
erachtete, macht dieses Buch absolut lesenswert.«

Der Standard, Wien

Hummeln Nord- und Zentralamerikas

Wie im Verzeichnis auf S. 287 bezeichnen die Buchstaben
in eckigen Klammern Untergattungen

BOMBUS Nordamerikas

1   *B. fraternus* [A]
2–3   *B. crotchii* [E]
4   *B. nevadensis auricomus* [C]
5   *B. nevadensis nevadensis* [C]
6   *B. morrisoni* [D]
7   *B. pennsylvanicus pennsylvanicus* [J]
8   *B. pennsylvanicus sonorus* [J]
9   *B. griseocollis* [D]
10   *B. perplexus* [G]
11   *B. bimaculatus* [G]
12   *B. impatiens* [G]
13   *B. affinis* [A]
14   *B. vagans vagans* [G]
15   *B. lucorum lucorum* [A]
16–17 *B. sandersoni* [G]
18   *B. frigidus* [G]
19   *B. ternarius* [G]
20   *B. terricola terricola* [A]
21   *B. caliginosus* [G]
22   *B. vandykei* [G]
23   *B. vosnesenskii* [G]
24   *B. californicus* [I]
25   *B. terricola occidentalis* [A]
26–28 *B. rufocinctus* [F]
29   *B. bifarius nearcticus* [G]
30   *B. bifarius bifarius* [G]
31   *B. balteatus* [H]
32   *B. hyperboreus* [H]
33   *B. polaris polaris* [H]
34   *B. edwardsii* [G]
35   *B. melanopygus* [G]
36   *B. borealis* [I]
37   *B. fervidus fervidus* [J]
38   *B. appositus* [I]
39   *B. sylvicola* [G]
40   *B. huntii* [G]
41–42 *B. flavifrons dimidiatus* [G]
43   *B. flavifrons flavifrons* [G]
44   *B. centralis* [G]
45   *B. sitkensis* [G]
46   *B. mixtus* [G]

BOMBUS Mexikos und Zentralamerikas

47   *B. dahlbomii*
48   *B. volucella*
49   *B. brachycephalus*
50   *B. mexicanus*
51   *B. medius*
52   *B. pullatus*
53   *B. ephippiatus*

PSITHYRUS Nordamerikas

54   *P. fernaldae*
55   *P. variabilis*
56   *P. insularis*
57   *P. crawfordii*
58   *P. suckleyi*
59   *P. ashtoni*
60   *P. citrinus*

106